湛庐 CHEERS

与最聪明的人共同进化

HERE COMES EVERYBODY

大师级父母

确保孩子拥有成功的机会

管理并追踪孩子的
成长路径，
确保各环节运转良好

← 飞航
工程师

争取资源、扫除障碍，
确保成功大门
始终为孩子打开

← 救援者

湛庐 **CHEERS** 特别制作

高成

母的8个角色

角色		
早期学习伙伴	→	早期优势 终身学习热情
启发者	→	认识世界 勾画未来的自我
哲学家	→	内省成功 人生的意义
榜样	→	言传与身教
谈判专家	→	表达立场 争取利益
全球定位系统	→	内化于心的 判断力

培养孩子获得成功的品质

就孩子

高成就孩子的
教养法则
THE FORMULA

[加] 罗纳德·弗格森 Ronald F. Ferguson
塔莎·罗伯逊 Tatsha Robertson 著

彭小华 译

中国纺织出版社有限公司

THE FORMULA

————————

此书献给
那些成就我们的人!

————————

培养成功子女的秘诀

杰出的成功人士源何如此优秀？父母的养育方式可以提供部分答案吗？这是本书旨在回答的问题。

本书作者之一塔莎·罗伯逊是一位记者，采访过美国总统和其他许多领导人，她的文章刊登在美国顶级的报纸和杂志上，其著作曾经畅销一时。另一位作者罗纳德·弗格森是经济学家、研究者，在哈佛大学任教近40年，教过的学生数以千计。我们很好奇：我们在哈佛大学和世界其他地方遇到的那些最为有趣、极其成功的人士，是否都发现了培养成功子女的秘诀。我们想知道他们到底有什么诀窍。

我们用了数年时间采访哈佛大学毕业生和其他杰出人士，还采访了其中很多人的父母。我们邀请他们讲自己的故事，从"作为一个学习者，你最早的记忆是什么？"或者"作为一个学习者，你对孩子最早的记忆是什么？"这样的问题开始，此外，我们还问了别的很多问题，以全面了解我们称之为"成功者"的这些人是如何培养出来的。成功者们及他们的父母回答了我们的问题，还提供了很多细节，本书予以了记录。

随着采访人数的增加，我们称之为"战略式教养法则"的模式呼之欲出。我们认为这个模式非常有趣，但愿你也有同样的感受。我们把发现并应用这个法则的人称为"大师级父母"。

很多人提出这样一个问题：大师级父母是不是虎爸虎妈？答案是否定的。然而，大师级父母在几个方面与虎爸虎妈不无相似。他们像虎爸虎妈一样强烈希望孩子是聪明的学生，在学校努力学习，遇到学习困难不轻言放弃，成年以后事业成功、收入丰厚。

然而，更重要的，是他们与虎爸虎妈的区别。

正是因为这些差异，哈佛、斯坦福、普林斯顿之类世界顶尖大学的招生委员会才对大师级父母的孩子如此兴趣盎然。这些大学的首要任务是选拔和教育学生，把他们培养成领导者，以帮助解决世界上最大的问题，使之变得更美好，更适合人类生活。对这些大学来说，聪明是绝对的先决条件，但在招生过程中，并不是最重要的决定性资格。

不同于虎爸虎妈，大师级父母着意把孩子培养成独立思考者和具有创新精神的决策者。他们倾听孩子的想法，鼓励孩子发展自己的兴趣。当然，孩子们必须学习学校规定的科目。除此之外，大师级父母并不总是告诉孩子必须学习什么乐器，或者必须完美地掌握其他什么知识、技能，而是让他们接触许多事物，选择更深入学习的事项并为之投入更多的精力。如果需要父母投入时间或资源来支持某项特定的爱好，大师级父母会要求孩子证明该投入确有价值。即使希望孩子选择另外的兴趣，大师级父母往往也会让孩子主导，因为他们是在帮助孩子成为独立的决策者，让孩子有能力决定自己的兴趣和未来职业。孩子也会成为这样的人：只要理由充分，不怕劝说甚至挑战权威人士。

书中有些人上的并非名牌大学，但他们在做父母最重要的方面，同样成功。在大师级父母的帮助下，他们成了我们所说的充分实现自我的人。

这类人拥有极高才智、强烈而独立的使命感和自驱力。换句话说，他们聪明，选择了自己希望实现的人生目标，有动力和决心，采取必要行动，去实现那些目标。

这个复杂的世界需要充分实现自我的人。我们需要他们帮助想出解决各种大小问题的办法；成为领导者，说服和组织他人进行有效合作；应对各种大大小小的挑战，小到帮助家庭成员渡过经济困难，大到避免全球变暖，拯救地球。

战略式教养法则包含 8 个角色之多，一开始的时候，想到要扮演所有这些角色，未免感到有些困难。然而，读了书中的故事和例子后，你会发现，如果决定成为大师级父母，你自然会表现这些角色。

2019 年 11 月我们来到了中国，在好几个城市都发表了关于这套教养法则的演讲，有很多父母参加。他们对我们的观点表现了很大的兴趣，热切希望读到本书。现在本书面世了，我们为之欣喜；有机会读到本书的中国朋友如能从我们的研究中发现有价值的内容，我们将深感欣慰。

罗纳德·弗格森、塔莎·罗伯逊

2021 年 1 月

THE
FORMULA

目 录

中文版序　培养成功子女的秘诀 - I
引　言　相同的起点，不同的终点 - 001

第一部分　高成就孩子的教养公式

01　为什么高成就孩子都有相似的成长经历？ - 008

02　什么是成功？ - 015

03　成功有公式可循吗？ - 025

04　大师级父母的教养策略 - 046

第二部分　大师级父母在教养中的 8 个角色

05　角色 1：早期学习伙伴
培养终身学习热情 - 058

06　角色 2：飞航工程师
确保正确的人生航向 - 080

07　角色 3：救援者
扫除障碍，打开成功之门 - 097

08　角色 4：启发者
指引实现自我的方向 - 109

09　角色 5：哲学家
探索成功人生的意义 - 132

10　角色 6：榜样
言传身教的力量 - 153

11　角色 7：谈判专家
教会孩子表达立场、争取权益 - 174

12　角色 8：全球定位系统
培养内化于心的判断力 - 195

第三部分　**大师级父母不能忽视的问题**

13　**如何将挫折变为转折？** - 210

14　**同一个家庭的孩子为何差异巨大？** - 234

结　语　虽然人生是场长跑，但起跑真的也很重要 - 259

致　谢　 - 265

译者后记　向大师级父母学习，养育高成就孩子 - 271

测一测　　你是潜在的大师级父母吗?

1. 在安排孩子兴趣班上，你是以下哪种风格?

 A. 觉得孩子还小，不太明白什么对他最重要，因此应该由自己决定

 B. 孩子想学什么就学什么，完全由孩子决定，孩子没有兴趣也不在乎

 C. 自己罗列出孩子可能感兴趣的方向，由孩子自己选择，允许协商

2. 孩子在学校受到不公正对待，你会怎么处理?

 A. 与学校老师沟通，表达抗议，摆明立场

 B. 步入社会后会遇到很多不公平的事，提前让孩子适应没什么坏处

 C. 给孩子转学，避免这样的事再发生

3. 在大师级父母扮演的 8 个角色中，你认为哪几种能培养孩子成功的品质? （多选）

 A. 早期学习伙伴

 B. 哲学家

 C. 谈判专家

 D. 榜样

4. 在大师级父母扮演的 8 个角色中，你认为哪几种能确保孩子获得成功的机会? （多选）

 A. 启发者

 B. 全球定位系统

 C. 飞航工程师

 D. 救援者

扫码获取答案及解析。

相同的起点，不同的终点

非凡人生源于何处

2015 年，美国肯塔基州官员初选夜。一位发间夹着缕缕银丝的英俊农民，在酒店的套房里来回踱步，他就是瑞安·夸尔斯（Ryan Quarles）。这个夜晚，他要么会经历人生最伟大的一次成功，要么会遭遇最惨烈的一次挫败。32 岁的夸尔斯在角逐肯塔基州农业部专员一职。他提前来到现场，充满必胜的信心，因为他为此次竞选付出了无比艰辛的努力。但从眼下的票数来看，情况似乎不妙。夸尔斯很清楚，自己在肯塔基州的知名度不高，胜选的机会比较渺茫。尽管如此，作为家中的第九代农民，他相信局面可以在瞬间改变。

002 高成就孩子的教养法则　THE FORMULA

那个夜晚，夸尔斯以 1% 的优势胜出。在几周后的官员大选中，他的票数领先民主党对手 20%，成为美国最年轻的民选州级官员。这并不是夸尔斯首次在竞选中获胜。6 年前，26 岁的他战胜了一位在任 14 年的州议员，成了美国南北战争以来首个坐上州议会席位的共和党人。

当选肯塔基州农业部专员让夸尔斯产生了一种"巨大的成就感"，他说："我当时的感觉是——啊，烟叶地里长大的农家子弟也可以成功。"

夸尔斯通往成功的旅程始于孩提时代在农场里数幼苗。那项细致的任务培养了他的算术能力和耐心，使他拥有超过班里其他孩子的巨大优势。9 岁那年，由于学习勤奋、成绩优秀，夸尔斯进入了政界，当上了州议会的青年助理。入读肯塔基大学，4 年后毕业时，夸尔斯修完了 3 个专业，取得了优异的成绩和很高的荣誉。更让人惊讶的是，他在大学的头两年就完成了本科的全部功课，在本科的最后两年，他取得了一个国际贸易与发展学硕士学位和一个农业经济学硕士学位。大三时，夸尔斯获得了声誉卓著的杜鲁门奖学金，并用它支付了部分学费。竞选肯塔基州农业部专员期间，他还获得了法学学位和教育学硕士学位。夸尔斯的教育学硕士学位获自一所常春藤盟校，并得到了一项著名奖学金的全额资助。就这样，夸尔斯还有时间在 2018 年拿下了范德堡大学的教育学博士学位，这可是他的第 7 个学位。

桑谷·德尔（Sangu Delle）出生在加纳共和国首都阿克拉的郊区，父亲是一位乡村医生。14 岁那年，德尔当选《时代周刊》非洲未来的 25 位领袖人物之一。像夸尔斯一样，德尔 20 多岁就拿到了多个学位，其中有一个最高荣誉级的文学学士学位、一个法学博士学位，以及一个工商管理学硕士学位。并且，这些学位都是哈佛大学授予的。

在哈佛大学读本科时，有个研究项目采访德尔，要他按 1 ～ 5 分的标准评价自己的快乐水平。1 分代表不快乐，5 分代表非常快乐。德尔的回答是："4 分。我觉得我非常幸运。"德尔没有说 5 分，是因为"生活中还有很多要做的事情"。被问及 40 岁时希望取得什么成就时，德尔说想先挣钱，也许会进入银行业或投资业，但更钟情投资业。然后，他将用自己的资金支持非洲的社会企业家。

2014 年，德尔登上了《福布斯》杂志"非洲最有前途的年轻企业家"榜单。从该杂志的报道中可以看到，在德尔给自己列的 40 岁时要做到的事情清单中，大多数项目都已经实现了。他在摩根士丹利和高盛做投资赚了钱，还拥有了自己的控股公司。公司的资金是向哈佛大学的同学募集来的，用于投资非洲企业家。在此过程中，他还创办了一个非营利性组织，帮助加纳共和国的 160 个村庄通上了自来水。当时，德尔才 20 多岁。

自那之后，德尔共帮助 200 个村庄通上了自来水，为非洲企业家筹集了数百万美元。为了鼓励企业去非洲投资，他做了 100 多场演讲和讲座，其中有两场 TED[①] 演讲广受欢迎，观看人数达数百万。

20 多岁的小提琴家、研究生玛吉·扬（Maggie Young）[②] 在茱莉亚音乐学院的比赛中一举夺魁，赢得了与纽约爱乐交响乐团与管弦乐团前音乐总监艾伦·吉尔伯特（Alan Gilbert）在卡内基音乐厅联袂演奏的机会。

首演那天，玛吉将栗红色的头发盘成一个优雅的发髻，并一反常态地化了妆。玛吉曾经设想过这一刻，想象自己脚蹬高跟鞋踏过舞台，发出清脆的声音，但她无论如何也想象不到上场时的感觉。当时，她手持埃弗里－费舍尔－斯特拉迪瓦里小提琴，整个管弦乐队和著名指挥家站立恭候。

---

① TED 是美国的一家私有非营利机构，该机构以它组织的 TED 大会著称，这个会议的宗旨是"值得传播的创意"。——编者注

② 为保护个人隐私，本案例使用化名。——编者注

第二天，《纽约时报》上有关这场音乐会的评论文章全都在谈论玛吉，称她的表现感性、成熟。此举开启了玛吉在美国和墨西哥的巡演，收获了《纽约时报》等媒体的如潮好评。

玛吉的成功离不开当初的努力。从中学开始，一到周末，玛吉就与学习弦乐演奏的伙伴一起去纽约著名的表演艺术中心练琴。然而，玛吉现在能够站在这样的大舞台上，其背后所付出的努力可以一直回溯到更早的过去：她两岁就开始学习小提琴，并从母亲那里学到了纪律的重要性。

不同的故事，相同的情节

上述每一位成人之所以出类拔萃，根源都在于他们的父母。在玛吉最早的记忆中，三、四岁的她站在长岛家中的起居室里，将小小的提琴固定在下巴下方，母亲端着一杯茶，注视着她，玛吉按照演奏要求，双脚分开约 30 厘米，努力站好，一动不动。

玛吉的妈妈要求她站立不动，这样做似乎有些过分，但这与教幼儿握棒球棒、建纸牌屋或者阅读，有什么不同呢？玛吉的妈妈把练习变成了小孩子一天生活当中的趣事。也正是这个习惯为玛吉埋下了成功的种子。

玛吉说："3 岁时，如果你在练习时扭动身体，那并不是一个问题。但是，如果站在管弦乐队前面演奏柴可夫斯基的音乐时你扭来扭去，那你拉出的声音就无法盖过 100 人的管弦乐队，别人就听不见你的演奏。这是物理学常识。"

瑞安·夸尔斯取得的学术成就和他作为肯塔基州农业部专员的领导能力，都与他成长过程中经历的那种"不成功，便成仁"的农场生活方式一脉相承。那时候，即便还只是个小孩子，夸尔斯也有重要的任务需要完成，而且他还有一位高标准、严要求的父亲。

桑谷·德尔的成功可以追溯到他从母亲那儿学到的经验。德尔才两岁，母亲就教他读书识字了。随后，在幼儿园时期，德尔与父亲在清早进行的那些具有深刻哲学意味的交谈，也功不可没。有时候，这样的早晨紧接在深夜阔谈之后。在那样的夜晚，德尔穿着一身小西装，坐在那里，听从战争地区逃出来的难民滔滔不绝地诉说着，这些人到家里来找他父亲交谈，倾诉自己的遭遇。

实际上，若深入研究夸尔斯、德尔、玛吉，以及其他众多高成就孩子的人生，某种非同寻常的事实便会浮现出来：同样的教养法则塑造了他们相似的人生阅历。

> 虽然每个家庭的具体情况有别，父母们的表面差异很大，孩子们也有不同的行为方式和志趣，他们各自成功的领域也不一样，但是，这些家长引导孩子通往成功的探险之旅却惊人地一致。

阶级似乎无关紧要，种族也不关宏旨。快餐店职员父亲与广受尊敬的法官母亲，都秉持如出一辙的成功养育理念。出生于加勒比的男孩进入了常春藤盟校，成了电子游戏大师和 Twitter 明星，他的父母与百年前爱因斯坦的妈妈采用了同样有效的教养策略。生活艰难、每天搭乘公交车去好莱坞替人打扫房屋的洛杉矶移民，拥有与美国前总统相同的养育风格。

这些父母有什么不同的招数？他们只比其他人领先一步吗？他们是否有意无意地采纳了某种教养法则，让孩子为未来做了更好的准备？若果真如此，这种法则可以传递给其他父母吗？是否真有一种教养法则，可以很好地塑造成功的孩子和充分实现自我的非凡成人呢？

THE
FORMULA

第一部分

高成就孩子的
教养公式

SUCCESS

01 为什么高成就孩子都有相似的成长经历？

> 15 年间，我们采访了 200 个高成就孩子和其中一些人的父母。访谈揭示了一个清晰的模式：尽管高成就孩子的父母身份背景殊异，生活境遇有别，但在孩子生命的最初几年，他们采用的养育方式却惊人地相同。

孕育高成就孩子的"黑箱"：战略式教养

我们常认识一些少时聪颖的孩子，然而，他们的人生最终却平淡无奇。当遇到夸尔斯、德尔、玛吉这些取得非凡成就的人时，除了羡慕，我们不免会想：他们是怎么做到的？仅仅是因为有天赋吗？他们又是如何把天赋化为非凡成功的？如果我们或者我们的父母当初采取了不同的做法，我们是不是也会那么成功？

很多书籍试图回答这些问题，但几乎都仅限于对孩子的描述。大多数作者都没有调查子女的成就与父母的人生经历和养育动机之间的关联。也很少有人探讨孩子从出生到成年早期的整个历程。同时，社会科学研究着眼于孩子在童年时期出现的不良行为，以及父母如何预防、如何解决问题，而不关注如何培养杰出人才。很少有人研究父母养育孩子的方式如何促进了他们的成功，更没有人试图解析为什么这些做法会影响子女的成才。

有一些长期研究项目想要探寻出生伊始就天各一方的双胞胎有何异同，研究者们近来揭示了孩子在童年早期产生能力差异的原因。大量科学研究证明，父母的养育方式对孩子的毕生发展至关重要。然而，阅读那些介绍杰出人才的文章，并不能让我们知道他们是如何变得这么优秀的，也无法了解他们的父母为令人称道的成就贡献多少，因此也无法从中获得可资效仿的真知灼见。这些信息存在于大家的视野之外，好像藏在俗话所说的"黑箱"里一样。在科学、信息技术和工程学中，"黑箱"是一个物体或者系统，从一边输入的东西到另一边输出时已经面目全非了，你不知道中间发生了什么事情。我们看到某些孩子成了杰出人才，但不了解缘由，因为我们没有身临其境目睹"黑箱"里发生的事情，也就是没有看到他们的家庭是怎么做的。我们只看到了输出的成果：杰出人才（图 1-1）。

图 1-1 黑箱

在医学领域，参与黑箱实验的一般包括不接受治疗的控制组和接受测试治疗的对照组。这样的实验被视为确定治疗方式是否有效的黄金标准。但它们有一个共同的缺点：实验人员搞不清楚治疗生效的方式和原因，因此难以根据获得的知识予以改进。事实证明，有许多疗法治好了病，但取得证据的科学家往往并不理解药物在病人体内发挥了什么作用，从而产生了治疗效果。

同样，谈到成功的养育时，我们不知道那些父母具体使用了什么方法，才把孩子培养得如此卓尔不群。想想看，如果近距离观察世界上最成功的人成长于一个什么样的家庭，那作为父母我们可以获得哪些教益？会对成功有什么进一步的了解？又可以学到哪些能帮助孩子充分发挥潜能的方法？

现在我们知道了，早在孩子踏入幼儿园之前，促进其人生成功的大脑发育就已经开始了。科学研究很明确地指出，从孩子出生开始直到成年，父母的决定对他们日后成功与否有着深远的影响。

> **对孩子未来影响极其重要的，不仅仅是我们做了的那些事情，我们没做的那些事情也很重要，甚至会导致孩子的潜力被荒废。**

本书将打开"黑箱"，解析杰出人才的父母及他们的教养之道。15 年间，我们采访了 200 个高成就孩子和其中一些人的父母。访谈揭示了一个清晰的模式：尽管高成就孩子的父母身份背景殊异，生活境遇有别，但在孩子生命的最初几年，他们采用的养育方式却惊人地相同。

我们把这个模式命名为"战略式教养法则"。

成功人生的相似源头：大师级父母

我们总结出的这套战略式教养法则的研究始于两个大相径庭的地方。其中，塔莎的研究始于 2003 年《波士顿环球报》（*Boston Globe*）的一间新闻编辑室。塔莎是这家报纸的记者，因工作需要，她周游全美。塔莎发现，她在报道过程中遇到的那些极具特色的聪明人，都有着特质相似的父母。于是，塔莎致电哈佛大学的罗纳德·弗格森，因为塔莎之前报道的某个故事需要专家建言，所以和他进行过多次交谈。

"培养高成就孩子的教养法则可以传授吗？"对塔莎的这个问题，罗纳德给予了肯定的答复，并告诉她，研究者正在广泛地研究并讨论怎么做这件事。

随后，塔莎决定调查这些非凡人物的父母，看他们是否使用了一套明确的养育指导方针——一套教养法则。此后 10 年里，她采访了 60 个人，询问父母是如何培养他们的，并寻找这些养育故事的相似之处。有些人是她的同事，有些人是她在出差途中结识的新朋友。大多数访谈都是她独自完成的，有时侯，为《波士顿环球报》和其他媒体做采访时，她也会询问受访者接受的养育方式，其中包括美国前总统奥巴马。

罗纳德的研究则始于 2009 年在哈佛大学的一次办公室咨询会谈。肯尼迪政府学院的硕士研究生李京扬（Kyoung Lee）因为挑选秋季的课程向罗纳德咨询。罗纳德在哈佛教书、做研究 30 多年了。两人在咨询会谈中谈起了韩国文化、学术标准和养育方式。罗纳德同李京扬谈起他的韩国学生。那些学生说，在韩国，如果成绩低于全国同年龄组的前 5%，那就不可接受。罗纳德觉得特别不可理喻，因为他成长的环境与韩国不一样，但对父母在韩国出生、长大的李京扬来说，却是可以理解的。李京扬说："如果我考了 99 分，我妈就想知道还有 1 分丢哪儿去了，即便班上没其他人考到 90 分。"

李京扬和罗纳德都想知道：还有没有别的哈佛学生被要求找到那丢失的 1 分。他们想了解，就大学同龄人父母的养育方式而言，不同种族、民族、社会经济间的差异有多大？毕竟，这些同学的父母都养育出了像李京扬这样优秀的孩子，这些孩子都在哈佛大学极其挑剔的录取过程中脱颖而出。那么，这些哈佛学子的父母是在以相似的方式养育子女吗？

李京扬和罗纳德的交谈催生了哈佛大学"父母如何养育我"项目。项目采访了 120 名哈佛大学的本科生和研究生。本书至少有一半案例出自该项目，其中包括桑谷·德尔的故事。2009 年启动这个项目后，罗纳德和他的学生志愿者给这所大学的几百名学生发了电子邮件，邀请他们谈谈："父母在你的成功中扮演了什么角色？"

在接下来的两年里，学生志愿者积极寻找这类故事，接受采访的哈佛学生形形色色：不同国家、不同人种、不同信仰、不同家庭背景、不同职业的父母……志愿者进行一次又一次漫长的访谈，提出同样的问题，意图深入研究受访者的童年回忆，了解其父母扮演的角色。

这些故事集成了一个庞大的音频叙事库，记载着学生们最早的记忆和取得卓越学术成就的历程。这些记忆的核心是他们的父母，父母也是他们最早、持续时间最久的老师和引领者。

罗纳德和他的研究助手着手对数据进行编码，试图寻找到一种教养模式。他们很快发现，事情太复杂了，需要有人专心致志地做长期访谈才行，项目随后搁浅了。2014 年，塔莎再次致电罗纳德说，她想写一本书，讨论成功的父母是否遵循了某种教养法则。罗纳德认为的确如塔莎所说，但还不知道那个"法则"是什么，于是他提议两人联手写一本书，把"父母如何养育我"项目收集的资料用起来。作为作者，两人没有设计关于有效育儿本质的假设性社会科学测试，而是着手进行一项调查，从本质上讲是新闻性质的调查，该调查将深入探究高成就孩子的生活。然后，随着调查的开始，我们认为，坚定地贯彻有目标的养育方式深深根植于这些养育故事中，也根植于这些父母的生活之中。

塔莎用了几个月时间收听、分析那些匿名音频。她和罗纳德一起，对比哈佛学子接受的养育方式与她多年来采访的非哈佛毕业生接受的养育方式：一套教养法则浮出水面。

从以往的研究可知，不同社会经济背景的人体现出了不同的养育风格。我们本来以为会看到一幅具有文化特异性的缤纷景象，因家庭背景的差异，各种育儿理论、育儿价值观和教养策略会呈现出系统性的差异，但情况并非如此。例如，并不存在明显优越的亚洲或美国养育方式。相反，超越种族、社会经济地位、教育水平、信仰和国籍，存在着一种强烈相似的养育方式，养育出了这些高成就孩子。

最初录制的哈佛学生们的访谈为我们写作本书开了一个好头，但这只触及了教养法则的表层。于是，我们一起重新采访了哈佛大学"父母如何养育我"项目中已经毕业的高成就者，以及我们通过其他途径认识的非哈佛毕业的高成就者。访谈对象除了有一对刚满 50 岁的双胞胎，其他所有的高成就者都在 20 到 40 岁不等。就像流入大海的河流和小溪一样，他们分享的故事把我们带到了源头：他们的父母。

大师级父母的共同特点：善于释放孩子全部潜质

在本书中，我们把这些高成就孩子的父母称为"大师级父母"，并不是说他们一开始就知道如何养育高成就孩子，而是说他们善于发现并释放孩子的全部潜质。

这些高成就孩子的父母大多数并没有上过最好的学校，有几位甚至连高中都没毕业。他们的独到之处在于，有能力采取一切措施去培养有思想、极其聪明、有抱负、有目标的孩子。

这些父母，无论是受教育程度最高者还是最低者，都会在孩子 5 岁之前教授孩子简单的数字概念，认识基本词语，平等地与孩子对话，尊重他们的想法，用心思考如何回答孩子的问题。

> 无论贫富与否，这些父母都表现出了强烈的责任感和对未来的美好期待。处于不同社会经济地位的父母都同样坚持不懈地抽时间、找资源，帮助孩子在学业上取得优异成绩。他们还用自己的成长故事激发孩子的积极性，让孩子明白，父母希望他们具备什么样的品质，长大后成为什么样的人。但是，他们从不试图把孩子塑造为自己曾经梦想成为的那种人。

战略式教养法则的核心是那些帮助孩子发挥最大潜能和获得幸福的战略选择。这套法则要以 8 个养育原则为基础，或者说，基于父母在孩子生活中扮演的 8 个 "角色"。父母要激发孩子发展智能能力和非智能能力，让孩子为将来的成功做好准备。

这些高成就孩子中没有什么超人。战略式教养法则也可以学习、使用。虽然不是每个孩子都会成为演奏家、哈佛毕业生或者著名富商，但有了战略式教养法则，无论孩子的潜力如何，父母都可以利用它促进孩子的事业成功和生活成功。

在讨论战略式教养法则之前，让我们仔细了解下应用战略式教养法则培养出来的人。

02 什么是成功？

> 现代研究一致认为，追求自我实现可以促进幸福的获得。培养充分实现自我的孩子是本书中每位大师级父母的目标。他们通过培养孩子 3 个关键的品质实现这一目标——使命感、自驱力和才智。

成功的定义

是否存在一套教养法则能够应用于"生产"学术能力和社交能力突出的高成就孩子呢？对此满腹狐疑又感兴趣的人，一听就凑了过来。他们往往半眯着眼，头微微斜向一侧，提出这么几个问题：这些孩子，也就是战略式教养法则的"产品"，到底有什么特殊之处呢？他们及培养他们的养育方式为什么值得效仿？当你解释法则时，他们又会说，请给成功一个定义。

简单来说，成功就是目标的实现。其中真正的问题是：利用战略式教养法则教出来的孩子实现了什么目标或者哪类目标？我们谈论的又是什么样的成功？

关于成功，有两种主流而又截然不同的哲学思想。一种哲学思想一般被称为享乐主义，因古希腊哲学家伊壁鸠鲁而闻名。他认为，人生的目的是在避免痛苦的同时，体验尽可能强烈的快乐。想象一下那些丰富多彩的派对，大房子、各色美食，香槟肆意倾洒……在享乐主义哲学中，成功的定义，是满足一个人的物质和肉体欲望。

另一种不同的哲学思想源于希腊语"eudaimonia"，是亚里士多德哲学的核心概念，意为"人的繁荣兴盛"。这种成功的目标是自我实现，指个人在追求具有挑战性目标的过程中，体验到的高潮和实现的成长。也就是说，你可以通过力求精通一件事来体验最好的自我。想象一下美国体操运动员西蒙娜·拜尔斯（Simone Biles）在空中翻转、旋转的身影，为了参加奥林匹克运动会比赛，她练习了好多年。或者，想象一下 1905 年时年轻的阿尔伯特·爱因斯坦：他坐在办公桌前，正在精心修改那一系列改变了科学界的文章。

现代研究一致认为，追求自我实现可以促进幸福的获得，而对享乐主义目标的迷恋往往对生活满意度的提高几无贡献，甚至还有破坏作用。但这并不意味着自我实现的成功就会缺乏经济或物质收益。我们在后面几章看到的故事中，有几个人获得了巨额财富。他们的孩子长大后买得起豪华轿车，住得上漂亮的房子，可以去异国旅行，大多数大师级父母都会为此高兴，但这些大师级父母都明白，物质财富只是成就的漂亮装饰品，不同于战略式教养法则带来的深刻而持久的成功。

在说到用战略式教养法则培养出的高成就孩子时，我们的意思是说，它培养出了充分实现自我的成人，并由此得出了一个公式：

使命感 + 自驱力 + 才智 = 充分实现自我

如果要用一个术语来描述本书中这些杰出人才，那就是"充分实现自我"（fully realized）。他们的故事生动地体现了这个术语的含义，这些人包括一位美国外交官、一位美国有线电视新闻网电视主播和有"硅谷姐妹"之称的三姐妹。这些人以及我们研究的其他 200 位高成就孩子都有一个共同之处：每个人都将自己的潜力发挥到了极致，并且仍然在成长。

> 培养充分实现自我的孩子是本书中每位大师级父母的目标，无论他们是否知道"充分实现自我"这个术语。他们会通过培养孩子 3 个关键的品质实现这一目标——使命感（purpose）、自驱力（agency）和才智（smarts）。

教养公式中的第一个元素——使命感指崇高的目标或目的。它可以是长期目标，也可以是短期目标；可能简单，也可能复杂；可能是学习爬行动物的名称，抑或是成为一名爬虫学家；可能是在钢琴上完美演绎一首歌曲，也或许是让非洲的村民用上自来水。但它们都必须是某种行动的理由。

向一个雄心勃勃的目标开始进发，需要非凡的主动精神。我们把这种主动精神称为自驱力，即教养公式中的第二个元素。具有强烈自驱力的人会说"这件事，我来"，然后通过行动贯彻执行。

仅有行动力也是不够的，这就要谈到教养公式中的第三个元素：才智。心理学家把"才智"界定为民间概念：大多数人都对它的含义有基本的认知，即便实际上研究者并不赞同这个含义。在日常生活中，我们会谈论各种各样的聪明才智。最常见的含义与学校教授的内容相关：科学智能、数学智能、阅读智能、写作智能、社交智能，以及管理感情的情绪智能。

心理学家 W. 乔尔·施奈德（W. Joel Schneider）致力于评估人类的认知能力，他为"才智"提供了更宽泛的定义："我们用这个词来描述那些能够获得有用知识的人，以及能够利用逻辑、直觉、创造力、经验和智慧去解决相应问题的人。"不过，他还是承认自己对才智的定义"像我想要定义的对象一样模糊"。

在本书中，我们双管齐下，针对"才智"给出了一个常识性的定义：执行具有认知挑战性任务的能力，如解决课业困难的能力；从所处环境获取信息、理解信息，并用它们制定人生战略决策的能力。

显然，我们采访的所有高成就孩子从小在学业上都表现出色，但他们的能力不仅限于此。他们在学术上达到了很高的水平，同时，他们热爱学习。虽然本质上，他们的许多兴趣都是学术性的，追求这些兴趣时形成的能力显然有助于他们取得好成绩，但在练习过程中，他们往往热衷于其他事情：演奏小提琴、参加社会活动、发表公开演讲。对高成就孩子来说，在学校表现良好固然重要，但他们还有其他重视的爱好。

高成就孩子不是那种只关心老师评价的孩子，他们对自己的要求往往高于老师的标准。这并不意味着成绩对他们来说无关紧要，在高中或者大学期间，有几个高成就孩子甚至得了人生的第一个 C，他们曾为此措手不及，但时间很短，只是发生在他们的评估方法出了某些问题，且尚未想出如何避免这类情况发生之前。这种反应无关父母的压力，谈不上对赞许的需求，只与他们对自己的看法有关——他们是有才智的人。

> 这些高成就孩子真正引人注目之处在于，他们似乎在小小年纪就充满信心，好像掌握着获胜秘诀似的。作为孩子，他们与成年人交谈的方式令人印象深刻：真诚，深思熟虑，对世界和自己有着睿智的认识。他们有能力利用学到的知识提出问题并思考问题的含义，形成自己的见解，然后以真正令对方感兴趣的方式表述出来。换句话说，他们也显得很聪明。

神童不等于高成就孩子

我们的研究对象在三、四岁就识文断字了。到上幼儿园的时候，他们都具备了非常好的基本识字能力和数学能力。如果他们后来拼命努力，那也是为了更高的荣誉，是为了与其他模范学生并驾齐驱。

这就引发了一个问题：战略式教养法则培养出的孩子是不是绝顶聪明？其他人可以达到他们那种卓越水平吗？我们采访的人绝对都很聪明，但也许描述他们那种才智的最佳方式是看看他们不具备什么特点。

以多元智能理论著称的心理学家、哈佛大学教授霍华德·加德纳（Howard Gardner）[①] 这样定义神童：那些展示出"成人表现水平"的孩子，并不是因为他们奋力了才获得精湛的技艺，而是因为他们拥有天生的才华。加德纳认为，神童好比获赠了一份神奇的礼物。他说："即使一个人拒绝相信奇迹，只关注概率，年少的莫扎特、门德尔松，年轻的毕加索和英国画家约翰·埃弗里特·米

---

① 霍华德·加德纳是美国著名的心理学家、教育学家。1983 年他在《智能的结构》一书中提出了"多元智能"的全新理念，打破了传统智力理论的基本假设，重新定义了人类智能，堪称"心理学界哥白尼式革命"。该书简体中文版已由湛庐引进，浙江人民出版社 2013 年出版。
——编者注

莱斯……这些人的才华也足以令人惊叹。"

大师级父母养育的高成就孩子与神童相比如何？根据加德纳的研究和我们对战略式教养法则为期 10 多年的案例调查，我们认为他们的差异如下：

- 高成就孩子有目标地选择学习项目和技能；神童则被他人对其天赋的追捧所裹挟。

- 高成就孩子致力于掌握并寻找挑战性的新经历；神童则在生命早期通过模仿或轻而易举就能掌握一些技能，后来发现很难再上一层楼。

- 高成就孩子的父母为了满足孩子的好奇心，开启他们渴求知识的道路，向他们传授经验；神童身边的成年人则致力于展示孩子的天赋，而不给他们学习和扩展兴趣的机会。

- 高成就孩子在追求高目标时学会了抓住机会，逐渐变得勇敢无畏；神童则逐渐习惯于没有风险的成功，因为父母或老师不让他们经历磨练。

- 高成就孩子通过与成人合作培养能力；神童则通过为成人表演来展示技能。

- 高成就孩子相信自己能学习，从而取得成就；神童相信自己的表现能力，但不一定对自己的学习能力有信心。

加德纳指出，神童往往在 20 多岁时就会感到地位不稳了。因为成年人不再是他们的粉丝，而是摇身一变成了技艺精湛的竞争对手。那些从未被视为天才的同辈则目标明确，勤奋努力，成了他们的劲敌。加德纳写道："许多神童，也许是大多数神童都很难应付这种局面，他们已经无法发挥年少时的潜力了。"

不同于神童，挑战会促进高成就孩子成长。进了大学后，有些人发现同伴在学术上遥遥领先，遂进行了必要的调整。例如，罗布·亨布尔（Rob Humble）在家乡小镇以"聪明"闻名，可进了华盛顿大学圣路易斯分校后，他差点儿被淘汰出局。他知道，如果要参与竞争，就必须采取行动，了解自己，规划好时间和生活。他知道自己不是那种善于临时抱佛脚的人，所以他设计了一个符合自己特点的计划：创办一个学习小组，提前几周完成作业。其他学生在期末考试前熬夜时，亨布尔却在考前多日开始了长时间的专心复习。他的如意算盘是，长时间学习会把他搞得精疲力竭，提前复习就可以在考前一晚睡上 11 个小时。考试时，不像其他同学，他精神焕发、思维敏捷、发挥出色。

加德纳对神童的研究结论是，他们的能力植根于自驱力或使命感之外的其他东西。他说，这是"莫扎特、国际象棋选手鲍比·菲舍尔、数学家卡尔·高斯的神经系统结构或大脑功能中的某种东西，有了它，掌握音调模式、国际象棋棋子的配置、数字组合可能就变得易如反掌"。相比之下，本书中的大多数高成就孩子并非天赋异禀，他们不像神童在遗传智力上属于前 1% 的人群。实际上，基于我们与高成就孩子的交谈，以及与他们小学老师、高中老师、父母、兄弟姐妹、导师的访谈，再加上他们的成绩单、大学证明书和申请信的佐证，我们有更多的理由相信，他们天生具有的能力完全在人类能力值的通常范围内。相反，他们的父母明白，才智是可以培养的。

当然，遗传也会对才智有影响。有的儿童有与生俱来的能力，学习对他们而言轻而易举，正如有些举重运动员遗传了独特的生理特性，容易快速形成肌肉一样。只是举重运动员的体力主要取决于饮食、生活方式、训练和其他环境因素。从运用时间的方式和关注的事物来看，高成就孩子变得有才智的方式与举重运动员变得强壮的方式一模一样。

> 事实证明，培养才智与塑身的相似性远远超出你的想象。正如举重会形成肌肉，科学告诉我们，学习能建立起更密集的大脑通路，用于存储知识和加工思想。换句话说，每次学习都能实实在在地把大脑变成更好的工具。

以伦敦的出租车司机为例。在 2011 年的一项研究中，伦敦大学学院派神经科学家埃莉诺·马奎尔（Eleanor Maguire）和凯瑟琳·伍勒特（Katherine Woollett）跟踪研究了一群出租车司机。这群司机在为一项考试学习。这是一项艰巨的记忆力测试，需要 2～4 个小时才能完成。这个考试被视为世界上最艰难的记忆力考试之一，因为司机需要记住整个城市半径（9.7 千米）范围内的 25 000 条街道和数以万计的地标。

在受训者学习之前和测试之后，马奎尔和伍勒特扫描了他们的大脑。扫描结果令人吃惊：通过测试的受训者的大脑海马灰质体积增加了。海马是大脑中负责存储空间图像的区域，受训者研究、想象在脑海里穿行于伦敦错综复杂的古老街道，这样做实际上提升了他们的记忆力。

像那些出租车司机一样，相比同龄人，我们遇到的高成就孩子用了更多的时间从事提升认知能力的活动。随着做事能力的提升，他们的大脑发生了实质性改变，进而会不断提高做事能力，这就像举重运动员一样，形成新的肌肉后，就可以轻松举起曾经很难举起的物体了。高成就孩子通过学习形成了新的神经通路，同时保留了一旦不用就会消失的老神经通路。换句话说，与加德纳研究的神童不同，随着时间的推移，高成就孩子会越来越有才智。

高成就孩子都是充分实现自我的人

那些满足有才智、有使命感和自驱力这些条件的高成就者是从哪里找到的？我们又是怎么找到的呢？哈佛毕业生构成了这项研究最大的对象群体，也是本书重点介绍的对象。多年前，他们参与了"父母如何养育我"项目。5年后，我们对其中一些人进行了后续访谈，目的是为研究增加地理、社会经济、民族和种族背景信息。

这些人在哈佛大学招生过程中过五关斩六将地幸存了下来，正好是我们感兴趣的高成就者类型。仅仅是学术明星并不足以被哈佛大学录取，许多在毕业典礼上致辞的学生都没有入围。除了在学术上比其他学生优秀，成功进入"父母如何养育我"项目的申请者还必须在课外项目上出类拔萃，写出引人入胜的入学申请论文，并得到任课老师和指导老师不同寻常的推荐信等，以此证明他们有改变世界的使命感和卓越的潜力。顺便说一下，改变世界也是我们写这本书的目标之一。

当然，哈佛不是唯一能找到高成就者的地方。在哈佛的"父母如何养育我"项目之外，至少有60个人进入了我们的研究对象群体。有些特殊人才是别人推荐给塔莎的，也有些是她在报道和编辑工作中结识的，还有些是我们在各种会议上认识的，另外一些则是我们偶遇的。例如，塔莎发现，20多岁的世界级小提琴家玛吉·扬在演奏时会表现出迷人的优雅和权威感；我在哈佛大学的一个政治事务小组会议上注意到了查克·巴杰（Chuck Badger），这位年轻的政治顾问在会上的发言极其深刻，精彩绝伦。查克向我们介绍了肯塔基州农民、农业部专员瑞安·夸尔斯。丽莎·索恩（Lisa Son）是一位脑科学教授，她发明了一种教幼儿阅读的方法。当塔莎在社交网站上发帖寻找高成就孩子的父母时，一个富裕的新泽西小镇里有50多位家长响应塔莎，丽莎便是其中之一。

　　与高成就孩子交谈之前，我们几乎对他们的成长背景一无所知，只知道他们就是我们希望了解的那种成功、充分实现自我的成年人。在他们每个人的身上，我们都看到了同样的养育特点，即构成战略式教养法则的 8 个养育原则。现在我们转到战略式教养法则本身，看看它在实践中的样子。

03 成功有公式可循吗？

> 贾雷尔从小颠沛流离，在不断更换的收容所中长大，他不仅考上了哈佛大学，还成了最年轻的校长。他的母亲伊丽莎白无形中遵循了一套特殊的教养法则，从而帮助贾雷尔发挥潜能，取得了耀眼的成就。这套法则有什么特殊之处吗？

从收容所中走出的年轻校长

在哈佛毕业生贾雷尔·李（Jarell Lee）最早的记忆中，母亲伊丽莎白·李曾抱着他从家里仓惶出逃。此前几分钟，他正趴在地板上玩忍者神龟卡车，突然，一把刀嗖地飞过来，扎进他身旁的木地板，就像飞镖插在墙上一样。

贾雷尔回忆这个故事时，我和他正在布鲁克林一家地道的黑人餐厅里吃午饭，他说："当时我3岁。"他记不得更多细节，便致电住在俄亥俄州的母亲，向她了解情况。母亲告诉他，那天她的男朋友把一把刀扔向了她。母子俩虽然逃出了家门，但她身无分文，除了去家乡俄亥俄州克利夫兰市提供给无家可归者的收容所，他们没别的地方可去。从幼儿园到三年级，贾雷尔辗转上过 9 所学校。一年级期间，他住过的收容所数量不下 9 个。因为频繁搬家，童年时期的他没有什么朋友，但生活中有两项从来不变的内容：母亲和学习。

22 岁那年怀上贾雷尔后，伊丽莎白会阅读所有能够到手的养育资讯。"我会读介绍孕期情况、讲孕期注意事项及抚养孩子的书。之后，我也会读讨论如何抚养 1 岁至 4 岁孩子的书。"她相信，只要照着书上教导的去做，加上自己的思考，就可以培养出一个拥有更好未来的优秀儿子。

伊丽莎白回忆说："我告诉贾雷尔，'我穷困潦倒，只好沦落到贫民区，如果你表现好，成绩优异，上了大学，就可以摆脱这里'。"

伊丽莎白很早就采用闪卡教孩子识物了。她和贾雷尔坐在收容所的床上，一起翻阅闪卡，教他认识形状、颜色、数字和单词。她出示闪卡给贾雷尔看，三、四岁的他便能读出上面的单词。"不是逐字逐句读，而是只读他能记住的东西。"伊丽莎白说。

伊丽莎白很早就发现，儿子小小的年纪，还未上学就记忆力突出，学得特别快，她意识到，儿子的需要超出了自己的教学能力。贾雷尔还没到上学年龄，伊丽莎白便去他所在的早教中心做志愿者，观看课堂教学，回到收容所后，再依葫芦画瓢地教儿子。"他就是这样学习的，我们一字不落地复习。后来，我们去图书馆借回一堆一堆的书，一起坐在沙发上看。"

伊丽莎白把学习变得趣味十足，贾雷尔从来都不觉得自己是在枯燥地学习。她每天集中精力教贾雷尔 6 个单词，母子俩会再用 1 小时复习这些单词。这种做法一直持续到她找到工作之后，时间与贾雷尔进入幼儿园的时间大致相同。那时，贾雷尔已经掌握了基本的阅读技巧，认识一些数字，因此显得与其他孩子不一样。贾雷尔还记得幼儿园老师当时的惊呼："你识字！"

伊丽莎白以此为起点制定日程，确保贾雷尔养成在学校表现良好的习惯，自始至终充分发挥自身潜力。为了保持儿子的挑战精神，她尽其所能让贾雷尔进最好的学校，或者，至少确保贾雷尔参加资优班编班考试。她知道那是儿子该去的地方。有些提供资优班的学校位于粗陋混乱的社区，有时候在富人区，有时候也会设在贵格会学校（Quaker School）①。不管环境如何，她都竭尽全力，不只是让母子俩生存下来，而是要让贾雷尔将来飞黄腾达。

在为生存而战期间，伊丽莎白又生了两个女儿。她仍然没钱买书，但还是把读书作为家里的中心活动。公共图书馆是他们的第二个家。一家人会花几个小时选书，然后沉浸在故事和图画中。"我总是给孩子们足够多的书。我们读《彼得的椅子》（Peter's Chair）这样的儿童书，也借全套苏斯博士的书，"伊丽莎白说，"苏斯博士的书中，我们最喜欢的就是《你是我妈妈吗？》（Are You My Mother?），还有《一条鱼，两条鱼，红色的鱼，蓝色的鱼》（One Fish, Two Fish, Red Fish, Blue Fish）。我们见书就读，不管是什么书，也不问作者是谁。书都是从图书馆借的，不用花一分钱。"

伊丽莎白想方设法地激励孩子们，让他们参加有益于未来生活的活动，即使她没有多少钱，甚至一文不名。"我们参加游行，什么活动都不错过。市中心以前有儿童节活动，每年我们都去。我们什么活动都参与。"

伊丽莎白随时都在给孩子们教学，在公交车上也是如此。她说："我会指着停车标志、交通信号灯问他们。他们也认得建筑物上的标志和餐馆名称。我们会玩学习游戏。"

---

① 贵格会学校：美国一类具有信仰贵格会宗教背景的中学。——编者注

　　贾雷尔认为妈妈的养育方式亲切、富有教益，而伊丽莎白则笑称自己"宽严相济"。她认为自己已经制定了行为框架，然后就该给孩子们行动的自由，只需在睡觉前完成作业就好。周末的时候，3 个孩子都可以看电视，但平日里只能看书。夏天，他们每周读一本书、写一篇读书报告。她决不允许草草应付。"不达到良好就过不了我的关。我会翻阅贾雷尔的文章，如果不达标，我会不管不顾地撕成碎片，团成球扔掉。如果孩子们拿出的不是自己最好的作品，那就完蛋了。我要求贾雷尔做得更好，我知道他做得到。"

　　虽然两个女儿在学校表现很好，但她们有时候对伊丽莎白的建议置若罔闻。然而，贾雷尔总是乐于接受建议，并承担责任。"高中的时候，我让贾雷尔想睡多久就睡多久，因为早上他自己知道起床。我和他之间没有任何矛盾。他的家庭作业基本上独立完成，他的大多数功课我也都不会，很多东西我都不懂。如果他写论文，我可以帮帮忙，帮他校对、重新编排句子，但对数学、科学，我一筹莫展。"

　　实际上，数学和科学是贾雷尔最喜欢的科目，因为还在蹒跚学步、读闪卡、从公交车上指认物品时，贾雷尔就已经在伊丽莎白的教导下爱上了凡事穷究其理，学会了如何靠自己把不明白的事情搞清楚。

　　多年辗转于一个又一个收容所的生活终于在贾雷尔 8 岁那年结束，他们一家人有能力租一所小房子了。这里距哈佛大道不到一个街区，位于克利夫兰东区的联合 - 迈尔斯（Union-Miles）。这个地方萧条简陋，贾雷尔称之为"荒地"，倒不只是因为房子的窗户需要用木板钉上，也不是因为对面街上昔日的教堂变成了四处透风的窝棚。贾雷尔之所以称其为荒地，还因为那些漫无目的、在周围街区横行霸道的男孩们"浪费"了自己的潜力。贾雷尔可不像他们。

　　贾雷尔的身高与年龄不呈正比，他个子矮小，有一对招风大耳，留着所谓

"褪色"、箱子般四四方方的发型。他特别迷恋 20 世纪 90 年代影片《天赋异人》（*Smart Guy*）中的主角，影片主角是一个 10 岁的非洲裔美国神童。因为这个，贾雷尔经常招致讥笑。贾雷尔路过时，孩子们会突然齐唱这部电影的主题曲。有时候更糟糕，孩子们对贾雷尔的取笑还会发展成殴打，而这一切仅仅因为他喜欢埋头读书。

贾雷尔本来可以按照内心的真实想法行事：躲进家里，把全部时间用来读书、打电子游戏。然而，伊丽莎白明白，他不能逃避恐惧，而需要直面障碍。"我妈不得不强迫我参加活动。我直到 23 岁才成为运动员，但我很小就开始参加体育运动了。我喜欢运动，只是不怎么擅长。"贾雷尔告诉我们。

伊丽莎白借此教给了儿子在现实世界中取得成功的法宝，正如教给了他在课堂上实现成功的法宝一样。贾雷尔的同龄人大多在周遭的贫困中看到了自己的命运，并甘愿屈从，但伊丽莎白始终告诉儿子，为改善生活而努力很重要。伊丽莎白会指着邻里的那些"暴徒"说："你看见街上那些人了吗？你看到他们在怎样生活吗？你看到我们在如何生活吗？我们穷得叮当响。你不希望自己一辈子都这样吧？"

母亲给了贾雷尔一条不一样的人生故事主线，妈妈的话引导着贾雷尔每天的生活。"她会说：'改变你命运的唯一方法就是上学、学习，要用你的生命做与众不同的事情。'这一点她讲得很清楚。所以我一直把教育当作一条出路。我想，周遭这样的生活太可怕了。没人愿意一辈子这样过。"贾雷尔说。

贾雷尔 8 岁的时候，伊丽莎白的付出初见成效。他是全优生，忙于自己的诸多项目，有自己的各种目标，而不只是朝着母亲为他设定的目标努力。正如贾雷尔告诉我们的："8 岁时，我记得听人说起大学。我想上最好的大学。哪所大学呢？有人说是一所叫哈佛的大学。我说，'好吧，那就是我要上的大学。'

我不知道这意味着什么，但从 8 岁起，这就是我唯一想上的大学。"

　　伊丽莎白对哈佛大学一无所知，她从来没把上哈佛作为贾雷尔的目标。她只知道，如果儿子要脱离他们那个落后的社区，成为中产阶级，就必须得制定高标准，接受挑战，并与其他聪明的孩子和优秀的老师交往。

　　为了实现这一目标，伊丽莎白继续研究附近哪些学校比较高级，并设有资优班。实际上，贾雷尔还在上小学时，有一次她甚至选择了一个特别的收容所，因为它可以让儿子进入更好的学区。

　　当时，伊丽莎白他们住在一所过渡性的收容所里，一家人拥有了相对稳定的生活。在贾雷尔记忆中，那个居所"棒极了"。收容所的课外活动让他与其他孩子建立了难得的友谊。"那不是个普通的收容所，"伊丽莎白回忆道，"虽然名为收容所，但我们有自己的公寓，有厨房、卧室、餐厅、客厅。"收容所规定，如果家长想常住这里，就得定期上课；下午 4 点到 6 点是孩子们做作业的时间。周六有志愿者前来帮忙。

　　后来，伊丽莎白了解到夏克尔高地另有一处不那么温馨的过渡房。那里地处克利夫兰郊区，因为非常成功而且创造性地保持了种族平衡，在 20 世纪 60 年代名噪一时。它的小学教育在俄亥俄州名列前茅。

　　伊丽莎白需要做出选择。她可以留在更舒适的收容所，把贾雷尔送到克利夫兰的一所学校，或者送他去更好的学校，但那里的收容所条件不怎么好。对伊丽莎白来说，做这个决定不费吹灰之力。不得不住在一个不太好的收容所里也好，贾雷尔只能在一所更好的学校待几个月，然后一家人又必须搬到另一个收容所也罢，这些都无关紧要。伊丽莎白的盘算是，去更好的学校上学会令贾雷尔终身有益。

伊丽莎白是对的。

美丽的洛蒙德小学占地超过 3 万平方米,主楼以格鲁吉亚风格的砖墙为特色。这所被《新闻周刊》(Newsweek)报道过的学校以学生优异的学习成绩闻名遐迩。那里出色的教学巩固了伊丽莎白教给贾雷尔的基本技能,让他在以后几年先声夺人。在洛蒙德小学的短暂经历给他们留下了长久的影响,母子二人都尝到了进入一流学校的甜头。

实际上,伊丽莎白认为,正是受到洛蒙德小学那段短暂时光的影响,贾雷尔把目光投向了哈佛大学,并下定决心要上一所一流的高中。贾雷尔尤其中意霍肯学校,它是一所很难进的预科学校,贾雷尔经过两次艰苦卓绝的努力,终于考进去了。

回顾往昔,伊丽莎白做出了两个涉及教育机会的重要决定,它们间接导致贾雷尔敲开了哈佛的大门。第一个决定是为确保贾雷尔进入正确的学校,果断更换收容所。她的第二个决定便是给贾雷尔找到合适的导师,这帮助他坚定了上大学的目标。到贾雷尔 11 岁的时候,伊丽莎白开始给他寻找榜样,帮助他设想自己将来会成为什么样的人。其中之一便是当时他们上的那间教会的牧师。

格雷格·多尔西(Greg Dorsi)主教还记得,伊丽莎白和她的 3 个孩子总能给他留下深刻的印象。两个小姑娘彬彬有礼、好奇心十足,她们的哥哥聪明伶俐、举止大方。他发现,伊丽莎白尽管日子过得捉襟见肘,战略眼光却不逊于其他中产阶级父母。

多尔西对伊丽莎白的评价是"精明、聪慧",并认为她是所有父母的榜样:"不管你住在哪里,无论你属于什么种族,文化背景如何,即便你是单亲家长,从孩子 1 岁起就应该注意培养他们的聪明才智。"

　　贾雷尔的成熟和学术能力尤其打动多尔西。多尔西鼓励贾雷尔多参加教会那些有意义的活动，他相信这会提高贾雷尔的社交能力。贾雷尔教导教会里最小的孩子学习。他加入教会的舞蹈团和说唱团时，多尔西为他鼓掌欢呼。贾雷尔说："多尔西先生教我打领带；他给了我很多旧衣服，这样我就有好衣服穿了。"

　　在贾雷尔争取经济资助方面，多尔西也发挥了作用。申请大学时，哈佛仍然是贾雷尔最想去的地方。当地一位哈佛毕业生面试了他，他看起来很喜欢贾雷尔，但贾雷尔一家的生活费那么低，对此，学校招生官将信将疑。招生办需要更多的理由才能满足贾雷尔所要求的经济援助。

　　伊丽莎白向多尔西求助。多尔西是一位沟通达人，他可以帮助贾雷尔写一封信，让学校相信贾雷尔不仅需要资助，而且理应得到。多尔西记得当时他和贾雷尔一起坐下来制订计划时说的话："告诉他们，你由慈爱、体贴的母亲抚养成人，你的牧师从 12 岁起就开始指导你。你要说明你可以为学校做出贡献。"

　　多尔西并非言过其实。贾雷尔申请大学时，凡是认识他的人无不认可他的学术才能和取得成功的潜力。在给哈佛大学的推荐信中，霍肯学校的一位老师写道：

　　　　对于大多数来自霍肯之外，尤其是非标准入学年份进校的学生，想要达到霍肯严谨的学术要求都是很艰难的挑战……然而，从到校第一天起，贾雷尔就展示了他是多么优秀的学生……
　　　　放学以后，如果他对功课还有疑惑，回到家他会自行复习课本。第二天到了学校，他会求证自己对概念的理解是否正确。其他学生因为"太难"而撒手不管，他则一次又一次令我惊叹于他的自学能力。对许多学生来说，让他们自己阅读、为自己的学习承担责任难乎其难。贾雷尔却从不允许自己这样。

伊丽莎白高超的养育方式已见成效。她所做的选择，以及在贾雷尔童年时期所扮演的角色，不仅帮助贾雷尔做好了在霍肯这样的预科学校斩获成功的准备，也帮他做好了在常春藤盟校和在其他地方参与竞争并获得成功的准备。尽管与传统上入读这些学校的学生们相比，贾雷尔的成长环境相差甚远。

如今，贾雷尔已经成家，当上了父亲，在教育领域大展宏图。贾雷尔在教育事业上成就斐然，20多岁就当上了校长，要知道，在这个年龄，大多数老师才刚刚在讲台上站稳脚跟。自2014年以来，他曾在纽约市、新泽西州从教，最近才搬到了芝加哥。年纪轻轻的他已经有了一个远大的人生目标，即希望与他有类似童年的孩子也能像他这般幸运，拥有成功的机会。贾雷尔相信自己正在通过慢慢的努力改变世界，"一次改变一个年轻人的头脑"；然而，贾雷尔更大的目标是改变所有儿童的学习成果。

总之，在怀孕之初，伊丽莎白就开始阅读各种育儿书籍，希望为尚未出生的孩子争取更好的生活。贾雷尔完全满足了母亲为他所做的种种设想。

大师级父母扮演的关键角色

伊丽莎白无形中遵循了一套特殊的教养法则，即我们所说的"战略式教养法则"，从而帮助贾雷尔发挥潜能，让他成了今天这样聪明、果决、有目标的年轻人。

　　战略式教养法则需要父母充当 8 个不同的角色，每个角色都由父母一方或者双方在孩子成长中的特定时期扮演（图 3-1）。还要求扮演者在一定年限内的行动和决策遵循教养法则的要求。虽然每个家庭的情况不同，父母的世界观也有差异，使得他们扮演这些角色的确切方式也会有所差异，但每个家庭的基本战略高度雷同。

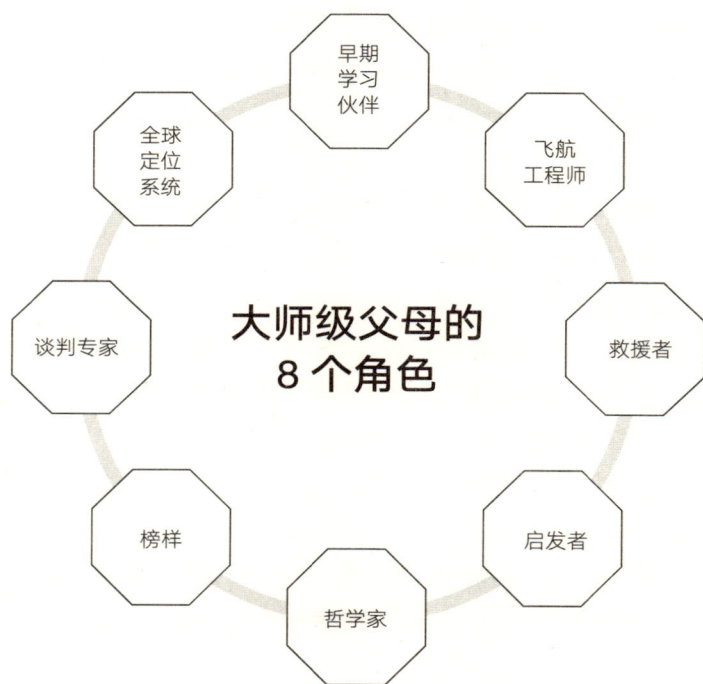

图 3-1　大师级父母的 8 个角色

角色 1：早期学习伙伴

　　在孩子人生的头 5 年，早期学习伙伴至关重要，因为孩子大脑 90% 的发育在此期间完成。作为早期学习伙伴，父母需要花很多时间与孩子一起进行大脑塑造的游戏和识字活动，激发孩子的想象力，同时培养他们求知欲旺盛的学习心态。

伊丽莎白和贾雷尔在图书馆阅读、讨论。因为她指导孩子追究事理的方式，以及日常利用闪卡开发贾雷尔早期阅读能力和数学技能的做法，让贾雷尔从上幼儿园起就领先于大多数同龄人。伊丽莎白有目的地提出问题，贾雷尔为回答这些问题需要下点儿功夫，这种习惯也培养了他学习上的信心。

角色 2：飞航工程师 [①]

一旦孩子进入学校，"飞航工程师"的角色就变得重要起来。飞航工程师监控飞行器的各个系统，介入执行任何必要的工作。承担飞航工程师角色的父母要确保所有"为孩子工作"的人员和系统处于正常工作状态，并且符合孩子成长利益最大化的要求。如果发生故障，比方说，孩子出现纪律问题了，孩子的家庭作业得到的评价不好了，自信的孩子和固执的老师之间关系变得紧张了，飞航工程师就要进行干预，同其他人一起寻找解决办法。

贾雷尔每次换学校时伊丽莎白都要面见校方管理者，目的是确保儿子参加资优班编班考试。因为伊丽莎白知道，最严格的班级会教给儿子质量最高的技能和知识。如果儿子要与其他优秀同龄人同台竞技，有资格得到资优班带来的诸多机会，那么就必须学习这些技能和知识。

---

① 飞航工程师是飞行器系统专家，专项解决飞行器系统的问题、提供飞行器紧急情况的处理方案，并计算起飞与降落的数据。

角色 3：救援者

"救援者"也专注于解决问题。如果说飞航工程师是在孩子入校期间发挥作用、寻找解决方案，那么，救援者就是紧急情况处理者，经常需要亲自出马解决问题，否则机会之门就可能砰然关闭。

有时候，救援者还需要找到盟友，盟友需要拥有更多的资金和社会关系，或者更懂得如何应付家长不熟悉的复杂机构。外国新闻记者可以借助本地帮手在充满敌意的新环境中幸存。类似地，作为救援者的父母也应找到合适的盟友和资源，帮助孩子取得成功。伊丽莎白就是这样，她向牧师求助，牧师给哈佛大学写信，解决了经济资助问题。

角色 4：启发者

作为"启发者"，父母让孩子接触新思想、新事物，安排他们可以学习的内容、可以前往的地方、可以成为的人等。启发者父母让孩子接触能够扩展思维、吸引想象力的话题，帮助孩子了解自身未来的可能性。

伊丽莎白让贾雷尔参与教会的活动，带他参加免费音乐会和游行，参观博物馆，由此拓宽了儿子的视野。她让贾雷尔了解到"黑人成功者"计划，这个计划帮助贾雷尔这样的穷孩子和黑人专业人士结对子，提供与其背景相似的高成就者作为榜样。在这个过程中，她还让贾雷尔接触到了贫困家庭儿童很少能窥见的世界。这些经历也对他今天成为教育工作者产生了最有意义的影响，给了他一些启示：教育工作者就是桥梁，把拥有无数机会的人和没有机会的人连接起来。

角色 5：哲学家

在孩子很小的时候，父母就开始扮演"哲学家"的角色了，并且会一直积极扮演这个角色，以期帮助孩子找到人生意义和目标。大师级父母会同孩子分享世界观，孩子以此来指导自己。

像伊丽莎白这样在艰难困苦中培养了高成就孩子的家长，都传递了一个核心的哲学原则：不可以接受"注定贫穷"这一命运。她带着 5 岁的贾雷尔坐在公交车上，指着街角无所事事的男孩子和成年男子说，如果贾雷尔在学校表现优异，就能逃离这个落后的社区。儿子相信她的话。伊丽莎白给儿子传达了教育可以让人获得成功的哲学，让儿子相信他可以，而且应该与家庭经济水平优越的学生竞争。即使统计数据有力地昭示，像他这样的人不会参与竞争，也无法参与竞争。

角色 6：榜样

"榜样"父母会通过示范和切身行动教导孩子，而不是靠喋喋不休地说教。父母的行为方式正是他们希望孩子未来会模仿的行为方式。父母的行为反映了他们的世界观，他们的行为让孩子切身观察：父母准备把孩子塑造成什么样的人。

在贾雷尔成长过程中，伊丽莎白自学过大学课程。贾雷尔目睹母亲学习、阅读，即便母亲得同时照顾 3 个孩子。伊丽莎白这样做就是在示范，她希望贾雷尔同样具有高远的抱负、强大的决心、战略性的行为和抗挫力。如果不是伊丽莎白示范了别样的生活方式，贾雷尔或许会效仿他在街上看到的那些人，效仿那些暴徒和匪帮，他会怀疑自己是不是真的可以过上不一样的生活。

角色 7：谈判专家

"谈判专家"会培养孩子成为熟练的决策者和独立的行动者，有能力进行有效的自我推销。救援者会介入令人生畏、孩子往往无法独自克服的困难，而谈判专家则帮助孩子做好独立照顾自己的准备。

这并不意味着孩子可以为所欲为。谈判专家需要培养和鼓励孩子独立，同时，必要时也会出手干预，限制或者惩处某些行为，否决孩子不明智的决定，或者提出对孩子有益的要求。孩子有发言权，有机会表达自己的观点，但大师级父母会设定连续一致的规则和界限。

伊丽莎白向来尊重贾雷尔的智慧，明言他有挑战成年人的权利。后来在霍肯学校，贾雷尔就是这样做的，他挑战了老师对《红字》的解读。但是，贾雷尔想躲在家里读书，避免遭人取笑时，伊丽莎白则坚持要他外出见人、交朋友。贾雷尔听从了母亲的要求，但他也有发言权：他如母亲所愿走出家门，但进行什么课外活动则由他自己决定。

角色 8：全球定位系统

最后一个角色，即"全球定位系统"，指父母留在孩子记忆中的忠告和智慧，可以引导孩子走向自己选择的人生目标。就像手机或汽车的导航系统一样，即使父母不在身边，哪怕孩子离开父母，独立很久之后，作为全球定位系统的大师级父母也能指导孩子通往与他们的人生哲学相吻合的方向。

伊丽莎白经常向贾雷尔保证，他理应得到良好的教育。这个信息让他觉得，即使学术界有时令人生畏，但自己属于那儿，只要努力，他就可以进到那里。多年来，伊丽莎白的话在贾雷尔的脑海里回荡，促使他坚持不懈，即使这意味着，自己要在哈佛打扫卫生间，好多赚几个铜板。今天，在伊丽莎白当初的指导和敦促下，贾雷尔把母亲那令人振奋的话语分享给了低收入社区的非洲裔和拉丁裔学生，进一步加强了母亲的影响力，也发挥着他自己的影响力："你值得去更好的地方。"

这8个角色可以分为两组。第一组角色培养孩子的成功品质，让他们做好在世界上参与竞争的准备。例如，早期学习伙伴鼓励孩子培养好奇心，激发他们学习新事物的热情。第一组角色的工作涵盖了教养法则中的大部分。第二组角色负责的范围较小，但同样重要，用以确保孩子获得成功的机会。第二组角色中的飞航工程师和救援者为孩子寻找机会和提供支援。

在这8个角色中，只有早期学习伙伴和飞航工程师这两个角色需要按照特定顺序执行：孩子从与父母共同生活到远离家庭，父母从近距离管理变为远程监管。这两个角色也是基础性的，扮演这两个角色的父母负责把孩子成功送入外部世界，他们的早期影响力会一直延续到孩子成年以后很久很久。

其他角色的任务是同时执行的，与早期学习伙伴和飞航工程师所覆盖的工作时间段重叠，尽管在某些人生阶段，其中一些角色的重要性会有所加强。例如，启发者的工作会在孩子幼儿时期悄无声息地发挥作用，当父母让孩子熟悉了世界的运行机制，孩子离开父母接触更大的世界、更新鲜的环境，有了更多的兴趣和接触更多的人群之后，启发者的作用会相应扩大。

> **这8个角色共同构成了一套高成就孩子的基本教养法则，即战略式教养法则，用它可以培养出有才智、有使命感、自信的成年人。**

战略式教养的独家秘籍：强烈决心＋战略方法

关于养育方式会如何塑造孩子的理论比比皆是，战略式教养只是其中之一。比如，其他一些理论会考察中产阶级家庭与劳工阶级家庭不同的养育方式，这两种理论分别称之为协同培养式与自然成长式；研究父母密切参与儿童生活及这种养育方式之利弊的理论，叫作直升机式养育；研究父母管理纪律的方法如何影响孩子行为和学业的理论称为权威式养育、专制式养育或者溺爱－放纵式养育。另外，也有人在大肆追捧一种基于亚洲传统文化的养育方式，即认为虎妈或虎爸式养育具有优越性。

与以上理论相比，战略式教养的不同之处在于，它明确指出了培养出高成就孩子的养育方式具有什么独门秘籍。我们并不对现有养育观念做出回应，也无意证明它们的对错得失；我们不对相互矛盾的观点进行评判，不评说哪些原因会使得父母的养育最有效。我们真正地敞开心胸，询问不同种族、社会经济背景与国籍的年轻人，根据一定的标准，他们都是充分实现自我的人。我们做的就是去了解他们的父母是否在以相似的方式养育他们。

然而，我们的战略式教养确实与许多已经得到深入研究的养育方式具有共性。在这里，我们有必要花点时间对它们做一番比较，不仅可以了解战略式教养与其他养育方式有哪些共性，还可以更好地理解大师级父母的养育方式有何特点。

协同培养式

20 世纪 90 年代，宾夕法尼亚大学社会学家安妮特·拉罗（Annette Lareau）和她的研究生团队对 12 个家庭进行了为期 3 周的密切观察，这 12 个家庭包括

6 个白人家庭、5 个非洲裔家庭和 1 个跨种族家庭。这项观察研究隶属于一个更大的研究项目，该项目的研究对象包括 88 个有三、四年级孩子的贫困家庭及中产阶级家庭。

拉罗的研究结论是，不同社会经济背景的父母会以非常不同的方式养育子女。她确定了两种截然不同的养育风格，将其中之一命名为协同培养式（concerted cultivation）。这种养育方式在中产阶级家庭中最为常见，父母通常会教导孩子自信地与成年人，尤其是与权威人物进行互动。协同培养式支持孩子在课余和周末进行有益的课外活动。拉罗发现，采取这种养育方式的父母经常迫使孩子参加一些项目，孩子自身并没有选择权，而且，这些父母倾向于过度安排孩子的时间，会有碍孩子发展自身的兴趣，也会限制孩子学习利用业余时间的机会。

采纳战略式教养法则抚养孩子的父母，会教导孩子轻松自在地与成年人交谈，也会教他们如何与父母协商以求实现自己的目标。父母也鼓励孩子多参加课外活动。

然而，在很大程度上，采取协同培养式的父母决定了孩子具体的课外活动，而大师级父母的孩子则可以自主选择。大师级父母提供菜单，吃什么菜则由孩子决定。虽然本书中列举的这些高成就者在孩提时代都参加过课外项目和强化活动，但他们也有大量的可支配时间，使得他们独自掌握了真正吸引他们的"激情项目"。

自然生长式

拉罗发现的第二种养育方式叫作自然生长式（natural growth），这种养育方式常见于劳工阶层和贫困家庭。这些家庭的父母往往认为，他们应该关心和注意孩子的安全，也应该让孩子自然生长，家长不要进行太多的干预。

在自然生长的养育方式下，孩子们有许多可支配的时间，他们可以外出玩耍、发展自己的友谊和兴趣。但是，由于他们大部分时间都自行其是或者和其他孩子混在一起，所以很难像协同培养式教导出的孩子那样，能够自在地与权威人物相处，并具备出色的语言技能。他们的父母发号施令，不允许辩论和协商。拉罗认为，协同培养式教出来的孩子可能会以粗鲁的方式同父母说话，但他们无惧权威人士，这在未来会是他们的一个优势。虽然使用战略式教养法则养育出来的孩子与成年人相处融洽，必要时甚至会表达相左的意见，但我们采访的所有高成就者几乎都异口同声地表示，父母通常不会容忍他们的粗鲁。

拉罗还指出，与中产阶级家庭的父母相比，劳工阶层的父母可能会羞于向老师和管理人员提出要求。这意味着，在某些情况下，他们的孩子得不到老师和学校的良好教育。大师级父母无论处于何种社会经济地位，都会保持警觉，并直率地表达自己的想法。

当然，自然生长式养育也有优势，孩子们通常有更多的活动可选择，并与兄弟姐妹以及大家庭成员发展更密切的关系。虽然经济拮据会阻碍劳工阶层的父母送孩子参加强化项目，但拉罗观察到，与中产阶级家庭的孩子相比，劳工阶层家庭的孩子感觉不那么无聊、疲惫，独立性也更强。

战略式教养也会给予孩子充分的独立空间，原因在于，一旦大师级父母让孩子坚持的富有成效的行为成为习惯，孩子就可以自我管理。**像遵循自然生长式养育的劳工阶层父母一样，大师级父母允许孩子自己去发展兴趣，并且安排自己的时间。但是，劳工阶层的父母大多是因为经济原因不得不这样做，而大师级父母给孩子这种自由则是战略性的选择，因为他们知道自己的孩子会因此受益。**

直升机式

"直升机式养育"（helicopter parenting）一词出自海姆·吉诺特博士（Haim Ginott）在 1969 年出版的《孩子，把你的手给我》（*Between Parent and Teenager*）一书。这本书中有个孩子抱怨母亲像直升飞机一样，在头顶上盘旋不去。在这种养育方式下，父母对孩子生活的介入超级严重，往往还带有侵扰性。"直升机父母"这个词一般做贬义词使用。然而，直升机式养育并非一无是处。充分的注意会让孩子感受到来自父母的关心，让父母有充足的机会监督孩子和连接老师，并向孩子教授新知识。

然而，直升机父母经常无处不在，从而限制了孩子学习独自处理麻烦的能力，以及对自己的能力建立信心的机会。直升机父母的孩子会很难建立真正属于自己的人际关系，尤其难以建立与成年人的正常人际关系。直升机父母也给自己背上了精神枷锁，他们深深地沉浸于自己作为孩子看护者的身份，在孩子离家以后往往会感到若有所失。

采用战略式教养法则的父母会仔细监护孩子，但对于如何介入孩子的生活则有着战略式的构想。扮演飞航工程师和救援者的角色时，大师级父母大部分时间都会保持超脱，只有在孩子不能自行处理某个情况时才出手干预。这样，孩子不仅可以建立自信，相信自己有能力解决问题，同时仍然能感受到安全和来自父母的支持。**虽然大师级父母把养育孩子作为头等大事，但孩子并不是他们的整个世界。换言之，虽然大师级父母会为养育子女做出牺牲，但他们有独立于子女的个人兴趣和目标。**

虎妈或虎爸式

耶鲁大学教授蔡美儿是两个孩子的母亲。2011 年，她在《我在美国做妈妈》

（*Battle Hymn of the Tiger Mother*）一书中创造了"虎妈"这个流行语。这本回忆录讲述了一位华裔妈妈对孩子那种爱之深、责之切的严苛之爱。

像早期学习伙伴一样，虎妈会花大量的时间陪孩子阅读、玩游戏，帮助他们养成学习新事物的习惯，并对其充满热情。随着孩子长大，虎妈会对孩子提出很高的要求，要他们在学术和课外活动中都臻于完美。大师级父母则希望孩子尽力而为，成绩是重要的参考，但他们并不执着于孩子要达到完美，也不执着于孩子要拿到常春藤盟校的入场券。对大师级父母来说，相比孩子找到人生方向并为实现这个目标而努力，孩子是否按照父母的想法努力成为父母认可的人，并不那么重要。

虎妈或虎爸式养育不鼓励孩子拥有自主性，而且会阻碍孩子使命感的发展。更有甚者，它会造成情感伤害，引发孩子对父母的不满和怨恨。2013 年，一项针对 444 名美国华裔学生的研究发现，在这些人的家庭里，虎妈或虎爸式养育既非最常见，也非最有效的养育方式。与那些用"支持性"养育方式教出的孩子相比，虎妈或虎爸式养育的孩子考试成绩较低，不那么恋家。相比之下，大师级父母会帮助孩子确定人生目标，并支持他们为实现目标而努力，由此可以让高成就孩子充分发挥自己的最佳潜力。

权威式

还有一种有助于你理解战略式教养特点的养育方式，即权威式养育（authoritative parenting）。

20 世纪 60 年代，临床心理学家戴安娜·鲍姆林德（Diana Baumrind）担心当时社会上的儿童教养理论误导大家，对儿童健康成长产生破坏作用。因为有一派父母认为，不应该体罚，打屁股，而应该多拥抱和亲吻孩子，哪怕孩子行为失当；另一派父母则认为，应该施行铁腕政策，严格要求孩子，动辄实施体罚。

鲍姆林德认为，这两派父母都错了。她创造了"权威式养育"这个术语，代表一种中间立场，相当于伊丽莎白·李形容的"宽严相济"的养育方式。作为一种养育风格，权威式养育指父母积极地回应孩子的情感，让孩子感受到父母的慈爱，但在制定和执行规则方面，父母要坚定不移并且公平。权威式养育教出的孩子知道父母会倾听、尊重自己，同时会执行父母制定的规则。

权威式养育迥异于以下几种养育方式：对孩子的喜好置若罔闻的专制式养育，缺乏边界的放养式养育，以及既缺少情感反应又没有边界控制的忽视式养育。

这里讨论的几种养育方式中，与战略式教养最接近的是权威式养育。像大师级父母一样，权威型父母在设定边界和允许孩子自主决策这两者之间，保持了很好的平衡。虽然战略式教养和以上所有养育方式都有一些共同之处，但作为把孩子培养成有才智、有使命感的高成就者的教养法则，战略式教养仍然独树一帜。这是为什么呢？原因在于，在子女养育上，大师级父母具有清晰的目标和战略性方法。

04 大师级父母的教养策略

> 我们采访的所有大师级父母，都是当之无愧的战略家。他们会观察孩子的成长和学习，及时调整方法，指导孩子的发展，并凭借强烈的决心朝着设想的目标前进。

用"撒谎"培养孩子自主学习的丽莎·索恩

丽莎·索恩是一位脑科学教授，专门研究思维和学习科学，由于不具备她那样的智慧或者专业知识，很少有人可以尝试她践行的那种养育方式：对孩子策略性地撒谎。凭着这种非正统的养育方式，她培养的孩子灵气十足、思维敏捷，喜欢提出问题并自己寻找答案。

丽莎出生在美国新泽西州北部，40岁出头，父母是韩国移民，她与做程序员的丈夫及一双儿女居住在短山镇（Short Hills）。短山镇位于纽约市西边，是一个富人区。我们采访她的时候，她的女儿8岁、儿子3岁。

2014年，《时代周刊》将短山镇评为"美国最富有的十大小镇"之一，工业大亨和曼哈顿大公司高管在此云集。这里的房价中位数达175万美元，年收入超过15万美元的家庭占70%～80%。丽莎家所在社区的家庭极其强调学习3种语言。为了让孩子占得先机，有些美国父母让孩子先学中文普通话或者西班牙语，然后才学英语。据《时代周刊》报道，短山镇孩子的标准化考试成绩在全美名列前茅。

金钱和成功伴随着压力。丽莎看到许多孩子被逼着在方方面面都要做到最好，苦恼的父母们则带着孩子从一个课外班奔赴另一个课外班。但同时她也发现，这些父母在孩子出错时，会轻易地把答案告诉孩子或者沮丧地吼出正确答案。丽莎可不是这样做的。

"我女儿三岁半的时候，第一次打电话给她住在韩国的表哥。那时候是美国的晚上。我说：'噢，他今天早上快起床了。'她惊呼：'啊？为什么？'她对此难以理解。我回答说：'没错，韩国现在是早晨，尽管美国已经是晚上了。'她的反应是问：'什么？为什么？'"

一般人以为丽莎会借机给她早熟的小女儿讲讲地球自转的知识。但丽莎一直不回答女儿的问题，让她茫然了3个月之久。每天早上，女儿一醒来就会向丽莎问起她可能正要上床睡觉的表哥。"她弄不明白。"丽莎回忆道。

在那3个月期间，丽莎给了女儿一些提示，解释白天是太阳光照射形成的，以及地球的形状，但一直没告诉她答案。最后，她给了女儿一个"巨大的暗示"，这可是迄今为止最大的一个暗示："我把拳头伸进黑暗的房间里，然后拿了个手电筒去照射它。因为那个时候她已经明白阳光来自太阳，所以，如果太阳处于手电筒的位置，那么，当我打开手电筒时，我们是在拳头的哪里？那时候她便明白了地球自转、公转的道理，她是靠自己弄明白的，只是借助了我的这些暗示。这下，我觉得她永远都不会忘记这件事了。"

作为认知心理学和记忆领域的专家，丽莎研究了各种促进孩子高效学习的策略。对她那两个充满好奇心的孩子来说，有一种奇异而非同寻常的做法很有效。丽莎会就某些事实"撒谎"，比方说，不是直接给他们答案，而是让他们自己解决问题，从而建立信心。

丽莎坦言："我经常就感知性事实撒谎。"比如，女儿学习单词拼写时，问丽莎如何拼写 happy 一词。丽莎告诉她是 h-a-p-y，然后追加了一句："我认为是这样拼的。"

丽莎的女儿知道肯定有鬼，于是她把这个词写下来，眉头紧锁，左右端详："我觉得看起来不对。"丽莎回答："哦？我觉得是 h-a-p-y 呀。"

丽莎的女儿试着用别的方法拼写这个单词，最后自己写出了 h-a-p-p-y。"她问我某个单词的拼写时，我从不直接告诉她，但会给点儿提示。"丽莎解释道。有一次，女儿问丽莎如何拼写 crazy 这个词。丽莎告诉我："她不知道单词结尾是哪个字母。不知道是 ie, 还是 y。于是我说，'crazy 像 babies（婴儿）一样看起来更好呢，还是像其他东西更好？'"为了弄清楚这个单词的写法，丽莎的女儿必须根据自己对其他单词的了解，想象它应该像什么样子。

丽莎并不是想迷惑孩子，她说："我这么做主要是想少给她些反馈，否则可能适得其反。父母出于本能会把什么答案都告诉孩子，但这会延缓孩子的学习进程。对孩子来说，靠自己学习更重要，即使犯错也无关紧要。"

像我们访谈的其他大师级父母一样，丽莎花了很多时间琢磨如何让孩子了解他们应该具备的品质："我花了很多心思，考虑如何培养他们的宽容度和让他们拥有自己的见解，而不要产生分歧。我希望孩子们能够接受这一点。"

丽莎这次仍然是通过撒谎达到了目的，像上次一样，在这个方面她的办法是给出错误答案。"我儿子在一岁半左右学会了辨认颜色。他走来走去，口中念念有词：'噢，那是蓝色。'我会说，'不，不是。那是粉红色。'他一脸迷惑地看着我，因为他认为是蓝色。之后他会说：'好吧，但我认为是蓝色。'而我会说：'哦，我觉得是粉红色。'"

丽莎知道，这种交谈会让儿子记忆深刻，他永远也不会忘怀。这件事会让儿子明白，不同的人有不同的观点和意见，他可以相信自己的判断，但也要尊重别人的看法。

"从那以后，儿子意识到我不会像他那样看待事物，对此他会处之泰然。我喜欢他们灵活对待不同想法的态度。对两个孩子我都是这样培养的。"丽莎接着说："首先，这能让他们明白，并不总是只有一个正确答案。然后，这还有助于培养他们的信心。也就是说，即使别人不认同，他们也能坚守自己的立场。"

丽莎的养育方式独特吗？当然。但它背后蕴含的战略思想相当典型。大师级父母用这种方式刺激孩子成为自主学习者。丽莎明白，孩子喜欢自己寻找答案，当他们迷惑不解时会闷闷不乐，于是她营造出一种刺激孩子寻找解决办法的神秘感，又通过给予暗示让他们距离答案只有一步之遥，让他们有可能自己找到解决办法。也就是说，父母把车开上路，余下的路则让孩子自己走。

在寻找解决办法的过程中，孩子学会不指望、不依赖别人提供答案，而是自己去寻找并享受其中的乐趣。

> 让孩子自己去学习意味着把驾驶权交给他。这种主动学习的能力是我所研究的元认知的核心部分。比如，即使是对于年龄较大的孩子来说，积极的讨论和实验也比要被动坐着听讲更为有益。

虽然孩子们还小，但丽莎的努力已经初显成效。他们早早识字，并且已经会说两门语言了。丽莎的两个孩子都是灵活、独立的思考者，不惮于质疑成年人。总之，孩子们的这些品质都符合丽莎的设想，也是她有策略地采取步骤、着意培养的品质。

战略式教养三要素 1：做孩子的学生

战略式教养对大师级父母来说并非一时兴起的想法，而是有意为之的策略。想想伊丽莎白，她因为希望儿子在学校表现良好，长大后不必生活在贫民区，当儿子还在蹒跚学步时，她就教儿子识字、数数，并战略性地让儿子进入加速学习的轨道，根据儿子是否有机会进入资优班来选择收容所。

我们采访的所有大师级父母如丽莎和伊丽莎白，都是当之无愧的战略家。战略家会设想他们想要的未来，然后回过头来想办法执行实现目标所需的步骤。大师级父母们正是这么做的。

有效的大师级父母首先要做孩子的学生。他们会从头到脚研究孩子，并对自身行为做出相应的调整。如果丽莎的孩子们容易产生挫败感，那么，让他们自己寻找答案可能就会适得其反，因为他们可能会干脆半途而废。但是，丽莎知道自己的孩子们会坚持不懈，所以她可以把孩子们的好奇心转化为自学实践。

> 大师级父母会观察孩子的成长和学习，因此也能够及时调整方法，指导孩子的发展，从而让他们踏上成功之旅。但是，有效的教养策略还有两个必不可少的因素：父母的愿景以及愿景背后的强烈动机。

战略式教养三要素 2：养育高成就孩子的决心

个人经历决定了一个人的世界观和价值观，以及他认识世界和做出反应的方式，进而影响到他做父母的方式，这不足为奇。

大师级父母的个人经历常常让他们有一种强烈而根深蒂固的动机，我们称之为夙愿。在夙愿的驱使下，父母会付出超常的努力，愿意多做出必要的牺牲，并且贯彻战略式教养的法则。伊丽莎白身无长物、居无定所，为抚养儿子苦苦挣扎，却又拼命希望他长大后过上比自己更好的生活。在一个又一个夜晚，她在收容所的住处教儿子识字、数数。换言之，是夙愿激发了家长们尽最大努力培养孩子的决心，也决定了他们做这件事的方法。

帕洛阿尔托的新闻学老师埃丝特·沃西基（Esther Wojcicki）记不清有多少人问过她同一个问题了：她和身为斯坦福大学物理学家的丈夫斯坦是怎么抚养 3 个女儿，并让她们都在男性主导的领域成就非凡的？她甚至也问了自己这个问题。

埃丝特的女儿们有"硅谷姐妹"之称。埃丝特的长女苏珊是 YouTube 的首席执行官，就在几年前，她还是谷歌的首任市场营销经理。《福布斯》杂志把苏珊评为全球最有权势的女性之一。埃丝特的小女儿安妮担任个人基因组公司 23andMe 的首席执行官。个人基因组是一个革命性的遗传检测方法，被《时代周刊》称为 2008 年最重要的发明。埃丝特的二女儿珍妮特是加州大学旧金山分校医学院的人类学家和流行病学教授,是一名富布赖特学者,会说几种非洲方言,在研究解析营养因子与艾滋病毒感染进程的关系方面是个先驱人物,学术上重点研究撒哈拉以南非洲的病人。

在电视访谈和杂志文章中,埃丝特的女儿们都会提到父母——尤其是母亲,如何帮助她们取得了今天的成就。她们描述母亲的教导——没有什么问题不能解决,质疑权威是可以的,有时甚至是必要的。安妮说:"我想我们从来没有惧怕过任何人。"埃丝特的女儿们接受的家庭教养让她们不怕陷入困难、不畏惧挑战,她们从来不接受现状无法改善的说法。

然而,埃丝特作为成功妈妈的真正秘诀不在于她取得成功的方法,而在于促使她那样做的缘由,也就是说,真正的秘诀在于她的夙愿。埃丝特内心有一种强烈的愿望,她决心养育出无所畏惧的女儿,她们会挑战权威,从而拥有埃丝特不曾有过的机会。

埃丝特出生在一个东正教犹太社区的贫寒之家,这里的文化重男轻女。她是家中的长女,也是父母唯一的女儿。埃丝特有 3 个弟弟,家里有了长子以后,她被明确告知,弟弟才是家里的老大、首要重视对象,而她并不是。

10 岁时,埃丝特清楚地意识到家里穷到了什么程度:"我们处在贫困线下,日子过得紧巴巴的。那时我认识到,读书是唯一的出路。"埃丝特 14 岁时,父母宣布不会帮她支付大学的学费,尽管她成绩优异,并且在高中毕业时是毕业生致辞代表。埃丝特回忆:"他们说要把所有的钱都留给 3 个弟弟。"

父母告诉埃丝特,她的人生目标应该是嫁一个有钱的犹太人。不过,埃丝特很快就违逆了父母的意旨,在念高中时就做起了新闻报道,并拿到了加州大学伯克利分校的奖学金，后来，她获得了该校英语和政治学学士学位。

埃丝特从小就向世界证明了女孩子同男孩子一样好、一样聪明。这激发了她不屈不挠的决心，誓把女儿们抚养为沉着自信、特立独行的高成就者。最终，她如愿以偿。

透过埃丝特的背景，我们能看到她的女儿们质疑权威的意愿由来已久。埃丝特的弟弟大卫曾经拿着一瓶阿司匹林玩耍，玩着玩着无意中吞食了药片，埃丝特的妈妈发现后第一时间致电医生，医生指导埃丝特的妈妈把孩子放到床上，她照做了，但仍然不见起色。他们先后把大卫送往3家医院的急诊室，但都被拒之门外，因为他们没有支付医疗费的能力。虽然第四家医院收治了大卫，但为时已晚。

大卫不必要的死亡给埃丝特上了一课：手握权势的人可能力不从心，也可能对人命漠不关心，那他们就不配得到母亲给他们的尊重。埃丝特从此便开始以她母亲从未想过的方式质疑和挑战权威，请权威人物解释和证明自己的断言，多亏了这股夙愿的力量，埃丝特也把这种观点传给了女儿们。

战略式教养三要素3：勾画孩子的全息理想

在夙愿的激励之下，埃丝特不仅致力于养育女儿，而且也有着清晰的愿景指引：她希望女儿们将来成为独立自主、不惧挑战权威的人。这种愿景指导了她养育女儿们的方式。

在孩子出生前，大师级父母所设想的全息理想包含一系列他们欣赏的特殊品质，这些品质在优秀的人身上有，他们渴望自己也具备。许多家长设想孩子的生活免予贫穷和困苦，在致富和成长的过程中得到大量的支持。家长自身可能没有实现这个理想，但他们竭尽全力让孩子梦想成真。

> 对大师级父母来说，孩子未来会成为什么样的人，即他们希望孩子在父母的影响下获得哪些值得称道的特质，构成了教养策略的核心。我们把父母的这种远大抱负称为全息理想（holographic ideal）。之所以说全息，是因为大师级父母会在心目中映射出孩子成年以后的形象；之所以说理想，则是因为这个形象中包含了父母希望孩子具备的全部最佳品质。

这并不意味着父母在借孩子弥补自己的失败，或者试图通过孩子实现自己的梦想。大师级父母的目标是帮助孩子成为最好的自己，而不是成为父母的翻版。全息理想是大师级父母的教养指南，而不是戴在孩子头上的紧箍咒。父母期望孩子最终接受他们的教导，然后按照自己的方式重新理解父母的愿景，将其内化于心。

伊丽莎白的全息理想是：儿子不再栖身于贫民窟，可以接受高等教育，有一份中产阶级的职业。丽莎的全息理想是：孩子能够独立思考。其中，最让人瞩目的莫过于伊莱恩·巴杰的全息理想了。

伊莱恩的夙愿是不希望小儿子查克重复她曾经犯下的错误。伊莱恩的大儿子经历了一段牢狱之灾，她认为原因在于自己作为母亲失职了，没有在生活中阻止大儿子浪荡街头。在小儿子查克身上，伊莱恩决心全方位改弦易辙。

对于获得成功需要些什么条件，伊莱恩个人所知有限。她生活窘迫，与高成就者相距较远，还因身体残疾限制了行动能力。尽管如此，她矢志不渝要把查克培养成出类拔萃的人。甚至在查克出生之前，伊莱恩就已经在脑海里勾画了一个成功男人应有的形象：衣着光鲜，雄才伟略，大家都仰慕他，不仅尊重他的成就，还赞赏他的品格和自信。这是一个宏伟的愿景。尽管毫无身份背景，伊莱恩还是把查克带入了这个境界。伊莱恩坚持认为，查克必须随时表现得像她心目中的"中产阶级"。她强调在作业和个人外表等方方面面都必须整洁，行为表现必须得体。

长期以来，对美国黑人来说，外表整洁和举止得体是对社会成见的真正反抗，这样做就相当于声称"我是值得尊重的人"。例如，在19世纪，没有哪个美国人拍摄的黑人数量超过弗雷德里克·道格拉斯。通过这些照片，道格拉斯强烈驳斥了黑人是低劣人口的主流社会观点。他着装正式、雄辩滔滔，借助摄影，以自己的尊严对抗种族主义者；他常常直视镜头，表情肃穆。伊莱恩本能地依葫芦画瓢，定下了对查克的期望。这些期望对查克的影响之一便是——他至今仍然喜欢打领结。

查克认为，他的成功主要归功于母亲为自己制定的高标准。查克从小就对担任领导者和发言者感到泰然自若，他认为，这是因为在他的孩提时代，妈妈就让他在教会练习充当这些角色。早在5岁时，查克就已经呈现出母亲希望他成为的那种人所具备的素质：自信、有干才、口才好、衣着讲究。今天，这位才20岁出头的年轻人已经是一位成功的政治顾问，他曾与美国国会议员和共和党总统候选人并肩协作，并在白宫工作过一段时间。查克的母亲战略性地把他塑造成了一个成功男人，他拥抱了这个形象，并且超越了母亲的构想。

视频网站上有一段公共事务有限电视网（C-SPAN）报道查克的视频剪辑，思想领袖们共聚一堂，讨论2016年美国总统选举，查克置身其中，游刃有余。查克衣着考究，剃着光溜溜的头，蓄着浓密整齐的胡须，举止优雅，就是领结有点儿老派。同时，查克也是一个迷人的演说家，看上去成熟稳重，给人的感觉比实际年龄大了十几岁。查克完全符合母亲伊莱恩在他出生前设想的全息形象：查克身上有她想要的高屋建瓴之感，是她想象中穿西装、打领带、衣冠楚楚的男人，还有大家羡慕不已的自信。正如伊莱恩希望的那样，包括我们在内，所有人都惊呼："哇，这个不同寻常的年轻人是谁？"但是，尽管查克最终惟妙惟肖地成了母亲希望他成为的那种人，但演讲台上的查克百分之百是他自己。他作为黑人共和党成员，有着自身温和的共和党哲学视角。

战略式教养的基础：战略思维

纵观全书，你会发现，战略方法是一以贯之的主线，是教养法则 8 个角色的灵魂。但是，真正使得法则如此有效的，是大师级父母们很早，甚至在孩子出生之前就已经具备的战略思维。

> 大师级父母想从小就帮助孩子奠定牢固的学习基础，他们怀有极其强烈而明确的目标，因此给孩子未来的成功创造了良好的开端。这个学习基础至关重要，与孩子后来的成功直接相关。

这在罗布·亨布尔身上体现得再真实不过了。亨布尔的父亲精湛地扮演了战略式教养法则的第一个角色，即早期学习伙伴。

THE
FORMULA

第二部分

大师级父母在教养中的 8 个角色

R O L E S

05 角色 1：早期学习伙伴
培养终身学习热情

> 作为早期学习伙伴，从孩子出生到他 5 岁期间，大师级父母就帮助孩子奠定了人生成功的基础。他们欢迎孩子来到这样一个世界——在这里，失败不是最终的裁决，而是有待分析和解决的难题。在孩子的学习过程中，父母邀请孩子共同掌握方向盘，并鼓励乐于接受的孩子把学习视为乐趣，当作生活的自然组成部分。

"最聪明"男孩是如何摆脱学习困境的

在俄克拉何马州的小镇科林斯维尔，罗布·亨布尔几乎是大家公认的最聪明的男孩。他长着一头金棕色的头发，就年龄来说，他的个头有些矮小，但健壮、聪明，一如他的先祖。在一个多世纪前，意志顽强的亨布尔家族怀抱致富的梦想，来到了这个芳草萋萋、地下埋藏着广阔煤层的大平原。

因为总是获得这个或那个奖项，亨布尔的名字频频出现在当地报纸上，但他并不只是一个全优生，他还是州乐队成员、州管弦乐队成员、州合唱团成员。亨布尔还打橄榄球和踢足球，更是田径运动员；他可以举重，参加合唱团，还会织毛衣。哪件事都没有拖他的后腿。亨布尔经历了一场几乎要了他命的车祸之后的第四天，就在州高中乐队比赛中演奏了巴松管。然而，接到备受大家推崇的华盛顿大学圣路易斯分校的录取通知书之后，这一切都变得无足轻重了。

关键问题是，亨布尔发现自己身陷困境之中。他想主修工程学，但他所在的高中没有开设微积分课和物理课，而工程学专业新生必须学习这两门课。亨布尔唯一的办法是在大学入学前的那个夏天，参加为期 4 周的微积分课和物理课速成班，他只能尽力而为了。

在入学后第一个星期，虽然亨布尔报读了微积分 II 和以微积分为基础的物理课，但却对暑期的准备感到阵阵不安。亨布尔说："那年夏天，我学习了应该学的全部微分知识，但对积分仍然一无所知。"他的忧虑是有道理的——积分是一种计算连续曲线下的图形面积的数学方法，微积分教授会一上来就要求学生做。

有一点确定无疑——亨布尔的工程学专业同学在学业上比他优秀太多。"第一周给父母打电话时，我哭成了泪人儿，因为我不知道怎么学得下来。"亨布尔那会儿没有马上退学，这实在是个奇迹。他想过干脆卷铺盖回家算了，但这会给父母和妹妹带来额外的负担。当时他母亲刚被诊断出患有双相情感障碍，丢掉了法务秘书的工作，而父亲只有一份老师的工资。所以，亨布尔决定咬牙坚持。

那年，教授们把课程进行了创造性发挥，为新生举办了一场精心设计的工程设计竞赛。他们设置了一个令人望而生畏的障碍赛道，让亨布尔和同学们设计的机器人穿越。这件事既给亨布尔带来了额外的焦虑，也给了他一种从未有过的兴奋感。他在构想方案、琢磨如何制造全班最好的机器人时，脑子里激荡着各种想法。好像有个声音在他耳边低语："这下你可以露一手啦。"

亨布尔说："我父亲常常告诉我，只要你把一件东西拆开，就什么都搞清楚了。"他最早的记忆之一是4岁那年和父亲一起，坐在地板上玩乐高玩具。"如果我想建一座塔，父亲就会说：'非常有趣。你可以全部用蓝色积木搭建吗？'我照父亲说的做了。然后他又会说：'哦，真的很好。那么，你可以用红黄条纹的积木搭建吗？'"

亨布尔和父亲花了很多时间一起玩儿，父亲挑战儿子，让他建造更好的乐高塔，要求他更有创意，并提高效率。父亲问亨布尔能否建造一座荷载9kg的桥，或者他可以帮助亨布尔建造一座台阶可以升降的塔。

"我会说，'把那些黄色的乐高拿过来，看看能不能用它们造一座房子。'"亨布尔的父亲老鲍勃说话带着浓厚的俄克拉何马州鼻音，"他坐在那儿，左思右想。用其他大小一致的乐高很容易就可以建好，但这些乐高的尺寸各不相同。"

老鲍勃充当了亨布尔的早期学习伙伴。这是战略式教养法则8个角色中的第一个，也是解答"父母该如何培养一个高成就的孩子？"这个更大谜团的主要线索。

作为早期学习伙伴，从孩子出生到他5岁期间，大师级父母就帮助孩子奠定了人生成功的基础。他们欢迎孩子来到这样一个世界——在这里，失败不是最终的裁决，而是有待分析和解决的难题。在孩子的学习过程中，父母邀请孩子共同掌握方向盘，并鼓励乐于接受的孩子把学习视为乐趣，当作生活的自然组成部分。

　　书中介绍的许多高成就者都记得，在他们 3 ～ 5 岁时，曾与一位家长"共同度过了很多时光"。有的像亨布尔那样玩乐高玩具，有的像贾雷尔那样练习认单词，也有的像玛吉·扬那样学小提琴，还有的像其他高成就者那样探索自然、学习数字。

　　这些活动带来的益处并不是孤立的。陪孩子做游戏，无论是搭建积木、读闪卡、学习乐器，抑或仅仅是仰望繁星，都会刺激孩子的大脑，规范其行为准则、激发其想象力和建立批判性思维，培养他们的信心和技能，以助于他们将来应对物理、微积分、写作之类更为困难的科目。

　　听说学校举办机器人竞赛的消息时，亨布尔意识到，教授希望学生进行搭建和创新，他信心十足地说："我知道，这是我可以稳操胜券的领域。"利用自身优势，在彻底思考了这项任务并找到诀窍后，亨布尔说："这个学校在其他方面都令我胆寒，我会把这次竞赛视为出人头地的一次机会。"

　　亨布尔夜以继日地忙活了几个星期。"结果，为了方便我制造机器人，老师给了我一把实验室的钥匙，因为我在那儿待的时间比实验室开放的时间都长。周六早上 7 点钟我就带着钥匙进去，直到午夜才离开。有时候饭都没顾得上吃。"

　　比赛竞争异常激烈，但亨布尔觉得自己好像天生就是干这事的料。比赛那天，他的心情像夏日的微风一样舒畅。他的机器人在障碍赛道上轻快地滑行，轮子上好像抹了黄油一般顺滑。每个学生得到两台发动机，但亨布尔只用了一台。"我的朋友一个也没来，但我爸爸专程开车从俄克拉何马州来到圣路易斯观看比赛。"

　　在亨布尔赢得比赛的那一刻，挂在他没使用的那台发动机上的旗帜旋转起来，好像在对亨布尔的对手进行空中打击。

早期陪玩：游戏重组孩子大脑

> 大师级父母最重要的作为，就是从孩子婴幼儿时期开始，就让他们参加刺激大脑的活动，使之做好解决问题的准备。就好像在他们脑袋里装进一堆拼图卡片，教他们认识这些卡片直到他们把卡片全部重新拼在一起。

我们无法探究亨布尔的父亲是否知道，陪年幼的儿子玩乐高积木有助于他发展复杂的大脑功能，如发展空间推理能力，以及培养他对设计结构完整性的直觉。麻省理工学院的研究人员称，具备这两项能力是学习工程学的基础。他们有自己的乐高实验室，经他们研究观察，乐高游戏有助于孩子们发展实用的几何学意识，让他们想象一种物理结构，计划如何将不同形状和大小的乐高部件组合起来，然后执行该计划，并最终构建出他们想象的东西。

对于积木游戏，科学家还有更深的研究。磁共振脑扫描技术提供的大量证据表明，某些特定活动尤其是玩积木，在游戏过程中会实实在在地重塑玩家的大脑。

2016 年，印第安纳大学的研究人员公布了一项研究结果。他们使用神经影像技术，研究积木构建对大脑活动的影响。研究人员让两组 8 岁的儿童分别玩拼字游戏和积木游戏，每次游戏时长半小时，总共玩了 5 次，并分别在游戏前、后对他们的大脑进行扫描，以比较两种游戏对他们空间处理能力的影响。研究人员还分别在游戏前、后对这两组儿童进行了一次心理旋转测试，即想象物体旋转后的样子。

　　研究人员观察到："玩积木改变了孩子大脑的激活模式，还改变了孩子们解决心理旋转问题的方式。我们只在积木构建组中发现，与空间处理相关联的大脑区域提高了激活水平。"也就是说，研究人员没在玩拼字游戏的孩子中发现同样的大脑功能变化。在反应时间和解决方案的准确性方面，玩积木的孩子也有所提高。

　　如果积木游戏对于 8 岁儿童的影响是这样的，那想象一下对 5 岁以下儿童的影响吧。要知道，他们的大脑在以惊人的速度成长，到幼儿园时，他们的大脑体积几乎达到了成人水平。

　　让孩子建纸牌屋、下国际象棋、修玩偶房，或者在电子积木游戏《挖矿争霸》（Minecraft）中创造新世界时，他们的空间意识会得到加强。空间意识在视频游戏中尤其重要，因为视频游戏要求玩家在视觉和心理上旋转物体。让我们退后一步认真思考一下：强大的空间问题解决思维可以赋予一个人做哪些事情的能力？

　　汽车设计师必须运用空间推理能力进行设计构思，并把想象的结构勾画出来，将设计思想转移到纸面上。用黏土建造三维的汽车模型时，他们必须利用空间思维解决问题，对设计进行重新想象和改进，把概念变为现实。

　　即使是解 $x+3=5$ 这样简单的方程式，孩子也必须使用心智才能认识到，要去掉方程式两边的 3，才能把 x 独立解出来。学几何学时，需要在头脑中想象，以不同的方式进行组合，或者改变多边形两个边之间的角度。这些都涉及"多个形状的图像组合在一起会发生怎样的改变"这种空间思维。

　　空间思维并不只适用于科学、技术、工程学和数学。在体育运动中，摔跤手会想象如何把对手诱导到一个特定的位置；柔道练习者要设想如何以缓冲力道的方式摔倒对手。

实际上，玩乐高玩具，特别是以父亲指导的方式构建事物，不仅帮助亨布尔掌握了数学和科学的基本概念，而且还帮他学会了如何识别问题、分析问题，并设计解决方案。亨布尔坚信，他4岁时就学会了以解决问题为导向的思维方式，这是他参加并赢得机器人比赛的关键。

> 我们在幼年时学到的知识会影响成年以后具备的能力，远远不只是玩积木这么简单。这个观点得到了科学研究的支持。神经生物学家已经证实，早期生活经历，如数数、运动、讨论、阅读、演奏乐器、用手指认物体等，都会影响学龄前儿童大脑的物理结构，并且有助于孩子轻松学习某项特定技能。

此外，每个有建设性的刺激都有助于强化孩子大脑的神经通路。神经通路是信息传播的通道，建设性刺激的作用好比拓宽街道，让扩展中的城市承载更多的交通工具。简而言之，亨布尔和父亲玩乐高积木，在研究如何把不同形状的积木拼在一起的同时，也锻炼了他的注意力，并塑造了他的大脑结构。结果，14年后，在他面对改变人生的工程学任务时，搭建、探索，甚至最重要的想象等思维方式，对他而言就是小菜一碟了。

获胜之后，亨布尔觉得自己跨过了一道门槛，进入了有自信驾驭的人生领域。尽管他在高中时期对课业应付自如，但大学那几年过得相当艰难。他父亲最喜欢说一句话："你知道，如果你努力的时间够长，就没什么做不到的事。"他从这句话中获得激励，总算熬过了长夜。

通过透彻地思考问题和找出解决办法，亨布尔赢得了机器人比赛，也靠着同样的思维技巧，他得以很好地安排了自己的大学生活。最终，他的微积分考试得了 B。这是他一生中考得最差的成绩，但考虑到他的起点，这仍然算是一个胜利。亨布尔不仅找到了学业成功的方法，还找到了生活成功的方法——他参加合唱团，加入学校宗教社团，甚至还做了一份兼职工作赚取学费。

大学毕业后，亨布尔和一个主要的国防承包商共同经营一个部门，20 多岁就坐上了一家《财富》1000 强公司主管的位置。然后，他进入了哈佛大学的 MBA 项目，在那里遇到了他的妻子。亨布尔说："从商学院毕业后，我进了达拉斯一家化工公司工作，后来转而从事企业战略工作。"如今，30 岁出头的他已经成为得克萨斯州奥斯汀一家企业的首席策略规划师了。他同妻子和一儿一女生活在当地，夫妻俩扮演着孩子们的早期学习伙伴。

早期陪学：抓住关键期轻松学习

在战略式教养的 8 个角色中，最重要的是早期学习伙伴。因为扮演这个角色的家长会早早地为孩子创造学术开端。父母与学龄前儿童一起玩游戏，能带给孩子很大的优势，特别是能帮助孩子获得领先于其他孩子的学习优势。

无论对于哪个物种，早期学习都是奠定其坚实生存基础的重要途径。科学家们经过长期观察，发现动物一出生对生活的尝试和学习就开始了。所有动物都有一些本能的行为，但必须把它们的本能发展成生存技能。

新生的藤壶鹅在出壳几小时或几天之后，就必须进行一场殊死的跳跃。藤壶鹅把巢建在山巅或者悬崖峭壁上，离地很高，这足以让它们躲避天敌，但也让它们远离了食物。鹅爸和鹅妈不会带食物给窝里的鹅宝宝吃，所以，如果它们不跟着父母进行惊心动魄、高达 120 米的跳跃，就要挨饿。英国广播公司（BBC）真实记录了这个仪式：只见还不会飞的小藤壶鹅拼命张开稚嫩的翅膀，纵身一跳，整个过程让人几乎不忍直视。

这一跳是新生藤壶鹅生存的必需，但不一定是出于本能，毕竟远离地面的窝里没东西吃。觅食、躲避北极狐、跨大陆迁徙的能力也不是它们的本能。属于本能的，是藤壶小鹅追随父母的那种冲动。为了学习生存所需的技能，在早期生活中，婴幼儿同样天生就会模仿父母。正如成年藤壶鹅会利用新生藤壶鹅的模仿能力，帮助它们在自然环境中茁壮成长一样，人类父母也会利用婴儿的本能，把他们塑造为高成就者。

> **孩子生来就有遗传自父母的潜能，但其中有多少得到发挥则取决于父母。父母是孩子成长环境中最重要的学习因素。例如，人类婴儿有学说话的本能，但没有父母的帮助他们就学不会说话。**

新生藤壶鹅快速掌握所学技能时，有一个短暂而关键的窗口期，生物学家和发展心理学家把这个阶段称为"关键期"。这是一个引人瞩目的成熟阶段，在此期间，动物体的神经系统对刺激极其灵活、敏感，还可以帮助它们学习某些技能，获得某些特性。

奥地利动物学家康拉德·洛伦茨（Konrad Lorenz）是推广"关键期"概念的第一人，但他最广为人知的发现是"关键期依恋原则"，这一原则更为人熟知的名称是"铭刻"（imprinting）。20世纪30年代，他发现新生灰雁会"铭刻"出生后第一眼看到的适当刺激对象，哪怕是一个人。纪录片中的洛伦茨身后经常跟着一群鹅，它们身上铭刻下了洛伦茨的印记，这群鹅把他视为父亲的角色。洛伦茨后来发现，这些鹅也可能铭刻水靴、球之类的物体，并且这种铭刻只能发生在孵化之后的几小时之内。

　　洛伦茨的惊人发现为他赢得了 1973 年的诺贝尔奖，也改变了我们看待人类养育子女的方式。他的工作表明，动物要实现正常发展，就必须在特定时间的窗口期内了解和学习某些任务。科学家们刚刚了解到，对于人类儿童，情况也是如此。

> **这个学习的关键期，或者最好称之为"敏感期"，从婴幼儿出生到 5 岁期间达到峰值，一直延续到小学低年级。这个时期也被称为儿童"发育可塑"阶段。在这个时期，孩子们对刺激特别敏感，学习起来最轻松，大脑像海绵一样能大量且快速地吸收知识。**

　　关键期提供了令人难以置信的学习机会，但也提出了一个危险的警告：如果错过了关键期，以后就无法弥补。洛伦茨还发现，如果圈养环境下出生的小鹅在关键期不学习野生环境下鹅爸鹅妈会传授的基本技能，那么它们可能永远也不会飞，或者再也学不会与其他鹅交流。人类大脑的发育具有相同的"用进废退"特性。如果加以培养，婴儿的潜能就会蓬勃发展；如果受到严重忽视，那它们就会枯萎凋零。

　　以尤金妮亚为例。在两岁半时，她的美国养父母收养了她，此前，她生活在俄罗斯的一所孤儿院里。直到 18 岁，她还在应对婴儿时期缺乏情感支持及认知刺激所致的影响。虽然孤儿院非常干净，但清洁的环境并不能代替父母的亲身养育。在孤儿院，尤金妮亚独自待着，很少有人抚摸她，也从来没人抱她。看护者把自己视为工作人员，仅此而已。

精神科医生布鲁斯·佩里（Bruce Perry）博士和记者迈亚·萨拉维茨（Maia Szalavitz）在撰写《为爱而生》（*Born for Love*）一书时采访尤金妮亚。她说："我从来不喜欢别人触摸我。"就连衣服接触到皮肤，她也会感到难以忍受的疼痛，为了避免不适，她只好挑选最柔软的布料。尤金妮亚也为情感联结而困扰。"我的很多朋友都会相互拥抱，彼此非常亲近，但我不会跟别人那么亲近，"她说，"如果再也见不到他们，我也并不介意。"

我们已经看到积极的早期刺激，以及玩乐高、阅读、拉小提琴之类的活动，是如何提高高成就孩子的天赋的。相反，我们也看到了幼儿时期的刺激缺失妨碍了尤金妮亚的记忆。尤金妮亚还被诊断患有听觉处理障碍。正如佩里和萨拉维茨所说的："她不能完全领会听到的内容。"结果，尤金妮亚总是记不住别人跟她说的话，难以按照指令行事。

尤金妮亚认为，自己的听觉和记忆问题与孤儿院的生活经历息息相关。佩里赞同她的看法："人们对婴儿时期的事情缺少有意识的记忆，尽管如此，婴儿的早期经历仍然在其大脑中留下了深深的烙印。"

在孩子出生之后的 3 ～ 5 年，大师级父母都付出了很大的努力给予孩子教导，因为他们意识到，这段时间对孩子的发育非常关键。他们认为，在这个早期阶段，他们鼓励孩子去学习的技能，以及回应孩子需求的方式，将对孩子的认知能力、社交能力和情感发展产生长期影响。

埃丝特·沃西基说："我当时的理念是，我在头 5 年所做的一切将决定她们余生的状态。我从来没在任何地方读到过这样的观点。"正是因为这个原因，埃丝特认为，在女儿上学之前就教她们识字和数数非常重要。

罗布·亨布尔的父亲老鲍勃认为，更早的时候让孩子接触到的东西很重要。

老鲍勃用他美妙的男高音对着妻子渐渐隆起的肚子唱歌，他相信子宫里的孩子能听得见他的声音。"小罗布透过他妈妈的腹壁听见了我的声音。来到人世时，他对我的声音已经很熟悉了。他一听到我的歌声便兴奋起来。我觉得我的歌声能带给他舒服的感觉。他的姐姐听到我的歌声也感到很兴奋。"

现在我们知道，老鲍勃的感觉是对的——在出生之前的几个月，胎儿已经能听得见声音了。几年前，德国伍尔茨堡大学的卡特勒恩·韦姆克（Kathleen Wermke）博士领导了一项开创性的研究，目的是考察新生儿的哭声。

韦姆克和她的同事用数码录音机，花了数百小时研究法国和德国 60 个 2～5 天大的婴儿的哭声模式。科学家们用计算机软件对这些哭声进行了分析，他们的发现令人讶异。法国婴儿的哭声往往从低到高，与说法语的人语调一致；德国婴儿的哭声与德国人说话的方式一样，开始时高亢，然后低沉下来。研究者们得出结论，在孕程的最后几个月，婴儿会聆听母亲的声音，此时他们模仿母亲的口音，做开口说话的准备。

早期陪练：培养精通某项技能的习惯

对这些高成就孩子来说，早期这种"铭刻"的影响会延续到前语言期之后的数年。在这些年里，父母作为早期学习伙伴积极分享自己的兴趣和爱好，高成就的孩子往往怀着极大的热情吸纳父母的兴趣，并把它们内化成自己的兴趣。

不过，教幼小的孩子阅读、拉小提琴之类的事情会让人感到不自在，对那些认为这是对孩子进行强加干预的人，这种不自在的感觉尤其强烈。他们可能会说："应该让孩子发现自己的兴趣。"这并不意味着大师级父母会强行对孩子进行灌输，他们只是分享了自己知晓和热爱的东西。与自己的孩子聊起热爱的事业或专长，以此激发孩子的好奇心和对学习的热爱，这在家长眼里是很自然的事情，也是等于告诉孩子："这对我来说趣味十足，也许对你也一样。"

在分享的过程中，这些孩子不只是了解了父母感兴趣的东西，也是在学习如何获取信息和探索新的领域。孩子们和父母可以计划并执行一些小项目，这些项目往往会预示着孩子们日后的成就。在早期学习伙伴的鼓励和支持下，这些孩子会成为小建筑师、音乐家、小工程师、爬行动物专家等等，可以有目的地培养自己精通某项技能的习惯。

亨布尔的父亲热爱音乐，因此亨布尔会唱歌，还会演奏几种乐器。然而，老鲍勃对儿子最大的希望和夙愿是，要亨布尔拥抱传自他家先祖的另一份热情，即他希望儿子像他们的发明家先祖一样，成为思考者和问题解决者。老鲍勃本人长于数学和科学，他自己也已经习惯了孩提时代对搭建和思考的热爱，要不是高中时在音乐方面崭露头角，大学期间他可能会像儿子一样主攻工程学。相反，自从大学毕业后，老鲍勃在科林斯维尔高中教音乐，迄今已在那儿工作30多年了。

除音乐外，老鲍勃还传给了儿子对量化思维、空间思维及解决问题的偏好。尽管亨布尔热爱音乐，但长大以后他成了一名企业策略师。通俗来说，策略师就是专门帮助别人解决问题的人。

—— THE FORMULA ——
教养加油站

培养讲故事的人：打造移情能力

受访者中，像苏珊娜·马尔沃（Suzanne Malveaux）和苏泽特·马尔沃（Suzette Malveaux）的母亲墨娜那样重视读写能力的父母，往往格外重视培养孩子讲故事和阅读的能力，而不是科学、技术、工程、数学或者音乐训练。

马尔沃家堪称一个剧本创作室和讲故事工作室，两个女儿长大以后都成了讲故事的人，儿童期就是她们的"学徒期"。现在，马尔沃家的一个女儿是美国有线电视新闻网记者，以讲述别人的故事为职业；另一个女儿是律师，同时担任科罗拉多大学民权法教务长，兼任拜伦·R. 怀特宪法研究中心主任。对这位律师女儿来说，故事是以法律概要的形式讲述的。马尔沃家还是一个图书馆，同时也是表演绘画、唱歌、木偶戏、舞蹈等的舞台。她们在家里什么东西都不丢弃，空卫生纸卷和牛奶盒可以用来创造美丽好玩的东西，为什么要丢掉呢？巨大的冰箱包装盒正好可以粉刷成一个小房子。

从 3 岁到小学低年级，马尔沃家的姑娘们最喜欢的项目是用纸娃娃创建家庭，并把它们贴在冰棒棍上。每个娃娃家庭都有自己的故事。这些娃娃分别代表亚洲裔家庭、拉丁美洲裔家庭，以及黑人和白人结合的家庭。苏珊娜说："我们花很多时间画这些小卡通人物，然后把它们剪下来，编故事。"

讲故事、想象真实人物的生活和行为有助于扩展大脑。讲故事的人必须想象角色如何说话、如何行动，甚至还要想象它们声音和情绪的变化。她们还必须想象角色之间如何互动、一个人的行为如何影响其他人的行为。讲故事可以培养同理心——教讲故事的人学会设身处地、换位思考，从而提高他们"读懂"他人想法并做出反应的能力。

讲故事的人具有高度发达的"心智理论"，科学家称之为预测他人思维方式的能力。例如，玩捉迷藏游戏的小孩子很好笑，以为他们看不到找他们的人，因此找他们的人也就看不到他们。他们还理解不了不同的人有不同的视野和不同的视角。加拿大约克大学的心理学家雷蒙德·马尔（Raymond Mar）发现，学龄前儿童听的故事越多，心智理论就越复杂。

在童年早期，父母会读故事给苏泽特和苏珊娜听，然后鼓励她们创作自己的木偶故事，从而为她们创造了辨别、提炼和交流真实故事的认知基础。她们长大后在法庭和电视新闻上讲起这些故事来就会侃侃而谈、头头是道。

———————————————————————————————— THE FORMULA ————

早期优势影响未来成功的方式

早期学习伙伴的角色如此重要，原因在于，早期优势会影响孩子未来成功的方式。例如，如果孩子在上幼儿园之前就学会了阅读，那就会促使孩子学业优异，只是原因并不是人们以为的那样。

人类特别善于识别社会模式，而人类行为最大的驱动力之一，就是希望保持或者改善自身的社会地位。我们的祖先通过模式识别，即通过了解部落中谁有影响力、有多大的影响力，来区分社会等级以及辨别自己属于哪个等级，我们也是这样。

社会学家发现，大多数孩子从三年级开始会意识到自己在同学中处于什么位置。但据本书的受访者所言，他们在幼儿园时期就发现了同龄人的社会秩序模式。换句话说，他们会意识到每个人受到的待遇并不一样。

> **高成就孩子的父母很早就有意识地教导孩子注意观察，这些孩子也早在幼儿园时期就意识到自己领先于其他同龄人，因此受到了更多的关注。这种意识会带来很大的激励——他们希望保持那种活力四射的感觉，并收获奖励，这就要求他们努力学习，争取站在群体的前列。**

我们把这种现象称为"早期领先效应"（early-lead effect）。

伊丽莎白·李很早就教贾雷尔识字，这个选择带来了涟漪效应——贾雷尔从踏入幼儿园那天起就步上了高成就者的旅程。贾雷尔清楚地记得，那天老师抱着他坐在腿上，他识字这件事让老师兴奋不已，在他阅读的过程中，老师将精力全部贯注在他身上。贾雷尔很快意识到，因为他比大多数同龄人知道的东西多，因此引得老师做出了积极的反应。他发现了这种模式，希望予以重复。

在我们的 200 名受访者中，这样的故事特别普遍，每个人的情况几乎一模一样——他们兴致勃勃地回忆，幼儿园老师在孩子读出简单的句子时，多么兴高采烈。其中一位高成就者记得，4 岁的她在黑板上写出单词时，她的老师多么惊讶。另一位成功女性是位加拿大的编剧，她的幼儿园老师知道她认识法语时极度兴奋，甚至把她拽到校长办公室，让校长亲自检验。

受到老师关注这件事之所以能引起涟漪效应，背后有一个实际的原因——幼儿园老师通常注重前阅读技能，如字母的发音和两三个字母构成的单词，在学年开始时尤其如此；而高成就孩子通常远远超越了这些门槛。当忙碌的老师眼中闪烁着喜悦的光芒时，不仅仅是因为惊讶，还因为高成就孩子既有的知识会让他们的工作变得更容易，并为他们与孩子一起完成教学和学习开启了一种令人兴奋的可能。

我们听到的这类故事往往涉及阅读能力，但也适用于其他类型的学术能力，包括数学能力。不管怎样，这些孩子都意识到了自己能让老师高兴，并希望再次引起这种反应。与同班同学比起来，他们开始有了与众不同的感觉。他们还不完全理解等级制度，但对自己身处顶端这件事感觉良好。对于许多高成就者来说，这是他们作为学术成功者独特社会身份的开端。

父母不是唯一的早期学习伙伴

可悲的事实是，如果没有像丽莎、老鲍勃或者伊丽莎白这样全情投入的早期学习伙伴，孩子就很难有机会，甚至完全没有机会拥有高成就孩子所需的能力和激励环境。正如我们所见，早期学习阶段至关重要。

想象一下，如果贾雷尔的成长环境不变，而母亲伊丽莎白没有摆脱贫困的决心，贾雷尔早期在收容所的日子可能只是看电视、玩游戏，少有或者根本没有与成人的互动机会。再考虑到他们贫困的家境，如果不刻意激发贾雷尔探索城市的冒险精神，坐公共汽车的体验可能会百无聊赖，甚至令人沮丧。他们用来谈论书籍的时间，除了发出他可以做什么、不可以做什么的指令，就只剩下沉默。值得庆幸的是，贾雷尔有一位倾心投入的母亲，帮助他走上了向上发展的人生道路。

—— THE FORMULA ——
教养加油站

如何掌握"基础知识"

既然你选择读这本书，那么从某种程度上来说，你可能已经意识到早期学习对孩子大脑发育的重要意义了。但大多数家长，尤其是那些不去书店或图书馆学习育儿知识的家长，并没有意识到他们的所作所为对孩子未来的成功多么重要。专家们写书、发表文章，但学校或者教员并不帮助大众广泛接触科学或者基于实证的指导。相反，每一代人都以前一代人为师。我们逐渐吸收来自家庭和同龄人的新见解，但这使得大多数孩子都落后并掉在了发展曲线下方，错过了帮助孩子成长的机会。

值得庆幸的是，美国现在出现了一种社会运动，他们致力于让各种阶层背景的家长都了解到，孩子从出生到3岁这段时间需要经历些什么才能获得成功。这种全美性的活动有"不要让小孩子失败"（Too Small to Fail）、Vroom[①] 和"3000 万词汇运动"（the Thirty Million Word）。这里的每一项活动都有研究依据。研究者考察了亲密育儿和童年早期的照顾会如何影响孩子大脑功能的发育，其中一些大脑功能与终身成就相关，包括自信、情绪的自我调节、人际交往能力、好奇心、想象力，以及识字、计算和推理能力。

还有一项社会运动叫作"基础知识"（Basics），始于一个叫作"哈佛大学成就差距新方案"（the Achievement Gap Initiatve at Harvard University）的项目，由本书的一位作者牵头。最初它叫作"波士顿基础知识"（the Boston Basics），后来成了全美性的运动。在进入幼儿园之前，不同家庭背景的幼儿已经产生了认知能力差距。"基础知识"运动旨在消除这种能力差距，教父母日常要做 5 件对孩子大脑发育非常重要但简单而有力的事情：

1. 给予最多的爱，管控压力。孩子承受过多的压力对大脑发育有害。有安全感的婴儿长大以后会具有更强的社会交往能力和自我控制能力。

2. 说话、唱歌和指认。你来我往的语言交流可以教会婴儿说话，教会幼儿理解自我与进行自我表达；指认则有助于婴儿将单词与物体联系起来，同其他人进一步学习交流。

3. 计数、分组和比较。早期进行的分组或比较活动建立在儿童固有的数量意识基础之上，可以帮助他们发展数学思维。

4. 参加运动和玩游戏。鼓励孩子参加探索和发现的游戏，培养好奇心。

5. 阅读和讨论故事。亲子阅读期间的对话可以培养孩子的推理能力。

———— THE FORMULA ————

---

① Vroom：是由美国贝索斯家族基金会创办的一个项目，旨在帮助家长进行 5 岁以下儿童的大脑建设，并提供科学指导。——编者注

　　到目前为止，我们在本章看到的早期学习伙伴都是孩子的母亲和父亲，这并不意味着早期学习伙伴提供的知识只能来自父母，帕梅拉·罗萨里奥（Pamela Rosario）的精彩故事就是明证。她不是只有一个早期学习伙伴，而是有很多个。

　　作为新泽西州北部一所高中的毕业生致辞代表和哈佛大学毕业生，帕梅拉的成长道路始于多米尼加共和国的一个小村庄，那里电力不可靠，灯光时明时暗。帕梅拉成长于一个叫拉肯尼迪的贫民区，这个村子到处都是重重叠叠的锌顶房屋，道路和厕所都是泥土修筑的。

　　帕梅拉出生的时候，她的生母和生父年龄都还小，完全没有做好承担养育责任的准备。帕梅拉说："我爸爸的反应是'我才17岁，就已经当爸爸了？'"

　　帕梅拉父母的关系不稳定。帕梅拉说："我妈妈怀孕后他们才结婚。如果不是因为我，他们可能根本不会结婚。"这对十几岁的夫妻总是争吵不休。帕梅拉的父亲后来打进了美国职业棒球联盟，当时她的父亲正在追逐自己的梦想，她的母亲后来成了一名记者，一门心思追逐着父亲。

　　因为帕梅拉的父母不够成熟，没有能力独自照顾她。很早，大约从两岁开始，帕梅拉就由父亲那几个还是半大孩子的妹妹，也就是她的姑姑们抚养。她把每个姑姑都叫作"妈咪"，有12岁的"塞尔吉娜妈咪"、14岁的"伊利妈咪"和17岁的"玛丽妈咪"。"安娜妈咪"18岁了，而"安妮妈咪"则19岁，家里的生计主要靠"安妮妈咪"。

　　帕梅拉告诉我们："生父生母不在的时候，我就去找另一个家长，就是这样。我从来用不着说'我真的很想念我的亲生父母'，因为对我来说，身边的其他人都是我的家长。我从来不采用血亲来定义家长一词。"

　　帮着养大帕梅拉的不只是她那些十几岁的姑姑，甚至不只是大家庭的其他成员，还有邻居塞萨家的孩子们，他们也是一群十几岁的孩子。每个人都会教给帕梅拉很多东西，包括如何阅读，如何保护自己，以及如何像成年人一样行动和说话。帕梅拉一言以蔽之："我就是由一群青少年抚养大的。"

　　那些青少年把帕梅拉当"小大人"，而不是小孩子。帕梅拉说："我在两岁的时候就已经过上了青少年的生活。有那么多人参与照顾我，这让我的适应能力非常强。"

　　5 岁以后的童年期，帕梅拉的成长由她的祖母阿布丽塔主导。在帕梅拉性格形成的那几年，阿布丽塔正在迈阿密为把全家搬到美国努力着。最早的时候，帕梅拉的祖父格雷戈里诺在外地工作，周末才回到家人身边。但阿布丽塔中风后，格雷戈里诺搬到了迈阿密去照顾她。

　　这一来，帕梅拉的姑姑们就被迫留在了岛上。值得庆幸的是，帕梅拉被留给了一群"母亲"，她们是一群活力满满的早期学习伙伴，并乐于同帕梅拉分享她们的激情。"安娜妈咪"喜欢读小说，所以路都走不稳的小帕梅拉会和她一起读小说；"安妮妈咪"喜欢 20 世纪 80 年代的音乐，所以帕梅拉总跟着她哼唱。"妈咪"们做什么，帕梅拉就跟着做。

　　在去迈阿密之前，帕梅拉的祖母要求姑姑们"一定要让帕梅拉保持聪明"。她们的行为是有目的的，即便生活不完美，也要让帕梅拉感到安全、有事可做。夜里帕梅拉感到害怕的时候，她那些十几岁的"妈咪"起床围着她跳舞，给她唱歌，让她感到快乐、安全，情绪昂扬起来。她们还有意把帕梅拉带入她们的生活和兴趣活动中，总是跟帕梅拉交谈，好像她也是一个青少年似的。

　　虽然姑姑们无从知道，但帕梅拉的多位早期学习伙伴采取了战略式教养的行为方式，这为她日后的成功提供了早期准备，能够帮助她应对后来移民到美国面临的挑战。尽管帕梅拉大部分时间都讲英语，而不是姑姑们说的西班牙语，但她小时候形成的语言理解能力不仅成了英语交谈、写作和学习的基础，也成了她后来学习法语的基础。另外，跟帕梅拉互动的人很多，每个人都有各自的兴趣。这意味着，帕梅拉在童年时期必须处理大量的信息，这有助于发展她的记忆力。

那群十几岁的孩子组成的家长团会问帕梅拉各种问题，强迫她表达意见，这样就培养了她后来在高中学习时需要的理解和辩论能力。帕梅拉直接把自己的思考能力和谈判技巧归功于姑姑们的兴趣和尊重。姑姑们愿意把她当作一个充分成长、有思想和观点的人，这使得帕梅拉一直认为，自己与那些"大人"是平等的。

> **帕梅拉的故事给了我们一些重要的启迪。首先，一个人无须富有或受过高等教育，也可以对子女进行良好的早期养育；还有，有效的早期学习伙伴不一定非得是孩子的父母，如果有多个家长，孩子会特别受益。**

尽管帕梅拉不具备传统意义上完整的家庭结构，但早期学习经历让她拥有了高成就者所具备的大部分机会。她进了学校的资优班，学会了小提琴，还精通英语、法语和西班牙语。高中时，她是田径运动员，担任了学校"未来美国商界领袖"分会的主席，并加入了学生组织和法语俱乐部。在老师没有安排她进大学预修课程（AP）的法语课时，她有胆量要求老师无论如何帮她准备考试。最终，帕梅拉如愿通过了考试。

帕梅拉搬到美国很久之后，多米尼加共和国第一夫人从帕梅拉的生母那儿听说了她的学术成就，于是打电话给她，请她和多米尼加的高中生一起举办职业规划、个人发展和社区行动工作坊。后来，2010 年的海地发生地震后，多米尼加共和国第一夫人再次致电当时 19 岁的帕梅拉，这次是请她给多米尼加和海地的受灾儿童传授艺术疗法。"我在地震后给那些被强奸、贩卖和虐待的儿童做治疗。"帕梅拉说。

如果没有从两岁就开始做早期准备，帕梅拉也不是由一群，而是由一个早期学习伙伴培养，她不可能取得现在的这些成就。如果只从传统的角度理解帕梅拉的早期成长经历，我们可能认为她其实就是一个孤儿。我们可能会从"全靠自己、非凡儿童神话"的角度去理解帕梅拉的故事，而不会意识到帕梅拉的成功其实是战略式教养法则精湛、富有策略的养育之功。

06

角色 2：飞航工程师
确保正确的人生航向

> 人类生态学理论认为，人类的孩子不是在真空中长大的，会受到各种经历的影响。作为飞航工程师的家长应该与孩子所在"微生态系统"中的成年人合作，必要时应从家长的角度提出要求、表达权威，对孩子的在外经历进行管理。

美国总统的育儿之道

奥巴马能够如此坦诚地谈起自己对两个女儿的养育，真是令人惊讶。他不会知道，那天在总统办公室采访他的一位记者当时正在心里对比总统与其他父母在养育方式上的差异。

奥巴马的做法与书中其他早期学习伙伴如出一辙，他说："从女儿们还是婴儿的时候开始，米歇尔和我就一直读书给她们听。"但到了要把女儿送到日常管理严格的学校时，他们也把发展女儿的独立性和责任感作为优先考虑的事情："4 岁的时候，她们得到一个闹钟，之后便开始自己起床、整理床铺。"

　　奥巴马夫妇在孩子上学之前就教给她们的时间管理课程变成了生活习惯，进入小学后，这个习惯一直伴随着她们。"她们要保证按时到校，"奥巴马说，"我的意思是，我们虽然会监督她们，但到上学的时候她们就已经养成了一系列好习惯。"

　　奥巴马夫妇只为女儿们制定了几条规则，她们始终如一地贯彻执行。比如，放学回家后要马上写家庭作业；小女儿上小学后，就寝时间是晚上8：30，30分钟后，大女儿就得上床睡觉。在他们家，娱乐的来源是书，而不是电视机。尽管规定了就寝时间，但读书不受时间限制，可以一直读到睡着为止。她们也只能在周末看电视。

　　奥巴马说："在设定高期望值方面，我们一直鼓励女儿们不要把教育看作琐务或者负担，而是一项巨大的特权。"

　　在白宫的总统办公室接受这次采访时，第一夫人米歇尔和总统正忙着教导他们的女儿，那会儿两个孩子一个12岁，一个9岁。尽管总统夫妇的日程令人眼花缭乱，但他们还是帮助管理女儿们的学习计划，必要时还与学校老师合作，来确保孩子得到充分的关照。

　　"担任总统以来，我一次家长会都没有缺席过；做总统候选人时，我也没有错过一次家长会。另外，女儿学校的所有活动米歇尔都参加了。"

　　多年来形成的习惯和惯例使奥巴马夫妇很容易监控两个女儿，即使随着女儿们逐渐成熟和待在学校的时间增多，她们和父母分开的时间变长了也如此。"我们很早就要求玛利亚和萨莎为自己的学习承担责任，"奥巴马说，"另外，说到高要求时，玛利亚知道我的态度：如果她拿回来一个 B，我会觉得不够好，因为她没有理由考不到 A。"

奥巴马夫妇要求两个女儿都参加团体运动，必要时会检查她们的家庭作业并与老师保持联系。"我们在做的这些事情是任何父母都会做的。毫无疑问，与很多父母相比，米歇尔和我拥有更多的资源和特权，"奥巴马说，"我们明白这一点。不管你有多穷，你都可以在工作日关掉电视机。你要确保和孩子学校的老师时常进行交谈。"

从陪伴、互动到追踪、管理

奥巴马第一次竞选公职那会儿，玛利亚和萨莎已经快上小学了。女儿们上学后，奥巴马夫妇开始扮演战略式教养法则中的第二个角色，即从在家里跟孩子交谈、阅读、玩游戏的早期学习伙伴变身飞航工程师。

就像飞机或者宇宙飞船上的飞航工程师一样，一旦把孩子"发射"到学校，扮演这个角色的家长便开始监控和管理。飞航工程师要保持警觉，及时发现和解决可能出现的问题。随着孩子成为新集体的一分子，父母的责任范围就扩大了——从在家里与孩子互动，到追踪了解孩子在外的行为。

> 出生于俄罗斯的美国发展心理学家乌里·布朗芬布伦纳（Urie Bronfen-brenner）重点研究社会环境，或者说"生态"对孩子的影响。科学家认为，动物生存其中的复杂"生态"会影响它们的生长、发育。人类生态学理论也认为，像动物一样，人类的孩子不是在真空中长大的，而会受到各种经历的影响，在家庭、学校，以及其他地方与他人的互动都会影响到孩子。

孩子的第一个人类互动小系统，或称"微生态系统"，则由家中的父母和兄弟姐妹构成。孩子一旦开始上学，世界随之扩大，他们便成了更多"微生态系统"的参与者。"微生态系统"可能是课堂，也可能是星期三下午的读书小组，或者星期六早上公园的棒球队。任何一个日子，孩子在这些新地方与他人的交往都可能顺利，也可能不顺利。例如，孩子可能在学校与老师发生冲突，或者卷入一个不良少年群体。孩子在这些新的"微生态系统"中的经历不仅取决于孩子自己的决定，而且与其他人的言行密切相关。

意识到其他"微生态系统"对孩子的发展可能会产生多大的影响后，作为飞航工程师的大师级父母便应该与孩子所在"微生态系统"中的成年人合作，必要时应从家长的角度提出要求、表达权威，管理孩子的在外经历。

承担飞航工程师这个角色的家长要努力确保这些"微生态系统"，尤其是学校，持续做好 3 件大事：

- 让孩子进入与其能力和成熟程度最匹配的年级、课程或学科；
- 以尊重的态度对待孩子；
- 给予高质量的指导。

通过监控，一旦了解到某方面出了问题，飞航工程师就需要介入处理，扭转局面。

寻找共同管理孩子的合作伙伴

亨布尔的父亲老鲍勃是个优秀的早期学习伙伴，他用了 5 年时间和亨布尔玩乐高积木、阅读，教儿子唱歌和培养儿子解决问题的能力。亨布尔 5 岁以后，老鲍勃和妻子知道自己必须与其他成年人合作，以确保儿子的学习历程继续顺利进行。

　　看到其他人对孩子评头论足，老鲍勃不禁想，儿子亨布尔和他妹妹真的像自己以为的那样与众不同、天资聪颖吗？他自己有没有夸大事实？老鲍勃是一位老师，见惯了一些家长认为自家孩子天份极高，学校应该为有这样的学生感到荣幸的样子。他担心自己也成为那样的家长。老鲍勃知道，自己对孩子能力的看法是否恰如其分，取决于他们上学之后在家门之外的表现。所以几周以后，他做了项调查。

　　威尔逊小学第一次给老鲍勃的反馈出乎他的意料。"我们需要一些胶水，"亨布尔的一个老师说，"把他的小屁股粘在椅子上！"另一个老师说："他嗓门儿特大，又不守规矩。"并进一步解释说，老师在操场上都听得见亨布尔在教室说话的声音。老鲍勃完全可以对亨布尔或者老师大光其火，要么惩处儿子，要么被动认同老师给他的建议。但相反，老鲍勃对此进行了调查、观察，并提出了更多的问题。

　　孩子上学后，家长会发现自己突然要承担复杂的监督角色。包括大师级父母在内，没有几个家长接受过相关培训。不过，大师级父母对自己的孩子了如指掌，而且他们具有很强的观察力，能够想到将来可能会出现的问题，并且有足够的自信寻求解决办法。大师级父母有一种强烈的直觉，知道为帮助孩子成功需要孩子生活中的其他人，特别是老师帮忙做哪些事情。

　　大师级父母会做例行考察，并与老师进行非正式协商，实时了解孩子的表现。一旦发现有什么不对劲儿，作为飞航工程师的家长能够敏锐地诊断，并运用他们对人性深刻的理解予以改善，必要时也会寻求他人的建议。

　　老鲍勃意识到，儿子老师表达的真实意思是：与幼儿园的其他孩子相比，亨布尔在社会交往上很不成熟。换句话说，就是存在着"生态错配"的问题。他还注意到了一个情况：亨布尔的个头比其他同龄男孩子矮小，在孩子堆里显得格格不入。老鲍勃说："我知道他不属于那里，但我没有办法。"

后来老鲍勃开始四处求助，这时，一位老师建议老鲍勃采取她曾经在自己儿子身上用过的措施。这位老师的儿子也不具备与年龄相应的成熟度。于是，到了儿子该上一年级的时候，这位老师让儿子晚一年上学，转而让他上了介于幼儿园和一年级之间的 K-1 班。K-1 班设立的目的是让学生在社交能力上赶上同龄人。

让孩子与年龄稍小的同伴一起上学，这种做法叫作"留侯"（redshirting），是在模仿大学让新生做替补队员的做法，目的是延长他们的参赛资格。研究者估计，美国有 3.5% ～ 5.5% 的孩子该上幼儿园时没有上，而是推迟了进入幼儿园的时间，其中大多数是像亨布尔这样的白人男孩。

经济学家迈克尔·汉斯想知道，推迟上幼儿园的时间是否对孩子有帮助。2016 年，汉斯回顾了能够找到的有关这一主题的最佳研究成果，但结果见仁见智。汉斯认为："简而言之，没有证据表明推迟上学会给孩子注入长期的教育优势。孩子在考试时的年龄确实对小学初期的成绩有影响，而且推迟上学使得孩子的考分接近班级的最高水平，而不是最低水平；但作为班里年龄最大的孩子这一点本身似乎并不具备什么优势。"

汉斯还说，随着时间的推移，年长一岁给孩子带来的所有好处都会越来越小，对大学入学考试分数几乎没有什么影响。

然而，几乎可以肯定地说，老鲍勃的看法是对的。他认为让亨布尔晚一年上学有好处，这样儿子就可以跟与自己个头相仿的孩子们一起逐渐成熟起来了。亨布尔所在的 K-1 班上有 22 个孩子，其中有 18 个是男孩。在科林斯维尔的整个学校生活中，亨布尔都和这同一批男孩做同学。他们不仅一起在学术方面取得了优异成绩，在体育方面也出类拔萃。他们既是好朋友，在学业上也是竞争对手。

回首往事，亨布尔认为父亲的决定"非常英明"。就亨布尔这个特定的案例而言，情况可能确实如此。经过 K-1 班的历练后，亨布尔上了一年级。老鲍勃又一次想了解儿子在班里的情况，他找到亨布尔的一年级老师玛丽·伯尔，询问儿子是否可以很好地适应环境。

老师一脸困惑地看着老鲍勃："你难道不知道吗？"之后老师缄默无语，直到过了很久才把情况告诉老鲍勃。最终，老鲍勃发现亨布尔和其他孩子在学业上没什么可比性。在新的"微生态系统"中，无论是在课堂上，还是在运动场上，亨布尔都游刃有余，令其他同学望尘莫及。亨布尔在学业上遥遥领先，尽享早期领先效应的好处。

为提高社会交往成熟度而多经历的这一年给了亨布尔最好的机会，让他成了方方面面都优秀的学生。对于如何与孩子交谈，如何与教育、监督孩子的成年人交谈，以及如何解释从别人那儿听来的情况，作为飞航工程师的家长是行家里手，他们监控情况，获得清晰的理解，然后采取明智的行动，避免意外的副作用。遇到危险情况时，飞航工程师不会双腿战栗、茫然失措，也不会让与学校老师沟通的恐惧情绪主导自身行为。他们会做功课，自信地与孩子学校的人打交道。于是，他们往往会获得老师的尊重，而且，他们通常可以影响老师并为孩子争取到应得的待遇。

有时候，仅仅礼貌地争取合作还不够，飞航工程师必须要求校方兑现他们为孩子争取的东西。

不仅合作，必要时也要抗议

林恩和克拉伦斯·纽瑟姆夫妇像老鲍勃一样，都是孩子的飞航工程师。他们知道自己需要与孩子的小学老师合作，才能共同培育女儿吉娜和布里。他们的长女吉娜现在是一名精神科医生，而次女布里则是一名社会活动家、作家和电影导演。2015 年夏天，布里还取下了南卡罗来纳州议会大厦的南方邦联旗帜，一举名扬全美。在得知一位老师虐待了他们一年级的女儿吉娜时，纽瑟姆夫妇被迫介入，要求学校承担责任。

林恩和克拉伦斯都是教育工作者。这对夫妇言辞温和，遵纪守法，谦逊有礼。他们很小就离开了北卡罗来纳州，去了马里兰州的哥伦比亚社区，这是霍华德县一个规划齐整的社区，连续被《金钱》（*Money*）杂志评为美国 100 个最适合居住的地方之一。

这对夫妇希望培养孩子的种族意识，然而，即使在热情友善的哥伦比亚，保持这个愿望也不像人们想象的那么容易。他们的大多数朋友和邻居都是白人，纽瑟姆家的女儿属于学校里少有的黑人小孩。他们读的书中都没有非裔美国孩子，所以林恩把书中的人物涂成了棕色，为了清楚地表明他们是非裔美国人，林恩还把小女孩的头发画成卷发，以体现非洲气质。

一年级的时候，吉娜哭着回到家，伤心地骂自己是个笨蛋。林恩和克拉伦斯以为，这是由于其他看起来像吉娜的黑人小孩被视为捣蛋鬼，或者属于阅读水平较低的一类人导致的。然而，吉娜的解释比这更加辛酸和令人不安。据吉娜说，她总是举手，但老师从不叫她起来回答问题。更糟糕的是，只要吉娜答错了几道题，老师就在她的试卷上画上眉头紧锁的表情图，尽管吉娜总体成绩很好。

对于林恩和克拉伦斯来说，这是不可接受的。眉头紧锁的表情图让吉娜伤心欲绝，尤其是，她已经觉得自己受到了不公平的对待。当夫妇俩诘问吉娜的老师时，一开始老师还狡辩，但林恩明确告诉老师，决不允许再给吉娜画眉头紧锁的表情图。实际上，他们要求老师批改过的所有试卷上都"只能有笑脸"，而且无论吉娜成绩如何，这个规则一概适用。老师迟疑着同意了。第二年，这位老师授予了吉娜学业成就奖，一家人对此感到很满意。

关于家长应该在多大程度上干预孩子老师的工作，有些人可能不赞同林恩的观点，但是林恩足够聪明、敏感，能够辨别老师给吉娜造成的伤害。一旦飞航工程师知道有什么情况会伤害到孩子，其他人的意见基本上无足轻重。

> 从根本上说，这种高度的警觉性和在必要时表达抗议的做法，并不依赖于物质资源，而取决于对自己所做判断的信心。大师级父母不把自己的做法完全地、不假思索地建立在别人观点的基础上。

有些家长把学校老师视为不容置疑的权威人物，大师级父母可不会这样。就像飞行途中的飞航工程师一样，对飞机上所有机械系统和自己职责所在的了解，是他们有资格承担这项关键工作的原因。对大师级父母来说，基于自己对孩子细致入微的了解，他们明白，在什么对孩子最有利方面，自己才是最高权威，无论是在家里还是学校。

保护和惩罚并举

美国外交官大卫·马丁内斯（David Martinez）的父母知道，他们的大儿子精力旺盛、知识丰富，喜欢把自己知道的事情告诉别人。但大儿子的幼儿园老师却觉得他是"捣蛋鬼"，实际上，只是因为儿子的话太多了，老师就经常把儿子与其他人隔离开，让儿子一个人待在教室隔墙后面。

大卫说："每当老师问全班同学一个问题时，我马上举起手来。我想当第一名，或者把答案告诉大家，因为我知道答案。通常老师会让我回答一次，但下一次我还会再举手，老师就不再叫我了。有时我会感到沮丧，脱口说出答案，这一来，我会遭到处罚，否则就被隔离起来。"

大卫的母亲既是儿子的学生，也是一名机敏的飞航工程师。她出面斡旋，帮助大卫摆脱了困境。"有一次，我一个人待在教室角落里做数学作业，这事被我妈发现了。当她了解到几乎天天都是这种情况后，她的脸色变得铁青。我没跟其他幼儿园小朋友一起做事情，连游戏都没有参与，而是真正地被隔离在教室后面。"

大卫回忆起母亲让老师给个说法的情形："我妈跟老师说，'你没有教好大卫，你没有教给他他需要的东西。'她向学校领导反映了这个问题，促使他们进行调查。"学校调查发现，大卫之所以惹事生非原因在于他早就领先于同学们的水平了。解决办法就是，幼儿园毕业后让大卫直接跳到二年级。

大卫确定无疑地感受到，"我在这个班里很有破坏性，这对我的老师来说可能是一种痛苦"。但是，当老师把这看作行为问题时，"我妈妈意识到这是因为刺激缺乏。我没有得到我在家里习惯的那种刺激，因为我能做的事情超出了课堂的节奏和内容。她说：'不是大卫的问题，是你教给他的东西不够。问题在于环境，与大卫无关。'的确，上了二年级以后，我的成绩一直很好，行为也改善了，因为我终于学到了赶得上我节奏的知识。"

在大卫需要保护时，他的父母作为飞航工程师给他保护，但并不意味着他犯错的时候父母也会为他辩护。"我上三年级的时候，有个代课老师叫大家站起来，然后又让我们坐下。我说：'请你想清楚了再发号施令！'放学后，我被留下来了，我父亲收到了一份通知。老师在通知单上签了名字，并加了一句话'大卫必须改正错误'。父亲没有说'我的孩子很好'，也没有说'这是一个误会'，而是说'大卫错了，你对他下达了适当的命令，他应该遵循'。"

大卫告诉我们："如果没有父母的支持，我可能会遇到很多挫折。我可能会觉得'天哪，父母不爱我'，但事实并不是这样。为什么我这么说呢？因为他们从一开始就支持我，用各种方式表明他们的爱。但这并不意味着我可以不受处罚，错误不被纠正，也不意味着他们不会指出我的某种行为不可接受。"

—— THE FORMULA ——
教养加油站

三年级开始"自动驾驶"模式

8～10岁期间，本书中的高成就孩子几乎都变成了可以自主管理的学习者，他们很少需要飞航工程师父母检查作业、控制时间、安排日程，或者帮助他们掌握感兴趣的项目。简单地说，到三年级时，他们已经开始"自动驾驶"模式了。

正如飞行员设定了飞机的正确航向，调好仪表参数，然后就丢开控制装置一样，大师级父母帮助培养了孩子的好奇心，提升了他们的自主学习能力，早早地给他们设定了明确的规则和责任，这样孩子就不需要父母那么多的监督了。但这并不意味着家长就此停止监督孩子，正如飞机自动驾驶时飞行员仍然要保持监视。但这的确意味着，只要孩子的日常行为处于许可范围内，孩子就可以自主管理。

其他同龄孩子要到更晚才能达到无需父母不断检查、不断提醒的状态。

有的孩子要到高中，甚至大学才办得到，还有一些孩子永远也办不到。

2017 年，一项针对 1 700 名德国儿童的研究表明，"自动驾驶"模式的孩子比同龄人学得更多、更快。研究人员试图了解三年级和四年级孩子的独立程度，他们采访了数百名家长，要求他们按照以下 4 个指标对孩子进行评价：主动精神、毅力、先动性，以及忽视他人决定、自主做决定的意愿。研究发现，"自驱力"评价方面很高的孩子到五六年级时，阅读理解能力超过了同龄人。"自驱力"是高成就者的最典型特征。

本研究中的高成就者很少不尽力而为，即使没有父母或其他成年人的鼓励也如此。多亏了父母灌输给他们的学习热情，他们大都喜欢富有挑战的学业，一如他们喜欢体育运动和其他课外活动。同时，他们非常认真地对待学业，视之为自己的责任，就像上班是父母的责任一样。在采访中，那些高成就者，特别是哈佛大学的学生，他们总是把上学称为"工作"，经常说"我总是做好我的工作"。

作为飞航工程师，父母通常只是提供支持，特别是在孩子大些之后。高成就的孩子上了中学或高中后，学习任务变得更加艰难，有时候为了完成一个项目或者很难的作业，他们需要熬夜到凌晨。几位高成就者提到，母亲会陪他们一起熬夜，提供帮助或者端茶送水，以示支持。

除了学校和父母提供的机会，我们采访的高成就孩子也寻求别的学习机会。大约也是在同样的年龄，即八九岁的时候，他们开始选择自己喜欢探索的主题，或者意欲掌握的技能。我们把这些重要的课外项目称为"激情项目"，这些项目不仅能激发孩子更加深入地研究他们所选择的爱好，而且还能让他们掌握各种各样的技能。其中有些项目直接成了孩子以后从事的职业；另一些项目则培养了孩子的能力，在后来的学习中或追求其他目标时，他们可以予以利用。

许多父母不得不推动孩子找到课业之外的兴趣。尽管大师级父母可能会给孩子推荐某种爱好，但更多是促进具备自主管理能力的孩子自己去选择爱好。大师级父母鼓励孩子追求这些兴趣，但作为飞航工程师，他们会在必要时让孩子放慢速度。如果事情忙到深夜还做不完，他们会要求孩子先上床睡觉。

————————————————————— THE FORMULA —————

在与外部合作中进退有度

在国际空间站担任宇航员的卢卡·帕米塔诺（Luca Parmitano）表示，飞航工程师必须监控所有系统，并做好充当"管道工、工程师、厨师、科学家、指挥官以及飞行员"的准备。担任孩子飞航工程师的父母同样得是"万金油"，在孩子出现问题的时候及时采取各种纠正措施。根据需要，飞航工程师家长可能会指导孩子，或者与老师沟通情况，就像林恩纠正小学老师给出对女儿吉娜有害的评价一样。家长和老师也可能会相互合作，共同寻找解决办法，就像亨布尔因社交能力不成熟而苦苦挣扎时，父亲老鲍勃所做的那样。

但在某些情况下，飞航工程师可能觉得最好采取放手、等等看的做法。如果放手这种方法不灵，他们可能就会积极行动，主动满足孩子的需求。作为飞航工程师，埃丝特是极好的监督者。女儿到了上学的年龄，她会跟踪了解孩子们的学习内容、对学习的严谨程度，以及学校生活的总体情况。作为一名老师，在涉及学校的问题上，埃丝特"避免显得过于专断"，而是选择相信老师，信任受过独立训练的孩子。因此，当孩子和老师之间发生问题时，她会在远处观望，而不是亲自出马。

"跟老师相处不好的时候，她们会把我当作倾诉对象。如果她们认为某位老师教得不好，她们也会找我倾诉，我会给她们一些建议，告诉她们如何应付那个老师，如何处理老师教的功课。我也是女儿们所有朋友的倾诉对象。她们说，老师没有以她们期待的方式教学，所以她们听不懂。她们需要有人出面跟老师谈谈。只是，各科老师都有这个问题。我告诉她们：'你不能换班级，你得容忍。这就是生活。这不公平，但你只能忍受。你得绕过这个问题。'"

但是，如果埃丝特知道自己的介入可以给孩子们带来很大的改变，她就会采取行动。比方说，她发现女儿高中的写作课质量很差，学校教的东西不能帮助学生做好上大学的准备。作为一名受过专业训练的记者，她主动介入，利用业余时间给孩子们上写作课。"上课的有我的孩子，还有其他25个孩子。我觉得很有趣。我教他们写作方法。"埃丝特说。

被开除的阿方索

如果战略式教养法则中的任何一个角色缺位了，孩子不能挖掘自己全部潜能的风险就会增加。本书中的所有高成就者都有一个飞航工程师家长，他们会确保学校和老师做好本职工作，尽可能充分地帮助孩子利用学校教育资源。几乎所有高成就者都这样做了，除了阿方索[①]。

阿方索的父亲雷纳尔多是一个专家级的学习伙伴，但他从未强迫孩子在学校里表现出色。对雷纳尔多来说，学习就像呼吸一样自然，应该是那种一个人会寻求机会亲自体验的东西，而不应该依靠学校提供，甚至不该依靠学校来评判。

雷纳尔多是一位尽责的父亲，和妻子离婚后，他拥有3个儿子的主要监护权。他热爱冲浪和政治辩论，在给孩子们推荐发人深省的书籍、哲学理论、古

---

① 阿方索和雷纳尔多都是化名。

典音乐等方面，他也是专家。雷纳尔多热情地投入到孩子们选择的任何激情项目中，自己也从未停止学习新事物。正如阿方索所说："爸爸给了我很多支持，给我买素描书、绘画材料，支持我在艺术领域所做的一切尝试。他也会写些小诗，还会和我们谈论历史上著名的艺术家，比如毕加索、凡·高等。"

阿方索喜欢参加一个特别的漫画大会，雷纳尔多也会出席，而不是把阿方索送到那儿然后就走人。阿方索说："我不记得对父亲有过什么怨恨，或者有不希望他在身边的时候。我很享受和他在一起的时光。"雷纳尔多认为，课业的重点应该放在一个人觉得有意思的事情上，而不是放在教育委员会或者教育者认为学生们应该知道的事情上。阿方索对学校和学习也持有同样的见解。

阿方索喜欢看书、画画、弹吉他，但如他所说："学校有点儿妨碍我。我必须去学校，因为这是强制性的，所以我只好去了，但我不喜欢代数、历史、英语。我想这就是生活吧，你得学英语、历史……"

雷纳尔多在很多方面都是一个大师级爸爸，但他根本不是一个飞航工程师，这就产生了消极后果。阿方索不记得父亲和学校老师们进行过任何沟通，他也不记得父亲看过他的成绩单。父亲和继母也没有帮助他完成学校布置的任务，也没管过他是否做了家庭作业。"快上课了我才开始做作业。我没有努力做班上最好的学生。我上的是高级班，但那不是因为我学习努力，而只是因为我能行。"阿方索告诉我们。

在中学的时候，阿方索跟像他一样的朋友交往，他们都酷爱电子游戏、音乐和漫画。"我们爱上了涅槃乐队（Nirvana）和珍珠果酱（Pearl Jam）这样的摇滚乐队。那正是孩子们会迷上某种东西的年龄，有的人迷上的可能是运动，但当时我们真的很投入。我们会吟唱《滚石》（Rolling Stone）和《旋转》（Spin）的歌词，这些东西有智力刺激作用，但在学习上用不了。"阿方索说，

"在谈论涅槃乐队之于音乐界的意义时，我们没有意识到也可以使用那部分大脑功能来做家庭作业和写论文。"

放学后，阿方索和他的兄弟们可以自行决定如何安排时间。与本书中的其他高成就者相比，阿方索在童年有很多自由时间，虽然其他人的父母也会给孩子足够的时间让他们追求兴趣。"我们不回家，要么去朋友家玩，要么在家附近玩。在我的童年早期，甚至在青春期早期，做家庭作业不太重要。"

上九年级时，阿方索因为卖大麻被学校开除了。这事是有先兆的，但父亲雷纳尔多没有留意。上高中之前，因为阿方索跟兄弟们扔石头和鸡蛋砸别人的汽车、房子，他们一家人被赶了出来。到了高中，阿方索内心充满了反叛情绪，并在学校表现了出来，阿方索形容："不交作业，不参加考试，故意给出胡说八道的答案。我认为这是一种朋克摇滚的作风。我可能已经开始反叛了。"

被开除的那天是阿方索最后一次踏进高中校门。我们将在第 7 章看到，他的父亲是如何帮助他扭转局面的。提前说一下，阿方索最终进了普林斯顿大学，他认为自己的成功主要归功于父亲雷纳尔多。

与此同时，阿方索生活中缺失了飞航工程师的角色，整个家庭面临了额外的困难和压力。飞机上没有飞航工程师会发生什么情况？如果各个系统都按计划运行，答案是"没什么反常的"。然而，如果机械系统发生故障，或者机组人员丧失了工作能力，那旅程就可能遭遇灭顶之灾。

大多数教育工作者会尽其所能激励孩子，引导他们进步，然而这并不总是奏效，如果孩子偏离了正常轨道，他们也不一定能够让孩子回到正轨。如果没有飞航工程师，本章中介绍的任何一个孩子都不会得到就读学校的良好教育。亨布尔会在真正成熟之前就上一年级；吉娜可能会继续认为自己不聪明；埃丝特的女儿及其同学不会具备大学极其重视的写作技能。如果不是奥巴马夫妇严格要求两个女儿并与老师密切交谈，奥巴马的女儿们会闯下什么样的祸？只需想象一下，如果其他父母都像雷纳尔多一样与孩子的学校生活脱节，情况会怎么样？

那么，如果家长成功地扮演了飞航工程师的角色，以及战略式教养法则中的所有角色，这是否意味着他们的孩子都将成为超级明星？到目前为止，我们所认识的年轻人之所以被收录进本书，是因为他们成就非凡。然而，他们有些人的兄弟姐妹却没有那么成功。大师级父母怎么会培养出不成功的孩子呢？这是否意味着他们根本就不是什么大师级父母，即使没有他们，成功的孩子也注定会成功？或者说，其中有些父母只恰巧是一个成功孩子的大师级父母罢了？我们将在后文第 14 章揭晓迷底。

角色 3：救援者
扫除障碍，打开成功之门

> 作为救援者的父母为了确保孩子的"冲锋之旅"持续进行，会做出牺牲，会放弃宝贵的财产，也会做出重大的生活改变，或者投入大量的个人时间来延续孩子的发展势头。

力挽狂澜的超级英雄

1978 年出品的影片《超人：电影》（*Superman: The Movie*）中有这样一个场景：一列客车正在沙漠中疾速行驶，地震导致前方铁轨断裂，火车下一刻肯定会冲进山谷。千钧一发之际，超人突然出现在现场。他把一根铁轨扳回了原来的形状，又用自己的身体做轨道，填补了另一侧空缺的轨道。火车安然驶过，好像什么事都没有发生过一样。

有些情况可能导致孩子偏离前进的轨道，作为救援者的父母就是前来救援的超人，时间紧迫时尤其如此。聪明而机智的救援者会矢志不渝，保证孩子行进在正轨上。

像飞航工程师一样，救援者的警惕性很高，会密切监控孩子生活中发生的一切。但是，飞航工程师总是在孩子所在的"微生态系统"内工作，在系统出现故障时与老师和学校领导合作，而救援者却像超人一样独自行事，一接到通知便立即飞奔而至。作为独立的行动者，救援者采取英雄般的行动，移除障碍物或者修复威胁系统正常运转的裂缝。

驻外记者报道新闻时，会在当地雇人，负责救援，担任救援者角色的家长与这些"救援者"有很多共同点。这些当地"救援者"能够预见并消除有碍记者执行任务的障碍，他们藏身幕后，接洽需要访问的线人并翻译信息，协助记者避开危险。他们冒着生命危险于山穷水尽时开出一条道路，却很少因自己的贡献而获得荣誉。

> **为了确保孩子的"冲锋之旅"持续进行，作为救援者的父母会做出牺牲，他们有时会放弃宝贵的财产，做出重大的生活改变，或者投入大量的个人时间来延续孩子的发展势头。**

有幅画画的是母亲抬起压在孩子身上的汽车，跟她一样，救援者也必须有采取非凡行动的力量。救援者善于随机应变，他们的力量和胆识超过大多数人。为了完成目标，他们会寻找任何必需的资源，这种能力并不受限于社会经济地位。中上阶层的父母可能更容易找到财力资源和人脉丰富的盟友，但在发掘能够保障孩子的人生旅程顺利进行的相关资源方面，各个阶层的大师级父母都独具慧眼。

也许最重要的是，救援者会不遗余力地优先考虑孩子的发展道路。无论是努力在高压力的职业竞争中脱颖而出，还是只有一份微薄的收入，为维持收支平衡苦苦支撑，作为救援者的父母都不允许他们面临的其他压力干扰自己对孩子的担当。只要一需要，他们就打起精神为孩子争取成功的机会，并保护孩子。

关键阶段保持警惕

埃丝特·沃西基有3个超级成功的女儿，她们在各自所在的科学和技术领域都攀上了高峰，因为她们的救援者妈妈确保了她们没有浪费任何机会。高中时，她们参加了学术评估预考（PAST），这是美国大学入学考试（SAT）的模拟考试。不太警觉的家长可能根本不会注意考分，或者注意到了却没意识到考分的重要性，毕竟PSAT只是SAT的热身，任何成绩单都不会把这个考分记录在案的。但是，受人尊敬的老师埃丝特知道，PSAT分数可以很好地预测SAT的考分，对顶级大学的招生官来说，SAT的考分非常重要。

"她们的PSAT考得一塌糊涂，我对她们说：'你们发挥得太失常了！'"埃丝特和丈夫斯坦知道，凭这样的分数，女儿们绝不可能进入她们本来能进入的大学。"你们必须得上大学，所以得为考试稍微努点儿力了。"埃丝特说。

埃丝特不见得主张把SAT考分作为进入大学的一项考核要求，但规则确实如此，所以她的女儿们需要在这上面有良好的表现。然而，基于她们目前的PSAT分数，前景不容乐观。埃丝特知道自己必须得采取措施，而且动作还得要快才行。

"我告诉女儿们：'在参加SAT考试之前，不要半夜三更和朋友出去玩儿，晚上必须好好睡觉。'"

　　然后埃丝特自学起了 SAT。她相信，通过分解问题，几乎所有问题都可以迎刃而解。这种分解问题的策略，本书谈到的几乎所有大师级父母都在某个时候采用过。无论是面对财务问题，还是面对顽皮的孩子，他们总是冷静思考，然后一举解决。

　　首先，埃丝特拿到一份 SAT 试卷，对它进行了分析、拆解："就像救援者拆开汽车发动机一样，我深入研究 SAT，把它要考察的知识类型做了分类，然后把研究重点放在词汇上。我不可能一夜之间学会所有单词，但可以用闪卡逐步学习。"

　　埃丝特买了上千张词汇卡，贴得满屋子都是。"我把卡片贴得到处都是。"女儿们则每个星期都往口袋里放 10 张卡片。埃丝特回忆说："汽车仪表盘上也被我贴着卡片。我想让她们熟悉这些单词。我意识到，如果她们反复接触这些单词，哪怕只是匆匆一瞥都会记住的。这个办法很有效！"

　　在整个职业生涯中，埃丝特主要是做记者和写作老师，但她也破解了试卷的数学部分："我给一些孩子辅导过数学，所以我也琢磨出了数学问题的类型。"埃丝特让女儿们重复练习这些数学问题，直到会做为止。

　　由于埃丝特非常警觉，而且一发现问题就不遗余力地投入时间和精力解构、掌握 SAT，并劝说女儿们努力学习。SAT 的总分是 1600 分，苏珊最终考了 1590 分，数学和英语两部分加起来才错了一道题。珍妮特和安妮的考分与苏珊不相上下。

─── THE FORMULA ──────────────────────
教养加油站

知行差距

生活中有很多事情，我们知道应该做却很少能够持之以恒。我们不是不想做，只是没有为它们找到足够的时间。

斯坦福大学教授杰弗瑞·菲佛（Jeffrey Pfeffer）[1]和罗伯特·萨顿（Robert Sutton）把这一现象称为"知行差距"。尽管菲佛和萨顿重点谈的是商业，但他们提出的知行差距理论属于常识范围，适用于描述大家不充分利用自身知识的任何情形，其中养育孩子就是典型之一。

每个父母都对自己的孩子怀有希冀和梦想。我们都知道自己可以做些事情，比如，花更多心思了解他们的兴趣、想法，从而改善孩子的人生前景。但我们很忙，总想着以后再说吧。还有一些事情，比如，如何帮助孩子将自身的特殊兴趣与潜在的事业衔接起来，或者怎么回答他们提出的深层次人生问题，尽管我们不知道问题的答案，但我们可以学习，然而问题还是：我们太忙了，谁有那个时间呢？

菲佛和萨顿发现，对于企业来说，一家公司只要不再把时间浪费在罗列解决紧迫问题可以采取的措施上，而是落实解决问题的具体步骤，哪怕他们事先并不知道整个过程中需要采取的每一个步骤，那么知行差距就会缩小。如果公司把注意力集中在未知事宜上，那就会产生惰性；如果根据已知情况立即着手解决问题，所需答案自会在行动过程中浮现出来。

同样的做法也适用于子女的养育。大师级父母会学习尚且不懂的事情，并且行动起来，着手去做已知该做的事情，找到解决知识差距和知行差距的办法。

──────────────

① 杰弗瑞·菲佛是斯坦福大学著名的组织行为学教授，其著作《权力：为什么只为某些人所拥有》一书简体中文版已由湛庐策划、浙江人民出版社出版。——编者注

大师级父母遇到重要而熟悉的养育观念时，不会觉得"这没什么新鲜的，我早就听说过了"，相反，他们会问："我有没有竭尽所能地做到？"

> 也许，遵循战略式教养法则的父母和其他父母之间最大区别，不在于知道什么，而在于是否坚持不懈，并且有章法地利用其所知尽力帮助孩子。

父母在充当救援者角色时，坚持不懈这点尤其重要，因为最关键的是采取行动。救援者并非无所不知，他们面前并未摆着现成的正确答案。无论情况如何，他们会即刻动手解决问题，往往是做着做着就找到了答案。

———————————————————————————— THE FORMULA ————

危机时刻勇于牺牲

因为贩卖大麻，15 岁的阿方索被学校开除了，法院判决要把他送去工读学校。本来阿方索该去的，但父亲雷纳尔多决定挽救他，让他免于刑罚。"我爸说：'我们要离开这个鬼地方！'他拒不让州政府带走我，因为他很护孩子。"

如果雷纳尔多是一名更优秀的飞航工程师，那他可能早就知道阿方索在卖大麻，并且予以阻止了，但他不是。这下，雷纳尔多就需要做出重大牺牲，充当救援者保护儿子。对他而言，坐视不管、服从命令而让州政府把阿方索送走，这个想法根本不必讨论。对他而言，让司法人员接管自己聪明、前途远大的儿子是不可接受的事情。所以，他们马上离开了当时生活的芝加哥郊区。

当时的情况令人生畏，对任何一个家长来说采取这样的举动都不容易，对于来自哥斯达黎加的无证移民雷纳尔多，尤其艰难。10年前，美国中西部一所大学的朋友许诺给雷纳尔多一份工作，于是他带着全家人搬到了美国。雷纳尔多和这位朋友一起在亚马孙丛林做过人类学研究。一家人来到美国后，雷纳尔多的工作邀请却被撤销了。雷纳尔多只去过美国的几个地方，几乎没有存款，也不认识几个人，所以尽管他在大学待过几年，在这里也只能做卑微的工作。

离开芝加哥后，雷纳尔多征得现任妻子的首肯，带着阿方索的两个兄弟来到坦帕，让他们和前妻住在一起。后来雷纳尔多和阿方索搬到了加州的一个大学城安顿下来。之后阿方索的兄弟们才离开坦帕，来到他们身边。

在父亲的支持下，阿方索开始了一段非正统但最终成功的学术旅程。到了第二年秋天，该决定上学事宜了，阿方索说："我们探索了正式回到学校的可能性，但一开始我就觉得事情很复杂。"

阿方索本来应该上十年级的，但父子俩找到了另外一条途径。"我们发现有一个机会，如果考试通过了，我就可以上一所社区大学。我参加了考试，很容易。我拿到了证书，16岁就上了社区大学。"阿方索说。

几乎可以肯定，如果阿方索去了工读学校，他的人生道路将是另一个样子。研究者认为，即使长期停学这种不那么严厉的惩戒方式，往往也会导致青少年辍学、频繁被捕，有些人甚至从此在监狱里度过余生。就因为父亲，阿方索没有成为其中一员。阿方索最终拿到了两所精英大学的毕业证书，作为杰出的国际商务专业人士足迹遍布全世界。

雷纳尔多做出了牺牲，他冒着巨大的风险给了阿方索一个更好的选择，让阿方索走上了一条不一样的人生道路。

棘手问题机智化解

今天，萨拉·瓦尔加斯（Sara Vargas）的女儿加比 [1] 是一名毕业于哈佛大学的移民律师，帮助大家解决她母亲曾经面临的问题。退回到六年级的时候，加比只是一个需要一支长笛的小女孩。

那时候，对加比在学校的地位和成就而言，拥有一支长笛的重要性超乎常人的想象。在 30 多位学习优异的同学中，加比在社交和学习上的表现可谓是态势喜人。不像萨拉家，同学们的家境都很殷实。其他成绩拔尖的学生都加入了学校乐队，所以加比也需要加入。如果没有乐器，她就不能和同学们同场表演。加比想要的只是一支长笛。

"我想要一支全新的长笛，不是便宜货，也不是旧货，"加比说，"我希望我的乐器像其他人的一样漂亮。我知道我妈妈怎么样都会想到办法帮我买的。"崭新的长笛确实会让她与众不同，但得到它的方式并不那么美好。

萨拉明白让女儿融入群体的重要性，她知道加比需要和其他成绩优秀的孩子打成一片，这样加比才能获得同伴群体带来的好处，比如，加比可以接触到高收入人群，找到榜样可模仿等。如果加比没有乐器，这样的好处就无从谈起。但对自己并不富裕的家来说，买一支全新的长笛就是一个巨大的问题。

3 个女儿全靠萨拉做出纳的薪水勉强度日，她 1 小时的收入还不到 6 美元，而一支像样的长笛要 1 000 美元。萨拉拿不出这笔钱，更悲哀的是，她也找不到其他人帮忙。她没有储蓄账户，也没有信用卡。如果她要给加比买一支长笛，唯一的选择就是当掉结婚戒指。

---

① 加比的姓和她妈妈的名字是化名。——作者注

萨拉的结婚戒指样式特别，但萨拉丝毫也没有犹豫："我跟加比说，'我去一趟镇上就可以了。'我在街上四处寻找当铺，终于在百老汇找到一间。"萨拉进了当铺，拿到了购买长笛的首付款。

"孩子需要一样乐器，你没得选择。音乐是加比擅长的领域之一，所以她非常想学。我只有当掉戒指才能给她买那支长笛。"萨拉说。

萨拉用分期付款的方式购买了长笛。"那天我既伤感，又快乐。"萨拉回忆说，"这枚戒指有情感价值。然而，要购买孩子真正需要的东西，当掉它也是唯一的选择。我要帮助我的孩子，就是这样。"拿到长笛时，萨拉觉得"就像中了彩票一样"。加比与她那些家境富裕的同学同属一个群体了，这是一个无价的象征。

有机会休假时，萨拉会去观看女儿的音乐会。有时候萨拉甚至会带着朋友一起去，她说："我为女儿感到特别骄傲。"

不出萨拉所料，加比对音乐的兴趣给她带来了各种好处。加入学校乐队扩大了加比的视野，让她有机会旅行，体会到团队合作的重要性，并与同样在学校里表现出色的同学建立了亲密的友谊。

母亲的足智多谋至今仍然令加比惊讶不已："没人会为了买一支长笛把结婚戒指当掉！我就是这么想的。我当时这样想，现在仍然这样想。"

萨拉定期支付当金，最后终于赎回了戒指。后来，每当女儿需要件别的东西，而又没钱购买的时候，萨拉就会再次把戒指拿去典当。"我从不中断付款。每次一拿到支票，我就付戒指的钱。我的目标是继续付款，不要失去戒指。我不断地付钱，然后又把它拿去典当，又得到更多的钱。"

萨拉办不了信用卡，拿不到银行贷款，当铺就像她的银行一样，戒指就是对高息贷款的担保。每一次典当戒指都冒着永远无法赎回的风险，但是萨拉总能找到维持收支平衡的办法。她从不放弃。

重大机会不懈争取

特丽·查普曼（Terri Chapman）永远不会忘记第一次接到伊莱恩·巴杰女士电话的那个日子。特丽开办了一个名为"CEO学院"的创业夏令营，目的是让贫困家庭的孩子了解成为中产阶级的可能性。特丽回忆说："我通常从学校招募孩子。我向老师介绍这个美妙的夏令营，然后老师给家长推荐，家长来电接洽。伊莱恩从教会的另一位家长那儿得知了这个项目。"

伊莱恩想让读四年级的儿子查克参加这个项目，特丽解释说有一个等候名额，他们可以等等看。但伊莱恩心意已决，她可不会放弃。伊莱恩说："我刚刚才知道这件事。"然后她讲起了他们母子的故事。

伊莱恩告诉特丽，她和前夫是怎样在查克小时候从纽约搬到了纳什维尔的，比查克大很多的哥哥为什么会被监禁，以及这事如何促使她确保查克忙于学习，免得他无事生非。伊莱恩告诉特丽："我想让他把8周的暑假利用好。"

伊莱恩最终说服了特丽。特丽回忆道："我心想，这孩子挺有意思。如果一位住在第八区的母亲坚持要我见她的儿子，那我必须得见见他。"

特丽没有马上应允。她总是会先去申请人家里，看看他们在"自然栖息地"的样子。与项目中的其他家庭一样，伊莱恩的家不在镇上最好的地方，房子也不漂亮，但对特丽来说，他们住哪儿并不是最重要的。像伊莱恩·巴杰一家一样，特丽是非裔美国人。最让特丽吃惊的是伊莱恩本人，由于诸多健康问题，伊莱恩显得比实际年龄苍老。实际上，查克上二年级时，伊莱恩中风了一次，有时候需要拐杖才能行动。

特丽被打动了："伊莱恩是一位残疾妈妈，靠公共援助生活，但她一力抚养着查克。她外表看起来像查克的祖母。查克从房间里出来，跟这个地区的其他孩子截然不同，他穿着熨烫整齐的黑色裤子和白色衬衫。伊莱恩执意要他给人留下良好的印象。"

那次会面开启了一种伙伴关系。特丽成了伊莱恩的代理人，把查克带进了更大的世界。如果不是伊莱恩坚持保护查克，让他免遭哥哥那种命运的伤害，查克就永远不会建立与政治领导人的关系，也不会在成年以后与他们一起共事。查克将错失商界和政界巨头的指导，而正是这些人把查克培养成了学生领袖，以及后来的竞选经理、竞选顾问和政治评论员。

救援失败会怎样？

如果埃丝特不那么警惕，雷纳尔多不愿意做出牺牲，萨拉不那么机智，伊莱恩不是那样矢志不渝，他们的子女可能会有什么样的人生呢？

如果埃丝特的女儿们没有取得 SAT 考试高分，她们的世界将是另一个样子。这么说其实并不算太过唐突，因为哈佛大学是埃丝特的大女儿苏珊第一次上电脑课的地方，所以苏珊在 1998 年成了谷歌的第 18 位员工、第一位营销经理，后来又成了谷歌负责广告和商业业务的高级副总裁，然后苏珊说服谷歌买下了 YouTube，并成了它的首席执行官。如果珍妮特的教育经历有所不同，她可能就会身处另一个境况，无法为解决非洲的艾滋病疫情做出贡献。如果安妮没有创立 23andMe 公司，普通民众就不会有同样的机会得以了解自身的遗传谱系，无从知道自己天生有患某些疾病的风险。

如果雷纳尔多不做出牺牲，带着儿子离开，阿方索的命运可能就会彻底变成另一个样子。即便阿方索在工读学校成功拿到高中学位，也可能永远无法拥有使他在教育、商业和生活方面取得卓越成就的机会。

如果没有那支长笛，加比可能会游离于抱负高远的同伴群体之外，而正是这些同伴强化了她的学业抱负，激励她成了一名律师。如果她没有成为律师，那么请想象一下，她支持并为之辩护的移民家庭的生活会受到怎样的影响。

如果伊莱恩没有坚持不懈地争取，查克可能永远不会遇到特丽，也就不会遇到帮助他实现政治梦想的其他人。要知道，这些人都是他通过特丽认识的。查克参与管理的竞选项目可能会有不同的结果，竞选胜利所带来的许多连锁反应都不会发生。

通过充当救援者，这些大师级父母为孩子找到了获取机会或者防止干扰的资源。要知道，这些干扰本来可能会使孩子偏离成功的轨道。结果，大师级父母不仅帮助孩子取得了成功，也惠及了无数其他人的生活。

08

角色 4：启发者
指引实现自我的方向

> 启发者父母清楚，学习不仅仅发生在课堂上：他们鼓励孩子发展课外兴趣，寻找志同道合的人并与之互动；他们提早让孩子熟悉成人世界的真相和残酷的现实；他们给孩子介绍成人导师，指引他们成就未来的可能的自我。这给了孩子巨大的先机，让他们更有机会成为高成就者。

爱因斯坦的大师级父母

一头乱发的爱因斯坦用相对论改变了我们对宇宙的理解。他出生于 19 世纪末，在成为物理学巨擘之前是一个不喜欢上学的小男孩。这并不意味着他没有学习，他只是不在学校学习。

众所周知，爱因斯坦在学校的表现不好，然而少有人知道爱因斯坦的母亲保利娜多么努力地教育他，又在多大程度上弥补了他学校教育的不足。保利娜为爱因斯坦准备了玩具和书籍。为了提高爱因斯坦的注意力，保利娜坚持让他拉小提琴。一发现爱因斯坦感兴趣的领域，保利娜就安排他认识相关领域的导师。同学和老师都认为爱因斯坦没礼貌、百无聊赖、愚笨，是个"怪胎"；但在家里，他快乐、专注。亲戚们把他比作小佛陀，因为他会一个人安然坐在花园里自得其乐地解数学方程，如饥似渴地阅读，书目从科普读物到哲学家康德的作品，内容包罗万象。

保利娜富有战略地创造了温暖、趣味盎然的家庭学习环境。在家里，爱因斯坦可以搭建一个 14 层的纸牌屋、玩积木、听音乐，想读什么书就读什么书。保利娜鼓励他和妹妹玛娅保持好奇心、自律，自力更生。例如，他的妹妹未出版的日记披露，在爱因斯坦才 4 岁的时候，保利娜就鼓励儿子一个人到对面街道调查慕尼黑郊区的居民，以了解周遭的世界。

在爱因斯坦年龄大些以后，家里周四的午餐聚会进一步激发了他的好奇心。在午餐会上，他获许上桌和保利娜、父亲赫尔曼、其他家庭成员，以及应邀前来的科学家们一起用餐。正是在这些"午餐研讨会"上，爱因斯坦接触到阅历丰富的成年人，从他们那儿了解到最新技术。这些成年人示范了成为科学家的意义，同时挑战着青春期男孩的思维。

在教导学生方面，爱因斯坦的叔叔雅各布尤其突出，他是午餐会的常客。作家丹尼斯·布赖恩（Denis Brian）在《爱因斯坦全传》（*Einstein: A Life*）一书中说，午餐会"配备了棘手的数学问题"，"解决问题以后，爱因斯坦欢呼雀跃，尤如足球运动员踢进了一个难进的球"。

贫穷的犹太医学生马克斯·塔尔梅也会参加周四的午餐会，他以指导了 10 岁的爱因斯坦而闻名。塔尔梅经常跟爱因斯坦分享数学、物理学和哲学方面的书籍，让爱因斯坦了解最新的科学进展。爱因斯坦喜欢把之前解出来的方程拿给塔尔梅看。塔尔梅回忆说，最后他的水平再也赶不上这个 10 岁的男孩了。

在寻找合适的人来加强孩子的教育方面，爱因斯坦的父母富有战略眼光。但更为简单的做法是，他们引导爱因斯坦发现了更充实的校外学习方式，让爱因斯坦从此踏上了成为科学家的旅程。

5 岁的爱因斯坦卧病在床时，他的父亲正为生意苦苦挣扎，同时也在电气工程这个新领域里开疆拓土。为了让儿子保持良好的精神状态，父亲送了爱因斯坦一个磁罗盘。罗盘不仅令小爱因斯坦感到困惑，也触动了他对空间推理的兴趣。小爱因斯坦惊奇地把罗盘扭来拧去，乐此不疲地想弄个明白：指针为什么会摆动，并且始终指向北方。

后来，16 岁的爱因斯坦想象追逐并赶上光线是什么感受，他对这个答案的探索最终改变了人类对空间和时间的理解，导致了相对论的诞生。爱因斯坦富有想象力的思想实验，如追逐一束光、乘坐自由落体状态的电梯、用火箭船把一个孪生兄弟送上太空等，这种把科学思想实验化的能力是他革命性研究的一个重要标志。爱因斯坦认为，自己这种孩子气的、由好奇心驱动的思维方式始于家庭，始于 5 岁时试图搞清楚父亲赠送的玩具罗盘的工作原理。即使在得到罗盘 60 年之后，爱因斯坦仍然津津有味地回忆说："那次经历给我留下了深刻、持久的印象。它告诉我，事物的背后一定深藏着某种奥秘。"

保利娜和赫尔曼是启发者。充当这个角色的家长会向孩子揭示这个世界，同时也让他们了解自己未来可能成为什么样的人。

启发者很清楚学习不仅仅发生在课堂上，所以他们为孩子补充学校教育之外的知识，或者为还没有上学的孩子补充将来学校教学范围之外的东西。他们加深孩子对已知事物的了解，并让孩子接触未知的事物。

好比把孩子带到帝国大厦的屋顶，指出他们将来某一天可能去往的所有地方，扮演启发者角色的大师级父母主要以 3 种方式拓展孩子的视野：

- 让孩子接触有针对性的学习环境并积累学习经验，尤其要促进孩子发展课外兴趣，让他们有机会与志同道合的人互动；

- 孩子终有一天将进入成人世界，早些让他们熟悉成人世界的真相，包括一些残酷的生活现实；

- 把孩子介绍给成人导师，帮助孩子更加深入地了解其热衷的任何学科；向孩子示范他们可能成为什么样的人。

这样做就会培养出一个见多识广的孩子，这样的孩子对自身未来的可能性有更广阔的视野。这给了他们巨大的先机，让他们更有机会成为高成就者。

认识世界，也认识自我

我们在前文第 5 章学习了孩子早期学习伙伴的做法，从中可见，家庭不仅是孩子最早的学习环境，而且也是他们最重要的学习环境。从出生到 5 岁这段时间，正是他们大脑形成并发育的关键时期。孩子进入幼儿园时应该知道的一切，从数字、字母到如何与其他人互动，都是在早期发育阶段的那几年学到的，而这通常是在家里进行的。在上小学之前的这段时间，家庭优势差异巨大的孩子彼此之间的教育差距会出现，但也是在孩子上学之前的这段时间，家庭活动可以提供机会消除这种刚刚萌芽的差距，就像保利娜所做的那样，她让学龄前的爱因斯坦跟随导师一起学习小提琴，以提高注意力。

保利娜是一位犹太面包师的女儿，她父亲做谷物生意攒了一些钱，有能力为女儿提供包括艺术修养在内的良好教育。保利娜热爱音乐，钢琴弹奏技术相当娴熟。所以，当保利娜发现 5 岁的儿子注意力涣散、脾气也不好的时候，她认为学习音乐对儿子会有帮助。保利娜是对的。多年以后，在爱因斯坦想象并提出他石破天惊的理论时，演奏小提琴和钢琴有助于他专心致志。

在补充贾雷尔的教育方面，伊丽莎白采取了更正式的方式。伊丽莎白发起了家庭阅读计划，并且把阅读活动安排得像课堂教学一样：每读完一本书，3 个孩子都必须写一份读书心得，以加强他们的批判性思维。贾雷尔喜欢读书但讨厌写心得，伊丽莎白之所以要推动他，是因为她知道贾雷尔需要在写作技巧上多花一些心思。

家庭小课堂是我们的重点访问内容，尤其是针对哈佛大学"父母如何养育我"这个项目的参与者，这是高成就孩子家庭的一个共同做法。家庭小课堂通常从孩子学龄前开始，一直持续到他们正式进入学校，但其他形式的课堂可能会持续更长的时间。在访谈中，现在已是成人的高成就孩子会动情地谈到自己从父母那里得到过很多陪伴和关注，同时也谈到是父母让他们的学习充满了趣味。

其中一位项目参与者愉快地谈到她的"妈妈学校"。她说自己还在蹒跚学步时，母亲就把一间空余的卧室布置成小小的教室，专供妈妈和她一起玩耍、唱歌、画画、读书。她记得到了上真正的学校时，她还为不再有"妈妈学校"感到悲伤。

其他一些父母夏天或周末在家里开设"课堂"，有些人会开设一个班级或者工作室，不仅帮助自家孩子也帮助其他人，埃丝特就是这么做的。由于学校缺少写作指导老师，埃丝特为女儿及其朋友们开办了一个非正式的写作班。

因为女儿没有进入 AP 数学班，有一对夫妇便为有色人种学生开办了一个大型数学课程。这对夫妇的两个女儿最终都上了麻省理工学院，他们教过的其他许多学生也都进入了全美各地的名校。

> 校外教育经历总能超出家庭所教的范围。实际上，父母为给高成就孩子创造有益于成长的经历，经常带孩子去社区中心、教堂、相关学会或音乐学院等，孩子在这些地方不仅能接受更专业的指导，而且也能接触到有影响力的人，并因此受益匪浅。

扩展视野，提升志向

从玛吉 10 岁开始直到高中毕业，父母便让她和兄妹们每周六去享有盛誉的茱莉亚音乐学院预科部，与富有才华的同龄人一道学习乐器，以丰富其音乐知识。在次年获得奖学金之前，他们一家人都得勉强度日，以省下支付学音乐的费用。玛吉回忆说，她记得妈妈有次把一个果冻罐头放回了杂货店货架，只因为它比另一个品牌的贵 10 美分。"我很清楚学音乐是一个巨大的经济负担。"玛吉说。

玛吉家每周最重要的活动就是与其他年轻的音乐家汇聚一堂，家人日常做的每件事，从玛吉和兄妹们的日常练习到周五早早地上床睡觉，都与茱莉亚音乐学院有关。每个星期六早上，玛吉兄妹和父母都会挤在车里，开上 2 小时去纽约学音乐。

对玛吉来说，周六的茱莉亚音乐学院是一个神奇的地方，但也有家一般的感觉。玛吉与来自各阶层、各民族、各种文化背景的孩子建立了友谊，这些人都像她一样投身于音乐。

在茱莉亚音乐学院度过的那些周六充满了音乐和各种各样的可能性。学院设有一个管弦乐班、一个专门训练耳朵的班，还有一个音乐指挥班。学生们可以参加音乐基础理论课，也可以参加独奏音乐会和合奏音乐会。学生们也可以上台表演，接受批评。

对玛吉来说，"现实生活"不是她在长岛的中学或高中，而是在纽约的茱莉亚音乐学院。玛吉回忆说："我们晚上6点离开茱莉亚音乐学院，然后开2小时车返回家里。即使奔波劳累，我也很喜欢！"在长岛的学校里，她觉得自己和其他人不一样，可能也是因为这个原因吧。玛吉毕业后没和任何一个高中同学保持联系，但在茱莉亚音乐学院，她觉得是和同类人、和自己的群落在一起的。作为启发者的大师级父母会让孩子从小去茱莉亚音乐学院学习，向他们展示可能性，并提升他们的志向。在茱莉亚音乐学院，玛吉第一次听说了世界级的音乐殿堂，比如林肯中心。后来，玛吉登上了林肯中心的舞台献演。最终，玛吉上了茱莉亚音乐学院著名的研究生院，接触到其他成功的专业人士，例如，玛吉在那些周六与学院的音乐家接触，可以见识到新的艺术水准，并将其作为目标。

对高成就者的生活来讲，类似去茱莉亚音乐学院学习这样的项目还有另一个重要的影响。例如，本书中提到的几乎所有在小学和中学期间参加资优班编班考试的人，无论他们参加的是学术资优班还是像学习音乐这样的课外活动，这些人都谈到了与其他高成就孩子同时入选，以及与理解和欣赏自己的人在一起时的那种令人兴奋的感觉。

对他们来说，那种从属于高成就孩子群体的感觉非常重要，一旦加入了这个群体，他们就会小心翼翼地不做任何可能导致自己出局的事情。

玛吉这样聪明而有才华的孩子也明白，被视为"有天分的孩子"自有其好处，这能让她得到来自成年人的尊重，也可能让她被选中成为幸运儿，由此获得其他人可能永远无缘的特殊经历和激动人心的机会，比如被哈佛大学录取。尽管她后来放弃哈佛，转而去了费城的一所音乐学院。

直面真实而严酷的现实

本书采访的所有高成就孩子在家里几乎都有自己的学习空间，可能只是卧室的一个角落，但一定有书、桌子和椅子。我们采访的一位韩国年轻人回忆说，他父亲专门为孩子们设立了一个"地图室"，供他们在里面学习。家里有个墙上贴着世界地图的小房间是专为自己设计的，这让男孩感到自己受到了优待。同样重要的是，这张地图让他畅想有一天他会去的地方。有趣的是，其他几位高成就孩子也谈到父母给自己打造了地图室，以此提醒孩子外面有一个很大的世界，他们只是其中的一分子。

启发者会以其他方式让孩子了解这个世界，包括了解世界的缺陷。有几位大师级父母教导孩子，他们可以质疑那些权威人士。埃丝特鼓励女儿们请医生、科学家、老师或教授核实他们的发言，而阿方索的父亲则警告儿子不要把权威人士的话当成绝对真理；贾雷尔的母亲提醒儿子不要和其他几个黑人男孩一起上车，因为他们会引起警察的负面关注，让警察错误地认为他们干了什么坏事，以此让孩子意识到权威人士并不可靠。

同样，在桑谷·德尔的整个童年，父亲一直警告他，不要认为别人做事都是出于好心。"我告诉儿子，社会上充满了欺诈，"德尔的父亲说，"所以他应该对他人的言行持批判态度。我也警告他注意马屁精，不要被别人的赞美搞得飘飘然。"

　　这类教导在德尔的记忆里开始得很早。德尔出生在加纳共和国，他 5 岁就了解到了残酷的社会现实。因为父亲的原因，德尔常常能参加大人们的会议，专心聆听和观察他们的计划和活动，有时德尔的父亲甚至会暂停会议，好让他的小儿子问问题。

　　在一个大多数孩子对政治一无所知的年龄，德尔就有机会旁观历史的发展，了解残酷的现实。没有什么是假设的，一切都触手可及，实实在在。那些成年人担负起拯救他人生命和保护人类尊严的责任，德尔从旁观察并与他们交流。那些可怕的战争故事刺痛了这个 5 岁男孩的心，在大人们计划采取行动时，他一边听一边跟着大人思考各种选项，好像已经置身其中了。

　　看到有这么多需要解决的问题，德尔决意成为一名人权倡导者。如今，他是一位杰出的社会企业家，他的思想和行动几乎没有任何局限。德尔说："这要归功于我和爸爸一起参加的那些会议。我真切地觉得，我可以和任何比我年长的人及权威人士交谈。"

　　在我们采访的高成就者中，这种与成人对话、参与讨论解决方法的经历并非德尔独有。像德尔和参加周四午餐会的爱因斯坦一样，在农场长大的男孩瑞安·夸尔斯，也获许旁听父亲和朋友们交谈。

　　在夸尔斯的孩提时代，几乎每天"一到午餐时间，一群农民就聚在锡达柱餐馆，谈论时事新闻"。在这些非正式的午餐聚会上，夸尔斯的父亲像一位受欢迎的教授，人们常向他寻求答案。夸尔斯常和大人们坐在一起，如果没有位置了，他就坐在附近旁听。父亲每天晚上都会读报纸、杂志，了解最新的农业新闻。

　　夸尔斯现在认为，这些午餐聚会也可以说成是立法听证会。通过这些对话，他对农作物保险和烟草种植经济学之类的问题有了深入的了解。

"不同于餐会上的精致西装，污垢、油污、汗水都无关紧要，"夸尔斯说，"我看着农民们讨论、分享信息，就什么方式对农业最为有利达成超越党派的共识。"那些午间的圆桌会议让夸尔斯接触到他后来作为立法者应该遵循的审议过程。处于启发者角色的大师级父母同与会人士讨论和辩论事关重大的问题时，夸尔斯、德尔这样的高成就孩子会想象自己如果是个成年人的话，该怎样为解决这些问题殚精竭虑。这就像顶尖大学采用案例教学的研究生课程一样，讨论围绕真实的现实情况展开，决策者面临的选择会对大家的生活产生实质性的影响。正如研究生听同学进行正反两方面的辩论一样，高成就孩子聆听成人之间的对话，有时甚至像德尔一样参与其中，开始练习有朝一日他们在生活中将做的那种思考，从而在将来做得更好。

勾画积极的可能自我

本书研究的高成就孩子在 8 ～ 10 岁，甚至更早时就形成了对政治、音乐或动物学等专业话题的兴趣，他们的父母因势利导，为他们寻找高质量的机会让他们沉浸其中，进一步发展兴趣。

自从有记忆起，夸尔斯就迷上了有着巨大穹顶的肯塔基州国会大厦。小时候，他和父亲开着车，定时穿越城市去查看他们耕种的土地。途径国会大厦时，他总会朝窗外望去。在老自来水公司停下车，往挂在卡车上的水箱里加水时，夸尔斯尽职尽责地把硬币放进投币孔，但他的眼睛还是会注视着远处国会大厦的圆屋顶。返程的时候，国会大厦看起来似乎更美了，好像正透过肮脏的卡车车窗看着他似的。夸尔斯只能远远地凝视，心里充满着好奇："国会大厦的天花板有多高？是什么人在那里面工作？瞧，这么多台阶，这么大的门，门背后有什么？"

夸尔斯最终搞清楚了这些疑问，那次的经历令人目眩，"到处烟雾弥漫，人们吞云吐雾"！

夸尔斯第一次参观国会大厦是母亲和老师安排的，当时他 9 岁，那是对他取得优异成绩的奖励。在发现这次参观对夸尔斯产生了影响后，母亲每年都确保夸尔斯可以担任立法小助手，让他有机会密切了解这个大场面，直到夸尔斯高中毕业。有一天，夸尔斯将在这里实现他作为民选政治领袖服务社会的梦想。

"在国会大厦做助手给了我一个难得的机会。我意识到，作为一个年轻人我可能成为什么样的人。"夸尔斯说，"这种经历激励我努力学习，赢得再回来服务的特权。它鼓励我每天看报纸，了解州里的政治形势。那些经历又在成长过程中塑造了我的世界观，让我相信，如果好好学习，我也可以达到自认为无法企及，或者一个农家子弟无法企及的水平。"

多年以后，由于命运的转折，夸尔斯第一次竞选公职就击败了他曾经为之工作过的一位州代表。在大师级父母的促进下，童年早期的兴趣让一些高成就者早早开创了政治事业，夸尔斯只是其中之一。查克·巴杰 5 岁时，妈妈伊莱恩看到他在假扮牧师。很快，伊莱恩发现查克喜欢公开演讲，像夸尔斯的母亲一样，伊莱恩不仅设法帮助查克完善社交和沟通技巧，而且也为他创造机会，让他可以观察其他人的特质，想象自己未来的样子。其他同龄孩子在玩球、打游戏时，11 岁的查克就在青年会议上侃侃而谈他的个人经历，在政界鸡尾酒会上与商界精英亲切互动了。

年轻的查克穿着西装，打着领带，像个小男子汉一样出席鸡尾酒会，自信满满地派发自己的名片。通常情况下，这种自信仅见于由政治家或者 CEO 父母精心培养的孩子身上。这种自信让认识查克的成年人着迷，因为他们知道他来自哪里。记得在一次鸡尾酒会上，查克遇到了一位女士。这位女士显然注意到了查克身上有某种非凡的特质，她让查克面向俯瞰城市的大窗户："看看这座城市，它可以成为你的地盘。"这位女士的话，以及"你可以所向披靡"这样的鼓励之语打动了查克的心，"它们扩展了我的可能性认知，扩大了我对人生可能性的认识范围"。这让查克思考他将来可以成为什么样的人。

积累实现可能自我的技能

夸尔斯对政治的热情，查克追求的公众演讲，玛吉对小提琴演奏的痴迷，这些特定的兴趣就是我们所说的"激情项目"。中产阶级父母采取典型的协同培养方式，尽量给孩子的日程排满各种课外活动。不同于他们的是，启发者父母则深谋远虑，从战略上完善孩子的教育，始终把孩子的未来铭记在心，鼓励孩子选择激情项目便是关键之一。

我们采访的高成就孩子经常为激情项目所吸引，把大部分空闲时间花在追求这些项目上，而他们的大师级父母则确保他们拥有需要的工具或机会。例如，美国外交官大卫·马丁内斯的激情项目是研究爬行动物，他父母会花上几个小时和儿子一起在沙漠里收集蜥蜴蛋。

大卫回忆说："我们在高速公路上行驶，我告诉爸爸，我看见后面的岩石上有一只蜥蜴，爸爸就带我回过头去找，发现它真的在那儿。"

大卫觉得朋友父母对孩子的兴趣就没有那么包容。"他们会说：'什么？爬行动物？那不行，我讨厌蛇。我们给你买一条狗，你就该满足了；或者我们想让你养鱼。'我父母就没有那样做。"大卫说，"看我从小对动物满怀热情，他们就鼓励我。他们会说：'大卫，看看你能说出多少种恐龙的名字？''这儿有一副拼图，有 150 张图片，都是雨林里的青蛙。'我当然愿意听他们的了，因为我专注于爬行动物。童年时期，我觉得那是很酷的事。他们致力于让我做激发大脑功能和思维的事情。"

> 启发者父母会让孩子接触能激发其兴趣及鼓励其变得卓越的事物，然后支持孩子追求这种兴趣。这样做可以帮助孩子培养两种主要的素质：第一，掌握导向（mastery orientation），这是研究某个特定主题和产生高质量成果的内在动力，同时，在遇到困难时，孩子会感觉受到鼓励而不是就此气馁；第二，能动意识，指意识到自己有能力、有权利、有责任在世界上采取有目的的行动。

高成就孩子拥抱的每一种爱好，都会让他在走向充分实现自我的旅程中产生新的学习体验，满足好奇心，激发想象力，并形成一些特殊的思维和行为习惯。

大卫的母亲卢是一名法官，她记得大卫非常热爱爬行动物。大卫一门心思要加深对爬行动物的理解，他目前的理解很成熟，积累的专业知识也很丰富。"我们开始为他订阅科学期刊时，他才上二、三年级。大卫会让我们带他去大学参观，那时他只有 10 岁。"

卢说："有天我们参加一个爬行动物学家会议。主持会议的教授介绍了一种特殊的蜥蜴，大卫举手发言说，'我在拉斯克鲁斯的朋友家里见过那种蜥蜴。'教授瞪着他说，'这太可笑了。它还没在得克萨斯州以西任何地方出现

过.'教授的打击让大卫感到非常受伤。两三个月后,教授打来电话问大卫:
'你在哪里看到那种蜥蜴的?'大卫把地址告诉了教授。教授写了一篇介绍这
种蜥蜴的论文。真有其事,那种蜥蜴已经迁居到新墨西哥州了。"

大卫的专长在镇上广为人知。卢介绍说:"在他十几岁时,宠物店的人打
电话给他,因为他们不认识店里的某种爬行动物,或者辨识不出动物的雌雄。
大卫就会去帮他们看。他懂得的知识很多。"

就像大卫对爬行动物的兴趣那样,即便孩子童年时期的激情项目没有持续
到成年,无论最终进入哪个领域,他在成长过程中形成的知识掌握导向都会成
为一份智力资产。在孩提时代,大卫"投入了无数的时间在一件事上,期间受
到评论和批评,但总会不断致力于提高能力",因此,他会觉得可以通过类似
的时间投入,攻克并掌握其他想要具备的能力。例如,后来为了当外交官,大
卫在需要学习西班牙语时就是如此。

**然而在某些情况下,通过追求"激情项目"获得更具体的专
业技能,可以直接帮助高成就孩子为未来的职业生涯做好准备。**

大卫的弟弟丹尼尔 10 岁时迷上了过山车,那种痴迷与大卫对爬行动物的
入迷程度有得一比。每次一家人外出度假,他都坚持让父母开车去当地的游乐
园,以便考察那里的"过山车"。

丹尼尔总共参观了 50 座过山车。他最喜欢哪一座呢?他说是六旗魔幻山
主题乐园的蟒蛇,他特别喜欢那座过山车。

丹尼尔并非生来就是过山车迷。"最初我很怕过山车,大卫会鼓励我,"丹

尼尔告诉我们，"我之前从来不喜欢过山车，因为我觉得下落时很吓人。后来我开始喜欢经历过山车下落、翻转的感觉，慢慢地，过山车的一切我都喜欢。有一个游乐园我从来没有去过，直到今天也没去，它就在俄亥俄州。我小时候，那儿有十几座过山车，今天甚至更多。其他的每一个我都很了解。"

丹尼尔清楚地记得数据，逢人就悉数道来。他会说："这个过山车高 67 米，有 15 米的落差，时速 128 千米。"

丹尼尔热衷细节，并学习了关于过山车的所有知识，包括过山车的机械学，他也由此学会了科学和数学技能，并且对两者都有偏好。"对过山车的热爱就是我想主修机械科学的原因。我想成为过山车设计师，所以还在中学的时候，我就知道学习机械工程对我最合适。"

最终，强烈的童年兴趣让位于更加成熟的目标。大学上到一半时，丹尼尔放弃了设计过山车的想法，但他说："我想，作为工程师的我可以做一些其他有趣又有益的事情，就是因为这个原因我坚持了下来。"

通过支持孩子追求激情项目，启发者不仅培养了孩子的"掌握导向"，而且帮助他们培养了能动意识。随着孩子学习了更多的专业知识，启发者会把孩子视为其热爱领域的能手。如同让孩子了解生活的现实一样，让孩子与成人一起讨论复杂的问题，让孩子有机会练习在头脑中解决问题，有助于培养孩子获得成功的主动性和信心。

因为父亲肯花时间耐心地和德尔讨论世相，所以德尔从来没有产生过不与到他家的那些成年难民交谈的念头。5 岁的时候，德尔就可以毫不犹豫地写信给哈佛大学校长，询问怎样去那儿上学。校长还真回信了，他说德尔现在"还太小了"，鼓励他以后申请。

　　小时候，德尔的激情在于寻找重大问题的答案。父亲会以严肃的态度对待德尔的这种热情，德尔因此相信自己能找到答案，并且可以为解决重大问题贡献力量。"我记得，多年来新闻里都在谈卢旺达的战争和种族灭绝。我问爸爸：'那么，联合国为什么不干预呢？'他说，'你为什么不给秘书长科菲·安南写封信，问一下他呢？'然后，我真就写了。"当时德尔才 6 岁。

　　多年以后，德尔再次做了一件大事，但这次他无须父亲推动。14 岁时，德尔向父母宣布自己要离开加纳共和国。他的目的地是美国的一所寄宿学校。"我跟他们说过多次。我对妈妈说：'你看，情况就是这样。'德尔全程靠自己申请了新泽西州的寄宿学校。学校录取了他，还给了他全额奖学金。他自己办好了签证，用为同学制作学习指南挣到的钱支付了价格为 800 美元的单程机票。

　　"离开前一周，我告诉父亲：'我要去美国了。'他脸上挂着微笑，一个字也没说。"几年后，德尔的父亲承认，他心里当时又惊又喜。

　　德尔接触到与他的兴趣相关的真实生活情景，父亲鼓励他参与其中。德尔的成长经历类似于在州议会听取政治家们发言并作为助手帮忙的夸尔斯，以及与商界人士建立关系的查克。这些经历是培养德尔产生能动意识的关键，在他后来募集资金、支持祖国欠发达社区的过程中，这种能动意识足以支撑他努力工作。

――― THE FORMULA ―――
教养加油站

未来的自我：发现它、追求它、成为它

　　启发者鼓励孩子想象自己长大以后可能成为什么样的人，会帮助社会解决什么重要问题。这种想象会激励孩子采取必要的行动并成为那种人吗？换

句话说，为了完成自我实现的目标，在掌握所需的能力方面，高成就孩子会体现出多大的自驱力？

南加州大学的社会心理学家达夫娜·奥瑟曼（Daphna Oyserman）以研究基于身份的人类行为动机闻名。一直以来，她试图回答"自我观念是如何帮助个体确定目标和行为的"这个问题。奥瑟曼和她的团队想了解年轻人会如何理解他们当下的自我与未来的自我之间的联系。她想知道，如果年轻人对自己可以成为什么样的人具有清晰而强烈的意象，那他是否会有更强的动力努力工作，并持之以恒，为实现未来的自我而努力。

奥瑟曼做了一系列实验。她把中学生分为治疗组和对照组，然后引导两组学生进行不同的想象。例如，有一个实验要求治疗组的年轻人在杂志上找出模仿对象的照片，然后根据这些照片讨论他们现在需要做什么，以期实现他们想象中的未来；分配给对照组的任务不一样，他们的任务与未来的自我无关。

每次实验之后，想象未来自我的治疗组都比对照组的同龄人更努力，更始终如一地努力学习。例如，一次实验之后，被要求"把未来的想法和现实结合起来的治疗组提高了成绩，他们会花更多的时间做家庭作业、出勤率更高、标准化考试成绩也更好。治疗组的成员会把困难视为重要的事情，而不是不可能克服的事情，并把搞好学业视为改善生活的方法"。

我们从这个实验中得出了什么结论？奥瑟曼等人的研究结果强化了这样一个观点：年轻人对未来的预见越清晰，就越能增强他们的能动意识，激发他们追求卓越，从而更可能在未来获得成功。

—— THE FORMULA ——

即使孤立无援也竭尽所能

查克·巴杰打小就梦想成为一个伟大的演说家。他 13 岁起就到全美各地发表励志演讲，分享自己的人生故事。查克说："我基本上是在模仿莱斯·布朗和齐格·齐格勒。"因为在他还小的时候，导师特丽就总鼓励他学习这两位演说家。

到了青少年时期，年龄大些以后，查克梦想成为一名政治顾问，这正是当今的政治咨询公司年轻主管查克所扮演的角色。然而，作为一个黑人，在成长过程中，以及在纳什维尔的"CEO 学院"项目中，一开始查克对自己未来的认知要狭隘得多，他无缘结识可以帮他成为今天这个自己的贵人。

伊莱恩·巴杰是一个单亲妈妈，经济拮据、疾病缠身、处于社会边缘，她究竟用什么方法培养了这个从小就有很强能动意识的政治家呢？她怎么知道要让查克进入什么环境？相比之下，玛吉的父母是专业的小提琴老师；美国当今科技界 3 位身居高位的女性的母亲埃丝特尽管出身不好，但她成了才华卓越的学者，并嫁给了一位才华横溢的教授。加比、贾雷尔和阿方索的父母在经济上捉襟见肘，但都以各自的方式表现得老成练达：贾雷尔的母亲伊丽莎白和阿方索的父亲雷纳尔多酷爱读书，至少雷纳尔多和加比的母亲萨拉以前很可能过的是中产阶级的生活，哪怕他们的成年生活过得很艰辛。然而，这些优势查克的妈妈伊莱恩一样都没有。

伊莱恩不是很有学问，原因很可能在于，除了希望她进入政府部门工作，父母对她没别的期望。但伊莱恩知道自己有责任塑造她天资聪颖的儿子，发挥儿子的全部潜能。本书中介绍的其他父母主要通过阅读故事来培养孩子的识字能力，伊莱恩则是通过与儿子玩文字游戏。

"在我们家，6 点半是个神圣的时刻，"查克说，"我母亲从来不会，也从来没有漏掉《命运之轮》(*Wheel of Fortune*) 的任何一集。"查克坐在母亲旁边，琢磨着脑子里的单词。查克最生动的早期记忆就是和母亲玩拼字游戏的情景，那是他最喜欢的文字游戏。早在查克上小学之前，母子两人一坐下来就会玩上几小时。

好胜心强的查克准备了一本小小的单词书。"我用在拼字字典上的时间可能超过使用真正的字典。"查克说，"我对它非常着迷。"

文字游戏提高了查克的基本技能，它是查克成为狂热的读者和写作者的开端。

伊莱恩回忆说："我一心想确保儿子拥有最好的东西，因为在他小的时候，我就发现他身上有某种天分，我不希望天分被湮没。我知道，不管那是什么，我都必须让它生长、发挥作用。"

在查克 5 岁的时候，伊莱恩已经预见到儿子将来会成为什么样的人了。得益于那些文字游戏，以及伊莱恩与他进行成人式讨论的习惯，查克掌握了与年龄不成正比的巨量词汇。作为一个经常去教堂而又富有观察力的孩子，查克设想自己会成为牧师。"他在家假扮牧师的样子是我脑子里最远的回忆，但这给我留下了深刻的印象，所以无论我以后做什么，让他接触什么样的环境，都受到了这个形象的指导。"伊莱恩说。

就是在这个时候，伊莱恩开始变成查克的启发者的，伊莱恩积极地让查克接触可以为他的教育提供帮助的贵人，让查克接近他将来会成为的那种人。虽然作为启发者，伊莱恩的作为与本章中其他父母的作为一样令人印象深刻，但伊莱恩并不是自然而然就扮演起这个角色的。这是一段坎坷的旅程，历时数年，要求启发者制订长远的计划和寻求外界的帮助。

对伊莱恩来说，把查克培养成她心目中的理想类型好比解决一个谜题。伊莱恩已经有一些想法了，她要把查克培养成聪明、有礼貌，并且渴望学习的人。对于还缺些什么，她也有所了解。但伊莱恩很清楚，她缺少社会关系之类必要的东西，只有具备这些东西，儿子才能接触到可以助他发挥潜力并找到目标的重要人物。

伊莱恩决心帮儿子寻找拥有她所不具备的条件的"代理人"，帮她落实那些缺失的东西。首先，伊莱恩花了近 10 年的时间亲自陪儿子学习，让儿子接触到必须了解的东西，并尽力帮儿子扩充在学校学到的知识。

我们谈到的其他家长较少关注孩子参加课外活动的数量，伊莱恩则根据自己对中产阶级家庭的想象，效仿他们的做法：让孩子有做不完的事情。

在学年期间，除了让查克参加免费的课外活动外，冬春时节，她还会花费数小时在网上寻找并申请奖学金项目，以此请来规划查克的暑假。大多数大师级父母让孩子自主选择课外活动，查克说，母亲在制订计划时可能"急于求成"了，虽然他理解原因何在。伊莱恩决意让儿子忙得不可开交，这样他就不会和邻里那些不服管教的孩子混在一起，也不会像大儿子那样触犯法律，入狱服刑了。查克总结说："这是一个安全问题。"

查克 6 岁开始学游泳，后来又学了萨克斯。大部分课程他都很喜欢，但其中也有一些不喜欢的。"例如，母亲让我参加童子军，一段时间后我放弃了。我根本就不喜欢童子军，所以我觉得在上面花了太长的时间。她也允许我放弃。"

然而到了某个时间点，伊莱恩觉得力不从心了，她能为儿子安排的补充教育活动都安排了，所以是时候寻求帮助了。查克 11 岁那年发生了两件大事，第一件事就是伊莱恩帮他和特丽·查普曼获得了联系。特丽同意当时上四年级的查克参加"CEO 学院"，这个项目面向纳什维尔市的所有学校和社区的儿童。

　　特丽将成为查克的导师和伊莱恩的代理人。特丽和伊莱恩两人组成了一个"启发者"团队，她们把让查克接触更广阔的世界和让外界了解查克作为共同的使命。特丽带着未成年的查克出席鸡尾酒会，把他介绍给政治家们；特丽带着"CEO 学院"项目的孩子去外地旅行时家长并不随行，即使只有两三个孩子入选，查克也总是其中之一。

　　伊莱恩说："特丽发挥了重要的作用，因为我对政治不太了解，而且我没车。特丽熟悉这套东西，所以带查克去必要的地方、引荐他，并教他如何穿着打扮。"

　　特丽把年轻的查克与合适的人联系起来，很快，查克的人际交往能力就超过了特丽。特丽记得 11 岁的查克打电话给她，请自己带他去纳什维尔附近的一个农场参加参议员威廉·H. 弗里斯特的鸡尾酒会。查克自己搞到了邀请函。特丽在酒会上感觉很不自在，但置身于一群经验丰富的民选官员中的查克，在政治讨论中保持着自己的立场，看起来如鱼得水。

　　在特丽的帮助下，查克意识到自己可以成为什么样的人。特丽把查克介绍给了埃德·桑德斯，他是第一位真正给予查克指导的政治家。查克说："在一个 11 岁孩子的眼中，桑德斯在外表上简直就是个巨人。他有着洪亮的嗓音和爽朗的笑声，他一开口说话，整个房间就都回荡着他的声音。"

　　桑德斯也是个牧师，他非常关注非洲的艾滋病疫情，是乔治·W. 布什总统的顾问。桑德斯当时在竞选田纳西州的州长。查克回忆说："我自愿为他做些接电话、记录询问、整理档案之类的事情。"

　　查克说，接下来发生的事情让他认识到自己将来可以成为什么样的人。"桑德斯很喜欢我。他带着我外出，我坐在他的车上跟他一起到处转悠。我们所到之处，人们都以为我是他的儿子，总是问他：'这是你儿子吗？'"

桑德斯是共和党人，"但那年他以独立候选人的身份参选，因为他与共和党成员在一些事情上有分歧，"查克说，"桑德斯威风凛凛，是一个能言善辩的演说家。记得当时他让我佩服得五体投地。可能就是在那个夏天，我想好了我要做的事情：'我想像他一样。'"

查克11岁那年发生的第二件大事就是，伊莱恩送他上了密西西比州的一所寄宿学校，他在那里一直读到高中毕业。上寄宿学校是查克的梦想之一，尽管伊莱恩经济困难、身体不好，但她还是为查克申请到了上寄宿学校的奖学金。在伊莱恩的心目中，她是在让儿子接受中产阶级教育。但让查克去寄宿学校这件事带给查克的不仅仅是教育，寄宿学校还锻炼了查克的沟通技巧，也激发了他对政府工作和政治的热情。更重要的是，查克发现自己的人生存在更多的可能性。

在寄宿学校，查克迷上了托马斯·索厄尔（Thomas Sowell）的作品。像查克一样，这个黑人有着保守的政治倾向。查克仍然认为，这位出身于哈莱姆的保守派经济学家是"最聪明的保守主义者"。查克还喜欢保守派作家乔治·威尔（George Will），他是美国前国务卿康多莉扎·赖斯的狂热粉丝。查克说："他们的著作对我在政治上的发展产生了重大影响。"

还有一个因素也燃起了查克内心的政治火苗：从12岁到高中毕业那一年，伊拉克战争一直牵动着他的心。这个实例代表着生活中有更严酷的现实，伊拉克战争不仅成了查克关注的焦点，也是查克和同龄人，尤其是寄宿学校的同学们激烈争论的话题。

"我们都处在即将参军的时刻。"这是查克那代人最关心的核心政治议题，也是每个美国人政治立场的关键所在。查克说："伊拉克战争对于我们的意义，就像越南战争对于婴儿潮那代人的意义一样。你要么赞成，要么反对。每个人都对自己的观点深信不疑。你不断被卷入争辩，四溅的火花浇铸了你的意识形态。围绕布什总统和伊拉克战争的争论无休无止。"

查克迷上了政治之类只有大人才感兴趣的严肃话题。因为他担任领导角色轻松自如，于是同学们越来越喜欢选他当领导。"我感觉到了我和同学们的某些差异。在小组项目中，我经常被选为组长。从小到大，我几乎都是小组成员选出来的领导。"

伊莱恩第一次目睹查克面对数百名观众发表讲话那会儿，查克才十几岁。"那次活动可能有 500 人参加。我心里充满敬佩之情，"伊莱恩说，"我心想：'人们站起来为我儿子鼓掌。'我转过身来看着舞台，心想：'那是我的孩子。'我感到很骄傲，我真是太惊讶了。"

最终，查克被著名的伯里亚学院录取，而且学校免了他的全部学费。查克的人生开始在那里展开，就好像是在屏幕上实时播出妈妈为他设想的生活一般。查克在学校当选为学生会主席，同时他也是一名共和党青年领袖，是全美 100 名获得去白宫参加暑期实习的申请者之一。而作为冉冉升起的年轻政治新星，查克出现在了当地电视台和国家公共电台上，大学校报也对他进行了专访。

作为启发者，伊莱恩付出了艰苦卓绝的努力，她鼓励儿子公开演讲，让他接触导师和志同道合的同龄人，并走出家门参加各种活动。查克不仅长成了他母亲期望他成为的那种人，更重要的是，他成了自己坚信应该成为的人。

09

角色 5：哲学家
探索成功人生的意义

> 如果大师级父母的最终目标是培养充分实现自我的高成就者，那么，哲学家是战略式教养法则中最重要的角色之一，他们帮助孩子形成指向个人北极的内在罗盘，引导他们追求有意义的人生。

5 岁孩子与父亲的哲学对话

企业家、慈善家桑谷·德尔出生在加纳共和国，他 5 岁就开始和他的医生父亲深入讨论亚里士多德、苏格拉底和《圣经》了。德尔的父亲经常去偏远的村庄给人看病，但德尔回忆说："只要他在家，早晨我就和他待在一起讨论问题。"

父亲洗澡的时候，德尔一边给他搓背一边提出些寻根究底的问题。德尔和父亲一起的时间只有 10 多分钟，但重要的是交谈的深度而不是时长。

"德尔想知道自己为什么会出生，什么时候会死，死后又是什么样的。"德尔的父亲回忆说，"他会质疑基督教的一些理论，并提出一些很艰深、很有想法的问题。"

有一次，德尔因为读耶稣的故事时想到了一个问题，他希望和父亲讨论一下。"我问父亲：'人最重要的美德是什么？'"德尔说，"这是一个严肃的问题。"

"是谦卑。"父亲想了两天才给他答案，德尔马上追问："为什么是谦卑？"

德尔快上幼儿园了，父亲希望他延续自己那种减轻人类苦难的责任感，父亲之所以告诉德尔人最重要的美德是谦卑，其中一个原因是，父亲希望天资聪颖的德尔不要觉得自己比那些不幸的人，尤其是比那些晚上到他家寻求帮助的难民高一等。

德尔的父亲之所以回答"谦卑"最重要，还有另一个原因，他认为，谦卑能让人持续努力追求目标。"永远不要相信自己已经达到了极限，"德尔的父亲说，"这就是我从来不过多表扬德尔的原因。对成功和智慧结晶的追求没有止境。"

即使在已经取得这么多成绩的今天，德尔还是说："我选择听取批评，而不是表扬。奉承话让我不自在。我害怕骄傲，因为我认为它会让人堕落。"

哲学家父母的基本思想

德尔的父亲是一位富有战略思维的优秀哲学家，充当哲学家角色的父母可以帮助孩子找到人生目标和人生意义。通过对伦理、人性和存在进行你来我往的讨论，哲学家可以帮助孩子形成信念、选择努力的人生方向。

"我们热烈讨论各种话题，甚至会讨论就德尔的年龄而言太过超前的话题。"德尔的父亲说，"尽管他年龄还小，但我认为对他来说形成一种世界观非常重要。"

德尔说："我父亲用对待成人的方式跟我交谈。我想这种方式始于早年间的那些辩论。"我们访谈的许多高成就孩子都说过类似的话。

之所以德尔与父亲之间有成人般的谈话，原因也许在于，当作为哲学家的父母有策略地和孩子说话、交谈时，他们心中铭记着全息理想，即孩子长大后会成为什么样的人的愿景。

当然，每个孩子的接受度不同。正如早期学习伙伴会花更多时间陪伴对新思想、新挑战反应热情的孩子一样，哲学家最关注的是德尔这样的孩子，这些孩子会问很多问题，深入思考父母的回答，然后提出更多的问题。

"德尔想知道人生的意义是什么，"德尔的父亲说，"所以我跟他谈哲学，我们会从古代口头传统谈到希腊哲学家的著作。"

德尔的父亲还鼓励年幼的儿子对那些古老的思想做出解释。他知道，支持德尔形成自己对古希腊智慧的认识，并在彼此的对话和辩论中尊重德尔，这些做法有助于建立德尔的信心，并帮助德尔做好改变世界的准备。

德尔的父亲帮助德尔奠定了哲学的基础，这种做法反映了一种悠久的传统，即古代思想家通过这样的方法影响了历史上最有影响力的人。以有世界上最古老的哲学著作之称的《薄伽梵歌》为例，甘地曾经说，每次读完这本书，他都感到通体舒泰。爱因斯坦也说，读这本书时"其他一切都显得那么肤浅"。

《薄伽梵歌》的影响力可以在其叙述框架内略窥一二，故事讲述了两位亲密的朋友——阿周那王子和他的马车夫黑天之间史诗般的对话，讨论通往圆满生活的永恒原则。他们的结论与哲学家以及世界各地的古老文献一样，强调关于生命目的的 3 个环环相扣的主题：对洞察力的追求；对繁荣的追求；富有同情心并贡献一己之力。

> 这 3 个基本思想也渗透在大师级父母们传授给孩子的人生哲学中：寻求深刻的理解、避免贫困、帮助改善他人的生活。

寻求深刻的理解

本书中谈到的父母，以及我们采访的其他特别专注于寻求深刻理解的人往往都有很高的智商，基于超出自身控制能力之外的环境、个人有问题的决定，或者两者兼而有之，他们的抱负遇到阻碍，或者遭受挫败。这些家长往往是移民，大多数是男性，他们在美国没什么经验，难以衡量孩子取得高水平职业成功的现实可能性，而且，即使他们相信有实现这种成功的可能，除了教孩子体会到掌握知识的乐趣，他们几乎不知道如何帮助孩子取得成功。这些父母对孩子最有价值的帮助，是对智力的欣赏，即教孩子用大脑去体验发现新事物带来的纯粹满足感，无论在车上、图书馆里，还是身处的任何地方。

丽莎的父亲就是这样的一位家长。

丽莎的父母都在韩国上过大学，移民到美国后一切都得从头开始。他们手头很拮据，好几次失去了住所。丽莎的父亲虽然主修政治学并获得了新闻学学士学位，但他的英语水平不够高，不足以胜任美国的记者工作，所以他当过出租车司机，也在仓库、鞋店和加油站等地方工作过。丽莎的母亲最终得到了一份稳定的护士工作，家里的经济来源主要靠她。丽莎说："我父母的故事在移民中很典型，他们都工作到晚上 10 点。"

只有在接到校长办公室的通知时，父母才到丽莎的学校去。另外，校长办公室这个地方，丽莎的哥哥待的时间可不少。

丽莎说："我的父母不常去学校，因为他们的生活方式更像是在韩国，那儿的父母没有权力干涉学校教育。"

丽莎的母亲把注意力集中在丽莎的成绩上，因为她希望丽莎长大以后拥有更好的生活，而丽莎的父亲则对物质财富，甚至学校的课程完全不在意。毕竟丽莎的父亲在韩国接受的教育没有给他带来回报，所以对他而言，逼迫孩子考高分、渴望看似难以获得的财产毫无意义。

然而，在把孩子培养为思想者、以头脑体验世界方面，丽莎的父亲堪称个中高手。对小丽莎来说，父亲是"世界上最聪明的人"，是一个"真正的知识分子"。丽莎的父亲会跟羞涩、文静的女儿讲韩国的历史和他自己的人生故事。

回想一下丽莎从不告诉孩子答案这种不同寻常的育儿策略。比如，让女儿琢磨"疯狂"的英文单词是以"y"结尾还是"ie"结尾更合适，还有和女儿一起站在黑暗中用手电筒照亮地球仪，帮助女儿弄明白为什么美国新泽西州是晚上的时候韩国是早晨，这些方法不是在哥伦比亚大学或巴纳德学院学到的，尽管她在这两所优秀的大学学习心理学。这种思想是丽莎从父亲那儿学来的。父亲开着车带丽莎去往城市的各个地方时，一路上会问她一些问题，刺激她思考，但从不告诉她答案的对与错。

"在我很小的时候，父亲就开始问我很多算术和物理问题。他会说：'假如我们要开始减速……现在的速度是每小时 80 千米，你认为到这个距离时我们的速度会降到多少，要多长时间才能减到这个速度？'我会琢磨一下。我当时真的还很小，不知道怎么计算，我会说：'1 小时 32 千米吗？'他会说："唔……继续想。'就是这样。他总是提出这类开放性的问题。"

丽莎的爸爸认为孩子应该通过琢磨来了解新事物，而不是由别人告知。他可以教自己的孩子思考和记忆，因为他擅于让孩子觉得是在玩儿，而实际上他们是在学习。

"吃饭之前，我和哥哥必须先背乘法口诀表。这是上幼儿园之前的事，这种做法在韩国很正常。我们站起来，背'2 乘以 1 等于 2，2 乘以 2 等于 4，2 乘以 3 等于 6，2 乘以 4 等于 8，2 乘以 5 等于 10'。大约一周以后，我们背 3 倍乘法表，就这样一直背到 12 倍乘法表。好玩儿的是，我和我的孩子们也这样做。所以，他们比其他孩子领先一步。尽管如此，我们还是把它看作一种记忆游戏。父母并没有强迫我们，因为我们觉得有趣、好玩儿！"

像丽莎对自己的要求一样，丽莎父亲的目标是培养有洞察力、思想开明的人，能够用自己的头脑进行推理和思考。

丽莎的父亲花了 3 年时间帮助丽莎认识到，自我严格要求可以产生控制力，这是另一种描述深刻理解的方式。

"我是个货真价实的运动员。"丽莎说，"我 8 岁第一次学习打网球，教练就是我父亲。"

父亲给丽莎买了一个木球拍，那个夏天他们父女俩每天都打 2 小时网球。

"从那时起直到中学，夏天爸爸都和我一起打网球。我觉得，他站在那儿的第一刻我就学会了那种完美的动作。我准确无误地知道，如何移动身体才能把那个高压球妥妥地打到网的另一边去。"

当球飞过网的那一刻，丽莎在漫长的等待后受到了极大的鼓舞，这让她体会到了不放弃、坚持到底带来的回报。"父亲曾经多次告诉我：'你会明白的，有一天你会明白的。'"丽莎当时虽然并不明白，但她很享受这个过程。"父亲有无限的耐心。我从8岁开始打球，直到12岁才明白个中道理。我当时想：'好吧，我现在知道怎么打网球了，我永远不会失去挥拍击球的技术。'"小丽莎认识到，通过坚持她可以到达明确无误的境界，即球拍以完全正确的方式击球时那种完美的"乒"声。

培养毅力是丽莎的父亲战略哲学的一个重要组成部分。父亲告诉丽莎，每个人天生就知道一切。"爸爸以前总是说：'你只管努力，功到自然成。'学习的时候，你只是在提醒自己那些本来就知道的东西。每个人都做得到，但需要的时间不一样，因为每个人的大脑不一样。不过，那些东西都在大脑里，你只管坚持就是了。'记得当时我心想：'哦，好吧，我什么都知道。问题只在于把这些东西组织好，能够表达出来。'所以我从不放弃。"

避免贫困

许多父母传授给孩子的第二个哲学思想是：别当穷人。

这个哲学不只适用于弱势家庭的儿童。安妮特·拉罗研究了低收入家庭和中产阶级家庭，她认为，中产阶级家庭的父母教孩子很多事情，比如管理支票账户、选择适合写到大学申请书上的课外活动。这些事情都是为了使他们继承中产阶级的社会地位。

这些能力已经融入中产阶级家庭的养育之中了，所以中产阶级的父母永远不需要告诉孩子"别成为穷人"。然而，贾雷尔妈妈这样贫穷家庭的家长会直接告诉孩子"你不希望过这样的生活"。因为他们不希望孩子未来还过现在"这样的生活"。

以否认孩子当前生活境遇为中心的哲学可能会让一些人感到难堪，但这些父母的本意不是让孩子感觉糟糕，或者贬低其他处于同样境地的人。相反，这种观念是战略性的。贫穷是机会的一大障碍。孩子要想体验到父母所说的那种自我实现，他首先必须相信自己能够且应该摆脱贫困带来的限制。

帕梅拉、贾雷尔和加比这样的孩子很容易听天由命，认为贫困不可避免，所幸他们的父母或祖母尽力让他们相信命不由天。有些大师级父母不断面对贫穷生活带来的压力，心中充满屈辱感，每天都在为收入不稳定苦苦挣扎，他们决心不让孩子长大以后成为穷人。为了学习而学习是一种奢侈；学好功课更紧迫的目的是提高生活质量，彻底避免成为穷人。

贾雷尔的母亲伊丽莎白以哲学家的身份告诉贾雷尔，为了摆脱贫困他有义务尽可能学到最好。伊丽莎白经常直截了当地这么说，并且一心一意坚持为贾雷尔选择合适的学校和收容所，并总是与贾雷尔的老师保持联系。她还带着儿子在家里和克利夫兰市周围学习，进一步让儿子深刻认识表现良好的重要性，以便有一天贾雷尔能生活在她全息理想中的中产阶级世界。

丽莎的母亲也是这样，她希望孩子不要像自己一样被金钱奴役。丽莎的父亲重视学习本身，母亲却把学习作为一条通往更好生活的道路，也许是因为她掌管着家里的经济命脉吧。

丽莎的母亲总是努力筹措资金来满足孩子们参加课外活动的要求。高中时，丽莎想加入曲棍球队，于是母女俩徒步去运动用品商店采购装备。在收银台，丽莎母亲的信用卡一张接一张都被拒绝了。"我妈哭了，我也哭了。"这段经历给丽莎留下了难以磨灭的印象，她再也不想处于那样的境地。

最后，丽莎认定，学业良好是她获得经济保障的最佳途径。相反，她妈妈关注的重点则是，教育和社交礼仪如何可以帮助丽莎吸引到一个有经济保障的丈夫。丽莎说："我妈妈是一个极端的完美主义者，她也期望我们，尤其是作为大女儿的我，臻于完美。我猜想，那是衡量女人可以成为优秀妻子的标准。"

尽管丽莎最终变得富有的途径与她母亲设想的不一样，但基本哲学相同：经济保障很重要。

帕梅拉的祖母也很重视经济保障，但她为帕梅拉设想的策略与丽莎妈妈教女儿的策略恰恰相反。在帕梅拉生长的家庭和文化中，女性依靠男性的经济支持，基于这种依赖，她常常感到被困住了。正如祖母经常说的，独立是帕梅拉最大的梦想。

帕梅拉说："我只想要一间自己的公寓。"这个保守的目标是她专注的焦点。

帕梅拉的祖母阿布丽塔向她保证，女性如果经济独立，其他就没什么好担心的。"祖母会说：'让婚姻成为你的选择。我永远不希望你因为必须给孩子一份稳定感或者是别的什么原因而被迫结婚。我希望你赚足够的钱，这样你就可以选择和喜欢的人在一起。'我知道，对很多人来说。这句话可能没什么力量，但放在我们的文化中它非常有力量。"

帮助改善他人的生活

大师级父母传授给孩子的第三个哲学思想是，矢志改善他人的生活。拥护这一理念的许多父母尽管出身贫寒，但还是取得了人生意义上的成功。因为作为成人，他们现在拥有稳定的经济收入，知道自己的孩子也有机会取得成功，他们更关心的是确保孩子明白，并不是每个人都能得到这些机会，孩子们长大后有责任帮助他人改变周围的这种情况，或者至少做一些事情让世界变得更好一些。

外交官大卫·马丁内斯的母亲卢和父亲李·彼得斯都是法律界人士，事业都很成功。但他们的出生环境都不那么完美：卢的家在新墨西哥州的一个贫穷社区，李的家住在得克萨斯州的奥德萨，李的英国裔父母有钱但暴虐，李后来离家出走了。大卫的父母认为，应该让儿子知道生活困难是怎么回事。

"我们总是告诉孩子，天赋高责任就大。"李说，"我们试图给孩子们灌输一种责任感，让他们为整个社会、为所有人做正确的事情。我认为，这一点他们俩都以自己的方式做到了。"

李、卢、大卫和弟弟丹尼尔，他们一家四口到当地的救济厨房当志愿者，并积极参与教会活动。

大卫说："高中假期期间，我在圣经学校教小孩子足球，因为那是我的激情所在，对我来说是自然而然的事情。"

大卫从父母那里学到了帮助他人的习惯，因此他在大学时做了大量的志愿者工作，甚至在亚利桑那大学商学院发起并成立了"改变日"（Make a Difference Day）。现在，这个社团每年吸引的志愿者达 1 400 人。大卫说，他的动机"源于一种责任感，以及希望作为一个有意义的贡献者回馈社会。因为我的父母和我的信仰告诉我，帮助他人是我的义务"。

大卫记得，大学期间他在一家《财富》500强公司完成了实习，尽管这是一次愉快的经历，但他意识到自己并不觉得满足。"每天晚上躺在床上我都会想，这就是我人生的全部目标吗？"6个月后，他加入了和平队（Peace Corps），然后，为了成为外交政策专家，他申请就读哈佛大学研究生院，并被录取了。

大卫在哈佛大学的一位教授是受人尊敬的外交大使。"教授告诉我，我最重要的目标不是坐在办公室里，而是成为服务于美国人民的外交官，用教授的话说，我应该到一线去。"

大卫照教授的话做了。在2013年和2014年，时年30岁的大卫被派往巴格达任外交官。他和几名美国外交官一起，负责审查并给伊拉克公民颁发签证。他的任务是决定谁可以移民、谁不可以移民。面对一生中最棘手的局面，父母教导的哲学常在心间回响。

正如大卫所说："这是一个完整的循环，因为这是父母一直以来对我的教诲。'力量越大，责任越大。'小时候听起来觉得这话陈腐，但当你坐在那儿看着一个人，看着他们哇哇大哭的孩子，那份责任感绝不会转瞬即忘。事情就摆在你眼前，你必须做出选择。"

像大卫的父母一样，德尔的父亲也是历经磨难才攀上了高峰。德尔的父亲是家中的86个（不是笔误）孩子之一，出生在加纳共和国北部一个名叫纳多姆的贫穷村庄。德尔的父亲说："当时，一夫多妻是常态。父亲死后，老师们收养了我。他们看到我的潜力想要栽培我，他们支持我，鼓励我。我的成功全靠他们。"

德尔的父亲从一个沿街叫卖肉串的小贩，成了意大利医科大学的学生。他给欧洲的外交大使们看病。红衣主教、后来的教皇约翰·保罗二世成了德尔父亲的导师。特蕾莎修女也是他的导师和朋友，在特蕾莎修女的鼓励下，他离开意大利返回非洲，成了一位人权活动家。虽然德尔的父亲在加纳行医的年收入只有 12 000 美元，但在那里也是一份不错的薪水，远比加纳的大多数人挣得多。

像德尔的父亲这样改善了自身生活质量的父母，他们以与孩子分享自己来之不易的生活为荣，但他们不允许孩子把优越的生活条件视为理所当然。

德尔的父亲说："我坦诚地把我对生活和现实世界的看法告诉儿子。"这种做法让德尔认识到，世态存在问题，自己有责任帮忙解决。德尔的父亲夜以继日地帮助难民时，就把这样的情感和哲学传递给了自己的儿子：所有的生命都重要。

这些以服务他人为导向的父母通常专注于自己的人生使命，有时候不在孩子身边，或者与子女在情感上会比较疏离。

这种缺席似乎会破坏战略式教养法则，但是家长处理与孩子相伴时间的战略水准，也就是说，他们利用这段时间的整体质量，比他们陪伴孩子时间的多寡更为重要。扮演哲学家角色的家长刻意分享他们的思想，并提出问题让孩子思考，他们认真思考未来与孩子进行什么样的谈话，以及孩子曾经问过什么样的问题，这样他们就可以更有效地利用将来和孩子在一起的时间。

书中提到的一些高成就孩子，特别是男性，他们的父母以自身责任为中心，缺乏陪伴孩子的时间，这种情况对亲子关系是一个痛点。哈佛大学"父母如何养育我"项目的一些参与者表示，他们深受经常外出工作的父亲或母亲影响，但也渴望有更多的时间和他/她在一起。例如，有位年轻人的父亲是韩国著名政治家，他父亲对工作的奉献度、智慧，以及教给他的思想和世界观，都给了他深刻的影响，但他渴望和父亲有更多相处的机会。这位年轻人自己现在已经成为爸爸，住在韩国后他可以更好地理解父亲为什么那么忙碌了，尽管他打算与自己的孩子建立更亲密的关系。

夸尔斯希望他光芒四射的农场主父亲更善于表达，德尔希望他忙碌的父亲在家的时间多一些。德尔说，小时候母亲花了无数的时间教他读书和数数，而父亲没陪他多少时间，所以父母离婚时他选择随母亲一起生活。德尔和父亲的关系一度破裂，后来才又亲密起来，但他并不否认父亲对他的成功发挥了强大的影响力。父亲的缺位向德尔表明，这位哲学家家长对自己的使命多么严肃认真，仅仅这一点就是他灵感的来源。如果把哲学家家长移出孩子的生活，换成另外的人，这个人总是在家但对工作不那么投入，因此他也就会缺乏魅力，那么夸尔斯和德尔这样的人就不太可能受其影响，不太可能如此富有进取心，如此关心他人。

这个看法同样适合于马尔沃姐妹。CNN 记者苏珊娜·马尔沃的母亲精心照顾她和孪生妹妹及两个小弟弟时，父亲经常工作到很晚才回家。苏珊娜的父亲是医生和霍华德大学医学院前院长，苏珊娜和她的双胞胎妹妹苏泽特明白父亲为什么工作时间那么长。除给家人创造更好的生活之外，父亲还有更远大的目标。

"我们理解爸爸是在帮助他的'大家庭'，帮助黑人社区。"苏珊娜说，"他出生的地方很穷，人们没有良好的医疗条件，会因为得不到救治而丧命。那里实行种族隔离，所以我父母都亲历过低人一等的生活。爸爸做了医生后，亲戚、表兄弟姐妹、朋友都会问他：'哦，你可以看看谁谁谁吗？''你可以治疗这个病吗？'"当然，他从不推辞。

哲学家父母赋予孩子使命感

> 大师级父母的世界观是高成就孩子自身哲学思想生长的沃土。在无数次谈话中，父母的想法和价值观注入了孩子的大脑，好比矿物质是幼苗成长的基础一样。成人以后，高成就孩子的哲学观可能与父母有所不同，但哲学家父母的世界观是孩子的思想基础，并反映在他们的人生目标和人生选择中。

一开始，这正是纽瑟姆家族令人大惑不解的地方。从表面上看，对于小女儿登上全球新闻的行为，外人很难理解林恩和克拉伦斯·纽瑟姆这么温文尔雅的教育家起了多大作用。

林恩回忆说："我们吓坏了。"

2015 年 6 月 27 日清晨，林恩和克拉伦斯接到大女儿吉娜的电话："快打开电视！"他们夫妇惶恐地看着 30 岁的布里估量了一下有 9 米高的旗杆，然后把飘扬在南卡罗来纳州议会上空的南方邦联旗帜取了下来。

"我妻子差点儿从床上掉下来。"克拉伦斯说，"我那一刻的反应是上气不接下气，因为我知道布里有能力做这种事情。我担心她有危险，这可是第一个脱离美国联邦的州政府啊！我太了解南卡罗来纳州了，我知道这是一个非常危险的举动。"

旗杆顶部的布里听见聚集在下面的警察喊她下来："马上！"据布里说，一名警官要其他人对她实施电击来制服她。

那是早晨 6 点左右，是南方一个典型的闷热的上午。布里说："我无法想象我体内奔涌着多少肾上腺素，但我只专注于手头的任务。"

布里的伙伴、30 多岁的白人詹姆斯站在下面，他抱着旗杆，不让警察电击布里："如果你要电击她，就得先电击我。"

布里已经接受了几种可能的结果："我经历了一个与上帝和解的过程，欣然接受我那天失去生命的可能性。"

然而，布里的父母没有时间思考整个过程，他们为女儿感到害怕，这种情绪使他们更不容易看到自己对女儿的行为产生了什么影响。林恩特别担心布里把自己置于了极大的危险之中。克拉伦斯现在常常取笑妻子的第一反应。"你的表情明显有这个意思，"克拉伦斯回忆说，"等我来接手这件事……"

林恩半开玩笑地说："我要打布里的屁股。"

然而，看着布里爬上旗杆时他们注意到：布里穿戴着防护装置，包括头盔和安全带。旗杆下面似乎还有人给她把风。这一切都表明，布里并非轻率行事，也不是孤身一人，而是有意为之，并且他们是一个团队在行动。慢慢地，他们对事情有了更多的理解。"这反映了多年来我们间的谈话，以及她和妈妈的对话，"克拉伦斯说，"我们谈论承担社会责任的方式，以及什么是诚实正直。她反复思考了这件事情。"

这引起了克拉伦斯的好奇心。他想，布里是怎么做成这件事的？她是怎么瞒过父母的？她又是怎么瞒过其他人的？站在旗杆下面给她把风的那位伙伴是谁？

布里和其他 9 名活动人士最初是在网上认识的，他们几天前才聚在一起商讨行动计划。布里在马里兰州长大，但当时住在北卡罗来纳州的夏洛特，这是她父母出生并长大的地方，小时候她在这里过夏天。克拉伦斯和林恩经常谈起他们的家族历史，所以布里知道她是生于斯、卒于斯的奴隶的后代。布里是非洲裔美国人，又与南卡罗来纳州人有联系，因为这两个原因，伙伴们提议由她攀登旗杆，她应承了下来。旗杆下面的詹姆斯·泰森和布里刚刚认识，受命为她警戒。

布里和其他团队成员谋划实现一个目标，这个目标就是取下那面南方邦联的旗帜。他们认为，任何人，尤其是前奴隶的后代，永远都不应该再看到象征白人霸权的旗帜在议会上空飘扬。

林恩和克拉伦斯都有强烈的社会责任感，对于希望孩子具备什么样的品质他们从来就有清楚的认识。这对夫妇不仅希望孩子聪明，还希望培养他们的人生目标和意义感。在这对夫妇的愿景中，女儿会利用自己的才能帮助他人，继续为社会正义而奋斗。

大女儿吉娜还是婴儿时，克拉伦斯抱着她去后院散步，让她认识周围的世界，指给她看树木、天空和飞鸟。克拉伦斯会对着还是婴儿的吉娜柔声低语，细数她会具备的所有美好品质，以及会做的各种令人惊叹的事情。长大后，吉娜成了一名精神科医生。女儿们还很小的时候，夫妻俩就给女儿们讲述黑人的历史、他们参与的志愿服务、克拉伦斯的神职工作，以及社会正义的重要意义。

从哲学角度讲，在许多方面，布里并没有跑偏，她酷似父母。克拉伦斯是一位职业历史学家，林恩本人是一位业余历史学家。他们都喜欢了解自己的家族故事和黑人的历史，尤其是南、北卡罗来纳州历史上发生过的事情，因为他们都来自那里。林恩说："有些人不好意思说自己是奴隶的后代。我觉得，作为这些如此强大的人的后代是一件值得骄傲的事情。"林恩和克拉伦斯两人在杜克大学相识并结为夫妻。那是 20 世纪 70 年代，他们俩都是校园抗议运动的积极分子。

克拉伦斯最终找到了当牧师和神学院教授的机会。那天早上去议会的路上，詹姆斯帮助布里翻越栅栏时，布里的手被轻轻地刺破了。一定程度上，也许是因为克拉伦斯在女儿成长过程中的教导，布里觉得手被刺伤具有象征意义，这件事与她 2012 年接受的精神救赎有联系。布里也把自己做的事看作一个象征，这事虽然很危险，但却有引起巨大变化的潜力。

除了站在旗杆下面的詹姆斯，其他团队成员都在附近假装慢跑。尽管如此，在往上爬的时候布里还是抑制不住心头的恐慌。布里知道，如果取下旗帜自己肯定会被逮捕。这点她倒不害怕，因为以前她参加抗议运动遭到过逮捕。"我最担心有义务警察，我怕他带着枪来。我要的和平是精神性的和平。我相信主会把我从这种局面中解救出来。"

布里之所以不安还有另一个原因。10 天前，21 岁的白人迪伦・S. 鲁夫（Dylann S. Roof）在查尔斯顿射杀了 9 名黑人。当局发现了鲁夫的网站，其中有一张他拿着手枪和反政府旗帜的照片。照片和谋杀事件再次引发了激烈的辩论，人们争辩是否应该取下议会大厦的邦联旗帜。遇难者葬礼那天，旗帜仍然高高飘扬，州政府连下半旗都不肯，布里和她的伙伴们决心亲自把它取下来。布里大汗淋漓，胸前系着保护带，头上的头盔盖住了她长长的拉斯塔法里式发绺。她活像一个伐树工人，在万众瞩目下爬上了旗杆。

布里爬到旗杆顶端，解下旗子，用双手举起，高呼："这面旗子必须取下来。你带着仇恨、压迫和暴力攻击我。今天，这面旗子取下来了。"布里一下到地面就被警察制服了，警察立即以破坏议会大厦纪念碑的名义逮捕了她和詹姆斯。戴着手铐的布里被带走时，电视台的工作人员问了她许多问题。

还不到1小时，保安就又把旗帜升起来了，亲集会的支持者举着旗帜把布里刚才站的地方挤得水泄不通。但是，布里的行为产生了更大的影响，病毒式的传播一下子把布里这个社会活动人士、音乐家和电影制作人变成了"巨星"。在她被逮捕后的1小时内，人们就为她筹集到了6万美元的保释金和诉讼费，不到24小时，民众为她募集的保释金和诉讼费已达10万美元。一位著名的电影导演打来电话，洽购她人生故事的版权。布里摘下旗帜的1个月之后，南卡罗来纳州众议院投票决定采取该州多年来一直拒绝的做法：永久取下旗帜。

克拉伦斯和林恩终于和仍在监狱里的布里通上了电话，布里一开口立刻就让他们放松下来了。布里礼貌地对他们说："如果我真的让你们担心了，对不起。"不等克拉伦斯开口说话，她继续说，"爸爸，在你问我任何问题、说任何话之前，有件事我想让你知道。"

"我说：'好吧，什么事，布里？'"克拉伦斯回忆道，"布里说：'我一生都在听你讲授和宣扬自由、正义，说主会保护你，我希望你知道，我相信你说的每一句话。'"

哲学家父母指引孩子的人生目标

布里牢记父母的教诲，并以一种他们无法想象的方式在生活中加以运用。像布里一样，贾雷尔领受母亲伊丽莎白的教导，并在此基础上进行建构。伊丽莎白聚焦于一个要旨：贾雷尔需要在学校表现出色，以期将来能摆脱贫困。贾雷尔的确出类拔萃，但是，他知道，还有其他很多贫困儿童也需要机会。贾雷

尔想尽可能得到最好的教育，不仅是向其他贫穷的黑人孩子表明，他们也应该
得到同样的教育，而且要直接帮助他们获得这样的教育。这成了贾雷尔的人生
目标。

从 15 岁开始，贾雷尔逐渐产生了这个人生目标。他最早有这个想法是在
被霍肯高中录取的时候。这所精英预科学校地处郊区，学生以白人为主。老师
和其他对这所学校有所了解的成年人众口一词：上霍肯中学意味着置身于"最
优秀和最聪明的人"中间。在那里，贾雷尔的头脑可以得到锻炼。

"我对此充满期待，因为我一直是最优秀的学生。所以我心想：'好吧，我
要去那儿见识不一样的东西。我不知道那会是什么样子，但一定会很好。'所
以我去了霍肯，但我发现这里的孩子并不比我在东方技术高中认识的孩子聪
明。只不过他们有好的导师和各种不同的机会。"

去霍肯访问后，贾雷尔回到了以前的东方技术高中，这是一所以黑人学生
为主的特色学校。

"在英语课上，老师科尔珀太太的目光停留在我脸上，我想她在观察我的
表情。她说：'贾雷尔别难过，这儿也没那么糟。'其实，我一点儿也不难过。
我很愤怒，因为从小到大我都觉得，要得到什么东西必须努力奋斗，而且，我
得不到某样东西往往并不是因为我不努力，而是因为没有足够的钱。然后我去
了霍肯，看到了那些据说比我优秀的孩子，但他们并不比我优秀。他们只是有
更多的钱。"

"现在我坐在科尔珀太太的课堂上，回到了和我一起长大，永远没有那种
机会的人中间，眼看我的老师们腰都累断了，也永远没办法给予我们那些富有
的孩子拥有的东西。只是因为钱，我觉得这不公平。我们是黑人孩子，他们是

白人孩子。事情已经过去 15 年了，我觉得那股怒火还在心中燃烧。"

然而，贾雷尔说这与种族无关，"在我的生活中，白人给了我很多帮助"，这事关阶级和不平等。对待他这样的孩子，霍肯为数不多的中产阶级黑人孩子和富有的白人孩子一样傲慢，黑人孩子的态度甚至更加傲慢。

第一次访问霍肯的情境至今仍然历历在目：弥漫着的财富、特权。贾雷尔说，这个世界出了问题，"我感到我必须修复它"。

成长于市中心，同时也上预科学校，后来进了哈佛大学，在哈佛上学时又打扫厕所赚取额外收入，这样的经历给了贾雷尔一种独特的体验，让他能够"从许多不同的角度看待世界，知道了不同阶层的人从不交集、互动"。贾雷尔说："我的工作就是尽我所能，让这两个世界交集、互动。我所持的观点是，从弱势群体的角度看如何才能使社会的底层阶级生活得更好，至少活得下去。"

作为芝加哥的一名年轻校长，贾雷尔的哲学是，自己有义务教其他贫困儿童摆脱贫困的方法。他在为学生做的是他母亲曾为他做的事情：消除他们的疑虑，让他们相信应该以自己选择的方式获得成功，同时培养他们的能力和自信心，确保他们追求并实现那种成功。

哲学家父母的馈赠

如果大师级父母的最终目标是培养充分实现自我的高成就者，那么，哲学家是战略式教养法则中最重要的角色之一。就对孩子的塑造水平而言，哲学家父母与早期学习伙伴不分上下。

> 如果没有哲学家父母帮助孩子形成指向个人北极的内在罗盘，那么，即使是最聪明的孩子也不太可能对他人的生活产生重大影响。

回顾一下，充分实现自我＝使命感＋自驱力＋才智。哲学家父母引导孩子追求有意义的人生使命，连同才智和自驱力，构成了塑造高成就孩子的关键因素。这也预示着他们最终可以给世界留下什么样的财富。

10

角色 6：榜样
言传身教的力量

> 当扮演榜样角色时，大师级父母向孩子示范了他们可以追求的品质，并通过影响而非强迫把自己的品质传递给下一代。

盛产拖拉机驾驶冠军的夸尔斯家族

一年一度的肯塔基州博览会上，长达 4 小时的拖拉机驾驶比赛是最激烈、最受人瞩目的活动，至少对夸尔斯家族来说是如此。瑞安·夸尔斯祖母家的起居室里有一面墙专挂赢得比赛的亲人们的照片。在这个家族里，没什么能取代奖杯的地位。夸尔斯的父亲、两个叔叔，以及几个堂兄弟都是往届比赛的获胜者。夸尔斯心想，如果有一天他有了儿子，他一定会鼓励儿子长大以后参加这个比赛。

夸尔斯通过观察并向父亲学习了赢得比赛的所有知识。夸尔斯的父亲不只是一个普通的农场主，他出生于一个农业社区，家族世代务农两个多世纪了。夸尔斯的父亲非常优秀，在大学学的是农学，直到今天，对于依靠土地为生的人，他仍然是最激情洋溢的代言人。像许多人一样，夸尔斯的父亲也战胜了巨大的挑战。

20 世纪 60 年代末，夸尔斯的父母在肯塔基大学相识，他们都是各自家中的第一个大学生，成长过程中都经历过贫困，有时候家里连自来水都没有。即使上了大学，夸尔斯的父亲仍然很贫穷，连学生宿舍都住不起，只能栖身在农业学院的温室里艰难度日。

获得学士学位以后，夸尔斯的父亲继续学习并拿下了农学硕士学位，研究美国早期大豆的商业化。但夸尔斯的父亲选择继续攻读硕士学位还有另一个原因——他的未婚妻当时在读护理学，比他低两个年级。

后来，夸尔斯的父母买下了一个农场，养育了两个儿子。夸尔斯的父亲一直在向儿子们示范什么是细致和勤奋，在夸尔斯为拖拉机比赛做准备时，这两种品质发挥了关键作用。拖拉机比赛不仅包括障碍项目，还包括考察驾驶安全和发动机维护技术的书面测试。身为拖拉机比赛冠军，夸尔斯的父亲是一个很好的榜样。根据经验，他知道夸尔斯肯定会在考试中取得优良的成绩。他鼓励夸尔斯，夸尔斯最终的确做到了，但那是在花了多年的功夫之后。

然而，专门针对驾驶的培训更为艰难，想要成为行家里手，很早就需要开始准备。夸尔斯说："记得我 8 岁就开车上路了。大多数在农场长大的孩子会告诉你，他们 9 到 10 岁就开始学习驾驶拖拉机了。"

为了提高挑战难度，比赛要求操纵挂在拖拉机后面的拖车。这是一辆 40 马力（1 马力≈735 瓦特）的约翰·迪尔牌拖拉机。夸尔斯和哥哥刚上小学时，父亲就向他们展示了这项壮举。但是拖拉机比赛竞争异常激烈，裁判们还在地面上打洞，在洞边上放高尔夫球。夸尔斯说："如果拖车或拖拉机擦到了洞，高尔夫球掉下去，就会被扣掉很多分。如果碾到球，扣的分就更多了。你只有 2.5 厘米的空间，要把一辆 3 米高的车倒进一个虚构的棚子里，规则非常严格。"为了做好准备，每天干完农活后，夸尔斯就和哥哥在农场设置障碍赛道，用烟草棒作为障碍物进行练习。

夸尔斯的父亲身高 1.9 米，话不多，但要求很严格，他是严肃农民的最佳样本。农场的日常生活都围绕劳动展开，但是夸尔斯和父亲一起为比赛做准备的那些时光非同寻常。夸尔斯说："那段时光有很多美好的回忆。"

夸尔斯的父亲要确保儿子有参加比赛所需的工具，也就是要有一辆约翰·迪尔牌拖拉机。"父亲抽时间去经销商那儿租了一辆拖拉机。他抽出自己的时间，帮我实现这项追求。这听起来有点儿傻，但我认为，这和父母带孩子参加乐队的独奏会、比赛、选拔等是一回事。"

夸尔斯的父亲知道，这个比赛不仅仅是场游戏，为之做准备的过程会教给儿子驾驶拖拉机所需的耐心、熟练度和拖拉机养护技巧。

夸尔斯每次参赛父亲都在场。夸尔斯落败后，父亲批评了他，父亲可没有顾及儿子的感受，说话直截了当。夸尔斯明白父亲的意思，尽管他从来就不爱听。夸尔斯喜欢母亲那种更敏感的反馈方式，以及具体、详细的解释。

夸尔斯最终赢得了拖拉机比赛，"但我花了好几年时间"。第一次获胜是 1997 年，当时夸尔斯 14 岁；4 年后的 2001 年，他又一次赢得了比赛。第二次在肯塔基州的比赛中胜利后，他又在普渡大学全美拖拉机比赛上胜出。"我哥哥从来没有赢过。直到今天我还会说起这件事。这不仅是吹牛的资本，也与追随父亲做他做过的事情有关。"

对父母的最高评价："我希望像他们一样"

扮演战略式教养法则中的第六个角色，即扮演榜样角色时，大师级父母示范了孩子可以追求的品质。夸尔斯的父亲向孩子示范了自力更生、坚韧和智慧。在为争取公职参加的几次竞选中，夸尔斯体现出了这些品质。埃丝特·沃西基示范了勇敢无畏的精神，在登上科技和医疗事业巅峰的过程中，她的 3 个女儿都充分体现了这种精神。在特蕾莎修女的亲自指导下，桑谷·德尔的父亲为社会正义事业做了精神奠基工作，德尔以自己的方式，通过商业和慈善事业继续把这种精神发扬光大。

有趣的是，家庭的示范作用可能会以料想不到的形式体现出来。我们将会看到，家庭里最重要的榜样并不总是父母，有时是兄弟姐妹、祖父母、从未谋面的叔叔，甚至是逝去很久的先祖。有时，高成就孩子受到的最大的启发来自一种世代相传的家庭特点：对农业技能的掌握、从艰难生活中复原的能力，或者为社会正义而战的信念。而在所有榜样中最有影响力的往往还是父母亲。

社会学习理论认为，孩子学习主要来自观察，比如观看他人行动、听取他人言语，然后再模仿，这是孩子们追随父母的第一次实践机会。社会学习为孩子提供了一个基础，他们可以从中形成有关自身潜力和决定的假设。大师级父母示范了做事的方式，孩子有意无意地模仿学习。例如，一位父亲热爱棒球，一到周末他就成了球场战将或教练，给孩子们示范了什么是情感投入和艰苦努力，最终引导儿子、女儿在高中时成了杰出的球员。

愤世嫉俗者可能会说："这有什么大不了的？毕竟很多父亲会带孩子去棒球场练球。"每个农家男孩都学习驾驶拖拉机，但夸尔斯父亲的特殊之处在于，他和本书中的其他大师级父母一样示范了最高的标准。从父亲的日常行动及他讲述自己参赛经验的故事中，夸尔斯意识到，不管是参与并赢得州里的拖拉机比赛冠军，还是做个一流的农场主都需要付出巨大的努力。

夸尔斯的父亲热切希望孩子们传承勤劳节俭的家庭传统。从管理家族生意的细枝末节、掌握农产业经济，到展示如何掌控大型轮式机具，他都示范了如何才能做一个优秀的农场主。在业务讨论中，夸尔斯发现其他农场主对父亲的聪明才智赞赏有加，他不禁在脑海中想象自己身处父亲那种地位的感觉。如今，夸尔斯的影响力比父亲或者自己当时想象到的水平更为深远。

夸尔斯相当于农场主版的棒球明星德里克·杰特（Derek Jeter）——在成长过程中，两个年轻人都和父亲长时间相处，具有了他们父亲示范的技能，因此都成了同龄人中的佼佼者。

像夸尔斯的父亲一样，德里克的父亲查尔斯·杰特对他和儿子的共同爱好满怀热情。查尔斯也是菲斯克大学棒球队的游击手。德里克在8岁左右看到了父亲的剪贴簿，查尔斯告诉德里克，如果他够努力，他也可以制作一本自己的棒球剪贴簿。

德里克也成了一名棒球游击手，他公开说："我希望像父亲一样。"

查尔斯是一名滥用物质顾问，同时还是一名少年棒球联盟球员的家长，担任儿子德里克的棒球教练和女儿的垒球教练。在把德里克打造成顶尖运动员和优秀学生方面，查尔斯发挥了奠基性的作用。

查尔斯从不强迫德里克打棒球，但在德里克很小的时候他就意识到儿子对棒球有热情，也有天赋。从那时候起，查尔斯就致力于帮助德里克实现他的棒球梦。此外，因为德里克对棒球的执着，查尔斯得到了儿子的充分关注，在他们一起击球和接球的时候，查尔斯示范了他希望德里克拥有的其他品质。

德里克说，无论是作为棒球教练还是作为一个了不起的爸爸，在球场内外，父亲都教给了他良好的体育精神、善良、纪律和公平等品质。

> 一旦孩子对某位家长有高度的评价，他们对未来自我的想象中就会反映那位家长身上最令他们钦佩的品质。大师级父母的孩子就是这样。

说到底，家长的品质在孩子身上的这种反映，出自孩子无数次观察家长做选择的方式，以及家长在倾听、沉思或给予反馈时分享给孩子的想法。孩子的愿望接近于家长对他们的期望，并不是因为家长要求他们这样做，而是因为孩子对家长很钦佩。像夸尔斯和德里克的父亲一样，作为榜样，大师级父母通过影响而非强迫，把自己的品质传递给下一代。

再好的说教，也不能替代良好的示范

弗洛伊德·马尔沃（Floyd Malveaux）曾是霍华德大学医学院院长，CNN记者苏珊娜·马尔沃和法学教授苏泽特·马尔沃的父亲。1966年12月，双胞胎女儿出生时，弗洛伊德正在密歇根州立大学攻读微生物学博士学位。他的妻子墨娜成了女孩们的主要照顾者和学习伙伴，但弗洛伊德为女儿们树立了一个勤奋和尽职的典范，并把这些品质传递给了4个孩子。

弗洛伊德以直接展示的方式向孩子们传递这些品质。苏泽特和苏珊娜从小目睹父亲一步步在医学界崭露头角。无论是身着西装出门还是在书房埋头读书，抑或穿着工作服做实验，弗洛伊德都是"尽职尽责"的缩影，是一个真正的专业人士和勤奋的工作者。

弗洛伊德要去华盛顿特区的霍华德大学医学院就职，一家人便离开了密歇根州。虽然双胞胎姐妹当时还很小，但她们观察到了家庭面临的艰难变化。她们也明白，如果父亲要当医生这些变化是必要的。后来，为了她们的教育，一家人又需要做出改变。为了赚取支持两个女儿将来的大学学费，弗洛伊德辞去医学院的职位创办了私人诊所。他说："她们必须明白，为了获得良好的教育，必须做出某些牺牲。"

女孩们也见证了父亲对服务他人的忠诚。她们的感受并不限于观察父亲的工作和生活方式，也包括父亲与其他前来家里拜访的医生的交往，以及每年去父母各自家乡的旅途见闻。

在孩子们成长的过程中，弗洛伊德一家人每年都千里迢迢驾车去路易斯安那州拜访那里的亲人。弗洛伊德想要确保孩子们体验到让他产生了强烈责任感的人、地方和故事，让他们进一步争取种族平等。

弗洛伊德解释说："我希望他们了解家人、亲朋，因为我们在华盛顿特区没有真正的亲戚。我想让他们了解自己的文化，了解我和妻子在路易斯安那州不同环境下的成长历程。当然，我也想让他们认识到，我们所做的一切不仅仅是为了自己的生活，还可以一定程度上改善仍然生活在路易斯安那州的家乡人的生活。这些人为路易斯安那州，以及整个美国南方的发展努力着。"

弗洛伊德在追求事业梦想时心里非常清楚，孩子们正在一旁看着自己，他因此会更加卖力。离开霍华德大学医学院开办自己的私人诊所时，他还让孩子们参与自己的医疗工作。所有的孩子都参与帮忙：女孩子做接待员，男孩子加入门卫团队。孩子们在那里目睹了父亲的全部工作，从构思一个想法并将其贯彻到底，到领导一个团队并赢得员工的尊重，这些都指导着他们未来的做为。弗洛伊德教会孩子们如何瞄准一个目标，然后完成它。

> 孩子们最好的学习方式是观看别人做事。充当哲学家角色的父母传达了哪些事情好、值得做，由此给出孩子选择特定人生目标的理由，但对于如何具体实现目标，他们几乎不给孩子任何指导。再好的说教也不能替代良好的示范。

想象一下，如果夸尔斯的父亲解释如何在 4 小时的比赛中避免碾着那些高尔夫球，而不是坐上拖拉机实实在在地展示给夸尔斯看，情况会怎么样？

穿越时空的榜样

想到榜样的问题时，我们倾向于关注孩子此时此地的所见所闻，其实，祖先的故事也可以产生类似榜样的影响力。我们访谈的高成就孩子往往对家庭历史耳熟能详，不止一个人在祖辈中找到了激励人心的榜样。

外交官大卫·马丁内斯小时候使用父亲的姓彼得斯，但在情感上他更偏向母亲的马丁内斯家一边。"我们只是使用我父亲的姓，但我从小就跟母亲的娘家人交往，尤其是我姨妈，她跟我们讲马丁内斯家族的故事、新墨西哥州的历史，以及马丁内斯家的祖先是如何在 16 世纪 90 年代从西班牙南部来到这里的。在我生长的新墨西哥州北部，我们拥有如此漫长、连续的存在链，她们叹息，传到现在家族这一支有 4 个姐妹，只有两个姐妹有孩子，没人继承家族的姓氏。"

七年级时，大卫产生了一个想法。"我告诉父母我想姓马丁内斯，这样的话就有一个人继承马丁内斯一脉了，而我弟弟可以姓彼得斯。我父亲一如继往地支持我，说道：'听起来这事你思考很久了，如果你想这么办那就这么办吧。'"

大卫也受到了外祖母的启发。在他出生之前外祖母就去世了，然而大卫说："在我心目中，母亲是服务他人的典型，她最早告诉我，我的外祖母是她的楷模。"

大卫的外祖母虽然已经不在人世了，但仍然通过女儿间接地发挥了榜样的作用。在成长过程中，大卫看着母亲给无家可归者提供食物，见证她参加竞选并成了法官，也看到她为确保大卫和弟弟丹尼尔在青少年时期有机会为穷人服务付出了很大的努力。观察母亲扮演这些角色，就像看到外祖母在行动，做外祖母在同样情况下会做的事情。他母亲好像接力赛中的运动员那样，接过赛棒继续完成外祖母的使命。

别人同大卫谈到他外祖母时，"她们会眼角涌出泪水，然后告诉我，为什么外祖母是她们认识的最令人惊叹的人。"大卫说，"外祖母从来没有上过学。她在一所高中做午餐，给别人熨衣服，帮人家做清洁，补贴家用。"

大卫的外祖母是这种人：只要知道附近有人准备离婚，或者邻居与孩子发生了矛盾，或者有别的什么麻烦，她就会端上烤肉馅饼送到那人家里，只要他们希望交谈她就一直陪着。她把食物和自己力所能及的事情看作回报大家、照顾社区的方式。

对大卫来说，母亲和外祖母几乎有着同样的奉献精神。大卫说："我妈妈乐于助人的精神一直留在我的脑海里。它像北极星一样指导着我的行动。你知道，如果有机会的话，我外祖母这样的人可以为很多人做很多事。如果她们不是把人生耗在抚养孩子、应付生活中的困难和疑虑，处理没钱、没机会的问题上，同时还要努力学习英语，想想她们能做多少事情。"

大卫的母亲会说："大卫，现在你有很多机会，我们努力给你创造了那些机会，别浪费了。""你一定要这样做。想想那些像外祖母一样的人，他们比你先来，让你拥有现在的条件。如果这有价值，你要做些什么事回报其他人？"在他听来，母亲的这些话不是强迫，也不是命令。

大卫说："母亲让我牢记，任何世俗的成功都是空洞的，除非在生命的尽头，认识我们的人能够说我们做了一些正确的事，至于那些我们没做对的事情，同伴会予以弥补。"

2009 年哈佛大学"父母如何养育我"项目的另一位参与者萨拉·里克林（Sarah Richlin）也受到了祖父母的启发。她谈到，祖父的故事影响了几代人。

里克林的祖父有 8 个兄弟姐妹，他们由贫穷的犹太单身母亲抚养长大。里克林的祖父靠着卖鞋之类的零工挣钱，读完了医学院。里克林祖父的兄弟姐妹一旦找到工作就都给他钱，帮助他继续读书好成为一名医生。但在被医学院录取之前，里克林祖父的未来还不明朗。这是一个没钱、没社会关系的年轻犹太人靠着意外和勇气摆脱贫困的故事。

一天晚上，里克林的祖父在一个陌生人家里吃饭，这人碰巧是一位成功的医生。他把这视为一次免费用餐的机会，同时他也知道，要进入大学，医生的推荐信可以给他急需的帮助。晚餐结束后，离开之前他做了一个大胆的举动。他请求刚刚认识的医生帮他写一封推荐信，用以申请大学。

"那位医生说：'看起来你是个很好的年轻人，而且很有动力，可惜我不够了解你啊。'我爷爷说：'好吧，我完全理解。'"里克林回忆道。

里克林的祖父站起身来，步履缓慢地朝门口走去，就在他把手放到门把手上的一刹那，那位医生起身说："等等！把文件拿给我签名吧。"

里克林家族里有许多成就卓著的人，她坚信，他们的成功源于受到了祖父勤奋、勇敢的人生经历的激励。从表面上看，这个故事仅仅涉及一个影响人生的关键时刻。但是里克林说："我认为，祖父给我留下的教益是他对陌生人的感恩之心，以及反思和审视全局的能力。"

同样牵动里克林和其他亲人内心的是，一个人的行为，无论是一个雄心勃勃的年轻人采取冒险行动的决定，还是一个医生的善举竟然可以产生这么大的影响。这个故事不仅为里克林树立了榜样，而且也为家族的其他高成就者树立了榜样。类似于向陌生人求助这样的小事，如何可以给一个家族的几代高成就者开启一道机遇之门呢？

里克林的祖父成了一名医生，在经济上大获成功；大卫的祖母等其他的跨代楷模从来没有机会发挥潜力，但他们的奋斗对子孙仍然具有激励作用。

哈佛大学"父母如何养育我"项目的一位受访者谈到，他的祖母会说中文但不会说英语，祖母也从未上过学，但祖母创办了一家成功的零售企业。这位祖母的职业道德、毅力、真实的求生故事和商业上的成功，以及祖母对他努力学习的鼓励比父母的故事更能激励他，虽然他的父母都是大学毕业生。

还有一位高成就者受到了他从未见过面的舅舅的激励。这位舅舅年纪轻轻就当上了一家《财富》500强公司的首席执行官。这个年轻人经常听母亲谈到舅舅，他刻意模仿舅舅走上了类似的道路，他还不到30岁就成了一家大公司的首席执行官。

高成就孩子受到家族中其他高成就者激励的地方，往往是在餐桌上。

在晚餐的大部分时间，布里·纽瑟姆的父母会谈论社区的时事新闻和家族的前尘往事。布里年纪不大，但这并不妨碍一家人进行餐间讨论。林恩说："布里一出生就加入了讨论。"父母把布里的婴儿椅拉到桌子边，让她也加入谈话。晚餐的交谈贯穿了吉娜和布里的童年岁月。

克拉伦斯说："孩子们听我们谈论祖先，称赞祖先们，并把祖先们视为榜样。这些交谈的内容传达了我们认为对生活和世界而言具有重要意义的事。"布里攀登旗杆的行为反映了克拉伦斯的祖先在南卡罗来纳州参与的民权活动。

纽瑟姆夫妇不仅仅是交谈而已，还示范了他们希望孩子模仿的行为。

父母双双参与了"帮手"活动，这是一个食品发放公益组织。林恩说："我们讨论所做的事情如何帮到其他人，确保布里、吉娜和其他孩子拥有同样的优势和经历。"

女儿们目睹了林恩为贫穷社区的孩子开设课外活动。克拉伦斯既是牧师，也是社区的领袖和代言人，后来还当上了霍华德大学神学院的院长。

林恩说："我们不想创造神童，我们希望他们成为好人。"对林恩来说，"好人"指心地善良、关心他人的人，指和她自己的家人相似的人。布里的家人热爱历史，为自己的种族及身份感到自豪。林恩的母亲在约翰逊·史密斯学院的注册办公室工作。在历史上，约翰逊·史密斯学院是一所黑人大学。林恩还是小女孩的时候在学校图书馆度过了很多时间，她会大量阅读历史著作。她最喜欢的一位姨妈经常谈论家庭的历史和传说。林恩和克拉伦斯对孩子最大的希望是能够为别人代言，提升黑人的种族地位。

高成就者的祖先历经磨难：从美国的奴隶制、布鲁克林犹太人聚居区的贫困到新墨西哥州西班牙人社区的艰辛。他们觉得，如果自己不成功就没有尊重与生俱来的优越性，即他们觉得有义务坚持、继续家族的旅程。

传承家族"自豪"的遗产就好像经营一个成功的家族企业。从历史上看，家族生意不仅确保了家族成员的生存，也保证了企业所服务的社群的生活。价值观、经验与家族遗产一起代代相传，每一代新人都在模仿前辈的足迹，前人种树，后人收获果实并撒下种子，再留待后人培育。

家族精神：超人般自律的基础

每个家庭都会面临挑战，家族成员为克服挑战付出的努力，尤其是在挑战威胁到家庭生存时所做的事情，可以成为一个跨越家族几代人、几十年的工程。一个家族的代际工程可能是积攒足够的金钱以保护土地，抵御干旱；也可能是积累足够的教育，避免遭受经济剥削，或者为竞选政治家积累足够的影响力。

结果，这些代际工程会形成一种共有的家族心态。每代人都为这个工程做出贡献，培养了他们为孩子们树立榜样的能力和态度，也帮助他们更好地生存下去。

夸尔斯家族传承了一种自力更生的农业文化，这是他们过去几代人赖以存活的基础。在夸尔斯的记忆中，家人都秉持这些规则："想得到什么就得自己去挣""生活并不公平""邻居拥有什么财产并不重要，你要用自己的双手去创造"。他们就是这样做的。

夸尔斯最早的学前记忆是关于劳动的。"你能想到的每项活动都与农活有关，都是体力劳动。我们去田里侍弄各种作物、捆干草。"夸尔斯一家人集体上阵，如果庄稼歉收就意味着过不成圣诞节。夸尔斯还不到 5 岁就跟着父亲和母亲邦妮·夸尔斯及哥哥克林特下地播种、喂养农畜了。

从 6 岁起，夸尔斯在农场的劳动价值每小时 1 美元。夏天的那几个月这项工作是固定的，一周 7 天，每天都要下地劳作。上学期间，他放学回家就参加劳动，有时候干到天黑才收工。夸尔斯先生有一本日记，用来记录孩子们的劳动时间。每年他都会把每个儿子当年的劳动时间加起来，减去所有扣除项，例如，如果孩子们打坏或弄破了什么东西，他就会扣除重新购买这件东西支付的费用，然后每个儿子会得到一张支票。为了确保记录的数字正确，夸尔斯像父亲一样做了自己的记录。如果记录有差异，他们会打平。

夸尔斯和哥哥满 18 岁后被告知得自谋生路。"我们没了财源。如果遇到困难，我们会从父亲那里得到一笔借款，将来连本带息归还。我们借过几次钱。"

夸尔斯的父亲似乎有些苛刻。他没有帮助孩子支付上大学的费用，但财务纪律是他一直传授给孩子的功课。多年来，夸尔斯观察父亲会如何处理金钱。他发现父亲会小心地攒钱，为下一笔银行贷款准备首期付款，或结清购买另一台机器的欠账。

美国农村家庭有世代传承农场的传统。但是，尽管夸尔斯家族在该地区生活、劳作了两个多世纪，由于家人的一个误解，夸尔斯的父母没有分到土地。这意味着夸尔斯夫妇必须从零开始。他们拥有技术、工作和积蓄的意愿，还有世代相传的自力更生的精神。他们从零开始逐步建立起经济基础，并掌握了更加富裕和独立的谋生之道，也丰富了夸尔斯的父亲担任领导、服务他人的方式。

年轻的夸尔斯以自己的方式像父亲一样节俭和纪律严明。高中时期夸尔斯担任班长，毕业时他代表毕业生致辞；他在农场工作多年，但只是偶尔给自己买一张 CD，就这样他攒下了 2 万美元。

然而，夸尔斯的储蓄还是不够支付大学学费。父母不提供资助，夸尔斯只得申请奖学金以弥补不足的部分。"高三时，有 3 个月的时间我每天都带一台打字机回家，现在想想那些机器可老了。"他填写了 75 份奖学金申请表，开发了他所谓的"零碎的奖学金计划"。

最大的一笔奖学金来自著名的华盛顿大学。夸尔斯在温室找到父母，向他们报告这个消息。"我父亲开口说出的第一句话是："那么，你怎么支付其余的钱呢？"不是"祝贺你"而是"你得勤奋工作"，他一贯传达的观点是，如果想得到什么东西，就必须自己出去挣。"夸尔斯最终上了肯塔基大学，他父母和哥哥都毕业于该校，因为这所学校的费用低于他申请的其他许多大学。"我们把各种奖学金凑在一起终于上了大学，为了省钱我也在家里住了两年。"当然，他在农场劳动攒下的 2 万美元也发挥了重要作用。

夸尔斯在农场学到了勤俭节约的精神。父亲示范的这种精神是前几代人传下来的，它是超人般自律的基础，反过来又奠定了夸尔斯未来作为学生、政治候选人和当选官员成功的基础。

肯塔基州的天气不可预测，给夸尔斯的祖先带来了挑战；而奠定马尔沃家族心态的基础是路易斯安那州那完全可预测的种族制度与 20 世纪 40 年代贫穷的黑人克里奥尔文化（Black Creole Culture）。弗洛伊德出生于路易斯安那州的一个小镇，最后成了霍华德大学医学院院长，他把这个变化的历程及自己的医疗实践归因于一种自豪的雄心，这种雄心贯穿马尔沃家族双方的 4 代人，他们都有一种"大智若愚"的心态，并且拒绝南方白人认为美国黑人低人一等的说法。相反，弗洛伊德接受了这样一种观点：谁都不应该让别人践踏自己的抱负。

"我一直对教育感兴趣，但它根源于更早的过去，"弗洛伊德说，"我母亲是我真正的动力。母亲有 6 个兄弟姐妹，她出生在路易斯安那州的农村，那儿的大多数孩子不上高中，他们会在田间地头劳动。"

按照当时的习俗，弗洛伊德的母亲应该照顾弟弟妹妹而不是上高中，但她求助于教区的一位牧师，牧师帮助她改变了父亲的想法。"她真的为之奋斗，读到了高中毕业，然后在周末和夜间上学，拿到了学士学位，最终成为一名老师。"

在弗洛伊德小时候，美国南方农村的黑人被视为农工、对教育没有需求，种族间的社会关系受到 "隔离但平等" 的《吉姆克劳法》（ *Jim Crow doctrine* ）的严格限定。这是因为 1896 年，普莱西诉弗格森案中当局的裁定，公共场所单独的隔离设施并不必然等于不平等。

尽管弗洛伊德成长于路易斯安那州的小镇奥珀卢瑟斯（Opelousas），但他像母亲一样 12 岁就开始规划自己的教育了。"母亲的鼓励是通过以身作则体现的。她雄心勃勃地想做一些事情，我注意到了。我想，我和我妻子可能作为孩子们的榜样把一些特质传给了他们。"

像母亲一样，少年的弗洛伊德在小小年纪就对自己的未来做出了成熟的决定。13 岁时他进入了神学院。他会琢磨自己是不是有号召力。"从大约 12 岁开始，我一直想成为一名牧师。我还认识到，路易斯安那州的教育，特别是路易斯安那州一个小镇的教育并不好。这是一个种族隔离的社会，所以很明显，我并不能选择学校。即使在那个年龄我也意识到，如果我想要得到良好的教育，接受我真正想要和需要的教育，那就不能待在这里。所以我当时去神学院的决定有双重意义。我确实想知道我是否有一种使命感，我对此进行了一番思考。然而，我也更想得到更好的教育。当时我认为，进入神学院实际上是解决这两个问题的办法。"

结果证实，弗洛伊德没有继承这份使命。在神学院待了3年之后，"可以说，我回到了世俗社区追求学业。当然，我的学习、在大学教学及成为医生的执着都与服务他人有关，实际上，这同时也提高了我自己的智力。"

弗洛伊德作为一名父亲给女儿们示范了设定崇高的学习目标和服务目标的勇气，也培养了同样有作为的孩子。

谱写家族历史新篇章

并非所有大师级父母都继承了他们希望延续的家族故事。有些人把重新书写家族故事作为更明确的目标。

查克的母亲伊莱恩认为，孩子不应该在大人面前多嘴，而伊莱恩的儿子还是个青少年时就已经在大庭广众下发表演说了；埃丝特·沃西基在一个正统的犹太社区长大，因为是女孩子而受到忽视，而埃丝特培养了3位伟大的女性创新者；贾雷尔的母亲伊丽莎白在寄养家庭长大，后悔自己高中没念完就辍学了。

像伊莱恩、埃丝特和伊丽莎白这样的父母以各自的方式动力十足地谱写了家族故事的新篇章。他们的目标是培养高成就孩子，像萨拉·里克林的祖父那样有朝一日成为激励后人的典范。他们达到目标的方式是示范那些不同于自己从小熟悉的行为。

埃丝特的女儿们以无所畏惧而闻名，这是她们在斯坦福大学校园附近成长的过程中向父母学来的。父母给女儿们示范了"引起轩然大波"是怎么回事：父亲斯坦扩宽了女儿们对宇宙起源认识的边界，而高中新闻学老师埃丝特则用她所谓的人生最重要的两个问题"为什么"和"为什么不"对公共政策发起了挑战。埃丝特说："挑战的诀窍是知道问哪一个。"

埃丝特推着婴儿车挨家挨户抗议诸多不合理的事情，这样的情形并不少见。"他们在我家附近建设了一个住房项目，这个项目密度太大，不合适，我很不喜欢。我必须说服社区的所有人，我必须和大学抗争，我必须和城市抗争，我必须和联邦医疗机构抗争，我必须在所有不同的层次上进行抗争。最后我赢了。"

几个女儿目睹了这一切，埃丝特说："她们觉得很有趣。"

埃斯特的做派及女儿们看着她处理的那些挑战，赋予了孩子们责任感，教导她们谨慎冒险的价值，并向她们证明了一个人有能力改变自己和他人的处境。埃丝特以实际行动教孩子独立。例如，她希望女孩们学会游泳，这样她们就可以在没有母亲监督的情况下独自玩耍了。如果孩子们识字，她们就可以跟着路标的指示走，如果迷路了就可以找到回家的路。会计算则意味着没人能骗她们的钱。这也是一种确保女儿学会与世界互动的方式，这种方式不同于埃丝特的父母教她的方法。

斯坦去欧洲工作，一家人随同前往，埃丝特要照顾 3 个不到 5 岁的女孩，忙得不可开交。"没有电话，没有电，我们的房子位于一个大农场的中心位置，头号邻居是奶牛，它就在窗外，抬眼就看得到。"埃丝特展示出勇挑重担的自信。"我必须让女儿们更加独立。"她说，"她们到处跑，我不知道她们在哪儿。"

埃丝特的回答是典型的冒险事例。她教当时年仅3岁和5岁的女儿学骑自行车时，没有用训练车轮。"我教她们骑车，免得她们撞到奶牛。你肯定没见过同龄孩子像她们那样独自骑自行车的。她们没用大多数人使用的训练车轮。如果你使用训练车轮，她们就会习惯它。但是，如果你教她们不用训练车轮学骑自行车，她们马上就学会了。学自行车的时候你只要扶着孩子，跑就行了。"

拒绝消极的可能自我

消极的榜样可以像积极的榜样一样发挥影响力，因为他们让人知道哪些事情不要去做。社会心理学家达夫娜·奥瑟曼（Daphna Oyserman）称之为"消极的可能自我"（negative possible self），这种自我是你不希望成为的那种人：酗酒的叔叔、失业的堂哥、无精打采的邻居或毫无主见的配偶。

帕梅拉5岁之前由"一大群孩子"抚养，这意味着她有很多榜样可供选择，她模仿了抚养者的许多兴趣。

帕梅拉最喜欢十几岁的蒂奥·弗兰克林"叔叔"，他在一家汽车店上班，所以帕梅拉迷上了乘坐飞快的三菱汽车。另一个叔叔蒂奥·加德尔热爱美式足球，"所以我开始了解美式足球"。4岁时，帕梅拉宣布她最喜欢的球队是布朗科斯队。"我看过他们打球吗？根本没有。但我说：'好吧，我也要选一支球队支持。'"

帕梅拉发现有两个姑姑热爱阅读，"所以我会拿起一本书说：'哦，对，我不同意这一点。'我对我读的内容是什么根本不明就里，但我知道，我想模仿那种看起来酷而老练的行为。"

帕梅拉钦佩"安妮妈咪"。"安妮妈咪"爱听 20 世纪 80 年代的音乐,她钦佩"安妮妈咪"的表现力和独立,"以那种 80 年代野孩子的方式生活,""尽管我会想:'那也很酷,但我要稍微低调一点。'"帕梅拉的目标是,有一天找到一份工作并搬进自己的公寓,"所以我想,我模仿其他那些行为吧"。

甚至帕梅拉年轻的父母都充当了积极的榜样。尽管帕梅拉小时候在多米尼加共和国时父母并不常陪着,但她母亲后来成了一名记者,父亲则成了美国职业棒球运动员。"我会告诉自己:'我有那种 DNA。我做得到。'"帕梅拉回忆道。

那些十几岁的"家长"既给帕梅拉提供了一些模仿的对象,也向她展示了一些需要拒绝的方面。在帕梅拉进入青少年时代去美国生活之前,她已经意识到抚养她长大的那些青少年走的每一条路可以通向哪里,她知道哪些路自己不想走。"我觉得我没有犯很多他们犯过的错误,尤其是小小年纪就怀孕,或者其他各种错误,我觉得我已经经历过他们的每一种生活,因为我跟随着他们。"

当帕梅拉的祖母准备好所有的文件,可以把家人带到美国时,5 岁的帕梅拉第一个和祖母团聚。祖母阿布丽塔成了帕梅拉的第一个成年监护人,帕梅拉认为祖母非常强大,她把家人带到了一个新的国家,帕梅拉希望像她一样。"我奶奶是原动力。她是个有力量的行动者,她是家里不可缺少的人。她像太阳,其他人围绕在她周围,所以,任何命令、任何动作、任何行动都来自她。她是主心骨。"

祖母阿布丽塔注意到,在与那几个十几岁的姑姑们共度的岁月里,帕梅拉养成了独立的个性。她希望帕梅拉保持并加强这种独立性,但同时也给予引导。

祖母给帕梅拉讲了一个故事。这是一个老故事,故事中的女孩不会做饭和打扫卫生。结婚以后，新婚丈夫发现女孩不会做家务，就把她"还给"了娘家。这是一个家庭耻辱的故事。

"我只是不想有人把我休掉，"帕梅拉说，"在我的文化中，如果你会洗碗做饭就是一个好妻子；如果你生很多孩子，你就会受到奖励，被视为了不起的人。我只是想：'哇，在这方面我会不及格的，因为我不是那样的人。'"

阿布丽塔告诉帕梅拉，如果她经济独立就不必担心被"退回"。

帕梅拉的反应是尽可能多地学习，高中毕业时，她是毕业生致辞代表，赢得了一所常春藤盟校的奖学金。她也终于有了自己的公寓，这是她认为的独立的象征。被休女孩这个文化榜样是一种消极的可能自我，帕梅拉确保这种遭遇永远不要落在自己身上。

大师级父母充当榜样的方式不一定符合我们的期待，在这方面帕梅拉是一个很好的例子。她的祖母可能遵循了传统的文化准则，但她教帕梅拉予以拒绝。帕梅拉就是这么做的，这也体现了祖母的影响力。帕梅拉从多位十几岁的"妈咪"身上吸取了教训，无论这些教训是积极的还是消极的。像本书中的其他高成就孩子一样，帕梅拉利用从那些榜样身上学到的很多知识在一个复杂的世界里茁壮成长，无论这些知识多么非正统。

角色 7：谈判专家
教会孩子表达立场、争取权益

> 作为谈判专家的父母从小就培养孩子与成年人打交道的能力。这会帮助孩子变得成熟、自信，成长为训练有素的谈判者。他们能够迅速判断形势，具有同理心，会换位思考，从而预测他人下一步的行动。这些品质不仅有益于自身，也有利于他人。

挑战班主任的 7 岁小女孩

玛雅·马丁（Maya Martin）本科毕业于达特茅斯学院，并获得了哈佛大学肯尼迪学院的硕士学位。7 岁那年，玛雅和她的老师发生了直接冲突。玛雅对这位年轻老师的教学感到失望，这个情形已经持续几个星期了。这一天，老师的行为超过了玛雅能忍受的底线。玛雅盼着放学，迫不及待地想把情况告诉母亲好让母亲挽回局面。讲完与老师对抗的故事后，她问妈妈米歇尔："你打算怎么办？"

妈妈的反应出乎玛雅的意料："我怎么办？不，你打算怎么办？"

"你什么意思？"玛雅惊愕地问道，"我才 7 岁！"

身为大学管理者的米歇尔接着说："玛雅，我不会一直在你身边帮助你，你必须学会为自己辩护。"妈妈倒是帮助玛雅制订了一个可资执行的计划。

之前一年，上一年级的玛雅是班上的第一名。她远远领先于同学，直接跳过二年级在新学年开始时上了三年级。对玛雅和她的家人来说，跳级是个好消息，因为玛雅 4 岁就识字了，一年级老师教的很多东西她在幼儿园就已经会了。玛雅终会遇到挑战的，至少家人是这样想的。

相反，玛雅的老师年轻且缺少经验。"有些孩子喜欢这个老师，因为她教的东西不多，"玛雅说，"她经常带着大家玩儿。她在课堂上教我们做手推车、讲笑话。但是，数学、科学、社会学或英语方面的教学内容非常有限，因为她不太能控制课堂秩序。"

玛雅不参与那些浪费时间的事情。她记得自己当时的想法是："如果想玩，我可以去操场上玩。"孩子们学习娱乐技能时，玛雅躲在教室后排读自己的书。这种情况，她已经忍耐几个星期了。在老师花了几节课讲解翻筋斗的正确技巧之后，玛雅终于忍无可忍了。

老师问玛雅："你为什么不加入这个小组？"

玛雅回答说："因为我宁愿读书。"

老师继续要求玛雅参加娱乐活动，玛雅回答说："你决定教科学、数学、阅读或者社会研究之类的课时我会加入，现在我要读我的书。"

　　玛雅的父母一直教育她，要以尊重的语气质疑成年人。玛雅说，她的父母是"系统性的发问者"，他们从不接受现状。玛雅相信，如果她遵守父母定下的规则，礼貌地表示不同意见，老师就不能把她怎么样。"我从来不大声说话。我总是注意用词，避免使用贬义词。我只是表达自己的观点而已。"

　　然而第二天，老师就将玛雅从高级阅读组降到了低一级的阅读组，这个低一级的小组只读一些薄薄的小册子。她心想："这是什么东西？连书都不是！"就是在那一天，玛雅向妈妈米歇尔求助。在妈妈的指导下，玛雅自信满满地来到校长办公室，要求会谈。

　　看到小姑娘一脸成熟模样、大步流星地走进办公室，校长助理几乎忍俊不禁，但她还是为玛雅预约了校长。那天晚些时候，"我去参加会议，向校长说明情况，要求她亲自来看看"。

　　校长严肃地对待小女孩的抱怨，来到教室检查。有时候玛雅会接替老师示范良好的教学方式，但老师没有任何改进。后来，这位老师离开了学校。"我并不知道发生了什么情况，"玛雅说，"我只知道我们出去休息了一会儿，回来就发现换了一个新老师。"

　　尽管只有 7 岁，但玛雅已经习惯受到成年人的认真对待。"关于种族问题以及我注意到的不平等问题，无论我问妈妈什么问题，她都坦诚相告，从不隐瞒任何信息。她认为，对我来说了解情况比不了解情况更重要。我爸爸是律师，他教导我，如果我可以就某件事进行明智的辩论，我就可以弄清楚状况。"

　　玛雅的父母也培养了她对学习的热爱之情，他们带玛雅参观博物馆、图书馆，会见有趣的人，去有趣的地方，以此满足玛雅的学习兴趣。在家里，书籍像厨具一样常见，使用频率也差不多。但比起其他地方，玛雅觉得学校尤其应该是一个人沉浸于学习的地方。

父母采取这样的养育方式，而老师的教学内容又欠缺，两者短兵相接，遂导致了一场权力斗争。在这场斗争中，玛雅大获全胜，并得到了一些受益终身的教训。第一，如果你对现状不满意，但又不言不语或者不采取任何措施，那么，什么改变都不可能发生。而当玛雅对掌权者说真话时，她得到了第二个教训：如果挑战权威，你可能会付出沉重的代价，即便你在理。第三个教训来自玛雅的妈妈：如果对手的地位比你高，你可能必须越过他们找到食物链上位置更高的人。这三个教训中，最后一个教训最为重要。玛雅认识到，她可以为自己辩护，日后她能够成为华盛顿一个教育组织的创始人，对她的事业而言，现在这个认识是一个很好的准备。

把孩子带到谈判桌上

玛雅的父母是优秀的谈判专家。谈判专家是战略式教养法则中的第 7 个角色。他们从小就教玛雅如何精明能干地与掌握权力的成年人打交道。

谈判专家角色发挥着双重作用，首先，大师级父母教孩子与家庭中的权威建立某种关系。

> 大师级父母以尊重孩子智慧的方式施行规则，鼓励孩子对规则进行成人式的讨论，以此锤炼孩子的推理能力，免得他做出错误的选择。即便大师级父母设定边界，他们也小心翼翼地避免成为独裁者，鼓励孩子为自己辩护，让孩子有选择的机会。

　　其次，大师级父母教孩子如何运用谈判技巧与家庭之外的成年人打交道。就像米歇尔帮助玛雅那样，选择最好的策略来应对她的老师。谈判专家以孩子在家中与父母打交道学到的知识为基础，例如，强调陈述观点时一定要以尊重人的态度说话，帮助孩子做好了成功说明自身主张的准备，可以从他人特别是从有权势的人那里得到他们想要的东西。在孩子年龄还小的时候，这可能仅仅意味着向老师说明情况，要求老师允许自己在课堂项目上有更多的选择。但是，每一个新事例都给孩子未来的成年生活提供了必要的实践，到那时，高成就者做的有关决定可能涉及数百万美元或者数千条人命。

　　最后，无论父母是含蓄暗示还是明确表述，孩子们从作为谈判专家的大师级父母身上学到的概念之一来自名为"最佳谈判协议替代方案"（简称BATNA）的谈判理论。如果因为无法达成协议，谈判以失败告终，那么，BATNA是他们可以采取的最佳行动方案。如果他们拒绝接受谈判对象提供的最优惠交易，那么这是他们剩下的最佳选择。

　　例如，家长希望13岁的孩子和他们一起去探望孩子的叔叔，但孩子不想去。父母可以对他说："如果你去，我给你30美元。"孩子可能会选择满足父母的意愿，并得到30美元，这样双方都很高兴。但如果叔叔非常无聊或者不好玩，孩子可能会决定采取BATNA，即待在家里分文不得。

　　在亲子之间讨价还价时，战略式教养的艺术是确保孩子认真考虑所有选项，而不是过于着急地定下其中一个。为了确保孩子认真考虑待在家里的决定是否真是最优选项，家长可以指出，回家路上会经过购物中心，孩子可以去那儿用30美元买他想要的牛仔裤。

　　与孩子进行精明的谈判也可以让他们了解立场和兴趣之间的区别——立场是他们表示想要的东西，而兴趣是他们想要某样东西的根本原因。

在上面所举例子中，精明的家长可能会问孩子："到底什么样的兴趣会让你觉得宁愿待在家里、分文不得，也不愿意拜访叔叔？"孩子可能会说："乔治叔叔家没什么有趣的事可做。"这个回答让家长意识到，孩子的目的在于避免无聊，于是可以据此提出建议："你可以带上你最喜欢的书或者在手机上玩电子游戏！"这种来回讨论的方式有助于孩子养成彻底权衡各种选项的习惯，并减少他们忽视潜在解决方案的可能性。

作为谈判专家的父母帮助孩子变得成熟，让他们在关键时刻占据优势。

孩子如果口齿伶俐、自信，会给潜在的盟友留下深刻的积极印象。孩子们会成长为训练有素的谈判专家，有能力退后一步，迅速对情势做出裁决。孩子们还会具有同理心，有能力换位思考，从而可以预测他人的欲望和下一步的行动。孩子们运用这些技巧不只是为了自己，也是为了他人的利益。

允许谈判并不意味着满足每一个愿望

我们访谈的高成就者分享了几个好玩的例子，他们都因为自我辩护得到了父母的奖励。"我和父亲进行过一次争论。我在学校因为没有玩具而无法参加表演，这会给我带来负面影响，"玛雅回忆说，"我将成为一个被排斥的孩子，谁都不和我说话。上学路上我们去了玩具公司，父亲让我挑了一个新玩具。我妈妈认为这事荒谬可笑，但爸爸说我提出了很好的论点。"

在另一个例子中，苏珊娜和苏泽特想加入男童子军。她们的母亲尤其不赞成这个想法。在母亲看来，作为一群男孩中仅有的女孩是"一种折磨"。但姐妹俩提出了一个很好的论点，即对她们来说，参加女童子军不够有挑战性。苏珊娜回忆说，男孩子们要"野营、徒步旅行、划独木舟、游泳、攀绳"。她们说服了父母。这对双胞胎成了开路小先锋——她们加入的男童子军小组成了第一批、也是当时美国唯一一个允许女孩加入的男童子军小组。

然而，允许孩子谈判并不意味着满足他们的每一个愿望。马尔沃姐妹想参加海边派对，派对上可能发生局面失控的状况，除非由父母陪护，否则她们可能无法说服父母。如果父母提出这个方案，女儿们肯定会选择她们的 BATNA，放弃参加派对。有些事情根本不用讨论，涉及 R 级电影时，父母的态度很干脆——一口回绝。

> **大师级父母给孩子很多机会让他们做选择练习。父母会交代清楚自己设定的边界，在边界范围内，他们允许讨价还价，也会妥协，去找到满足父母和孩子双方的解决方案。这一切的前提是孩子说理充分。**

然而，谈判专家都强制执行一条特定的规则：孩子一旦开始做一件事就不许终止。一旦孩子启动一个爱好或兴趣就必须坚持下去，至少坚持一段时间。大师级父母通常允许孩子做出最初的选择，引导和鼓励他们进行探索直至找到热情所在。一旦孩子做出了选择，坚持一段时间就成了一个不容谈判的要求。一旦达成协议，就不容许孩子反悔。

丽莎允许女儿每学期选择一项课外活动，只有在学期结束后才可以放弃。"我从不希望她对我说'我不想再学这个了'，因为一旦她这么说而我同意她停止，那么未来人生中她就会觉得，什么都可以放弃。我想减少这种机会，所以她必须把一项活动坚持一个学期。"

7 岁时，亨布尔肯求父亲让他学钢琴。"不行，"老鲍勃说，"我不确定你已经准备好了。"

亨布尔继续坚持，说自己已经准备好了。最后，老鲍勃屈服了，但并非没有限定条件："你得坚持5年之后才准许放弃。"亨布尔急切地同意了："我要学。我永远都不会厌倦的。"

上了几次课后，钢琴老师发现亨布尔有一周没有练习，并质问了他。老鲍勃说："老师很冒火。"

亨布尔说："我不想再学了。"老鲍勃可不会让亨布尔违反合约，他告诉儿子："再过4年9个月零两周，你就可以放弃了。"

几年后，老鲍勃的一位音乐家朋友注意到亨布尔擅长识乐谱。她告诉亨布尔，他不必练那么多，只要足够糊弄钢琴老师就可以了。亨布尔回忆说，这句话给他"注入了新的生命"。亨布尔不再练得烦躁不安了，而是开始享受弹琴的乐趣，并坚持学习了9年之久。

老鲍勃以对孩子的深刻理解为基础提出了钢琴学习协议。他知道小小年龄的亨布尔很快就会想放弃，但他也知道，如果坚持下去，亨布尔不仅会获得音乐技巧，而且还会得到宝贵的人生经验。"我相信，让他坚持做一件事是我给他的最好的训诫之一。"老鲍勃说。

爱因斯坦大约5岁的时候，妈妈保利娜发现他常常难以集中注意力。保利娜是一位很有造诣的钢琴家，知道学习乐器可以培养纪律和专注力，于是她请了一位导师来教儿子小提琴。爱因斯坦先是对小提琴老师大发脾气，然后举起一把椅子朝他扔去。保利娜不允许发生这样的事情，给儿子另外请了一个老师。保利娜对让爱因斯坦学习乐器这件事很坚持，爱因斯坦的注意力因此真的提高了。

有些时候，与孩子谈判是合适的；也有些时候，父母知道什么最好，就必须把自己的意志强加给孩子。

与学龄前儿童谈判是保持平衡的艺术

谈判专家的部分工作是找出对自家孩子最有效的训诫方法。大师级父母会权衡他们可以采取的各种行动，并选择最有可能产生他们想要的那种结果的行动。如果保利娜·爱因斯坦是一位对孩子听之任之的妈妈，儿子拒绝学习小提琴时屈从于他，那么爱因斯坦会取得学术上的突破性进展吗？爱因斯坦把相对论称为"一种音乐思想"，自称是凭直觉想到的。爱因斯坦的大儿子汉斯曾经说："每当父亲觉得走到了道路的尽头，或者在工作中遇到困难的时候，他就会躲进音乐中，通常所有的困难都迎刃而解。"

到上幼儿园的年龄时，书中介绍的高成就孩子很少出现行为问题，但在此之前，情况可能会有所不同。有些孩子，特别是布里·纽瑟姆和大卫·马丁内斯的意志十分顽强。他们的父母必须琢磨，如何在设定界限又不破坏孩子的意志力之间达到恰当的平衡。

林恩和克拉伦斯很早就知道，塑造他们希望布里具备的那些品质需要洞察力和耐心。有一次，克拉伦斯注意到两岁的布里吃了太多的爆米花。"我劝她别再吃了，但她根本不理我。我说：'爸爸说了，你吃的爆米花够多了，你得停下来。'她一秒钟也没有停止，继续把一颗爆米花放到嘴里。"高大魁伟的克拉伦斯站起身来，以一种稍微带点威胁意味的方式朝布里走去，但他并没有吓到小布里。小布里也站起身朝他冲过来。克拉伦斯大吃一惊："很多孩子都会退缩，但她迎向我，好像在说，'你想打架吗？'我意识到自己正面临挑战。"

克拉伦斯把布里举起来，但没有打她让她屈从。"我必须赢得布里的信任，但要以让她尊重我权威的方式达到这个目的。我在和一个无畏、勇敢的人打交道。我本能地决定抱住她，紧紧地抱着她，但不伤害她。"

布里奋力想要挣脱父亲的控制，但办不到，顽强的意志化作了纷飞的泪雨。"我紧紧地抱着布里，在房间里转圈，对她说：'好了，爸爸爱你，但你要听爸爸的话。'这样一来，我们之间建立起了联系。我很早就意识到，对于这个孩子，如果不赢得她的尊重，就很难同她建立联系。"

> 从孩子还是婴儿开始，大师级父母就学着做孩子的学生，学习如何根据孩子的个性、兴趣和嗜好调整自己的养育方式和交流方式。他们拒绝孩子公然的错误行为，此外，他们会避免将与孩子个人倾向不一致的想法或行为强加给孩子。

相比于布里，大卫是个更难对付的孩子，尽管长大后可能看不出来。大卫27 岁时当上了美国外交官，在中东地区和拉丁美洲担任高级职务，并多次获得国家级荣誉。作为一名外交官，大卫沉着冷静、能言善辩、善于自我反省，是一位资深谈判专家。他的今天离不开他两位有才华的谈判专家兼大师级父母的塑造。

马丁内斯家有两个儿子，大卫是老大。4 岁的大卫很难管教，因为"破坏性"行为在幼儿园过得痛苦不堪。大卫的父亲李·彼得斯说："我们必须利用他的能量，把它引向积极的方向。让他忙起来、学东西，或者做一些有建设性的事情，不要让他分心或者找麻烦。"

大卫的母亲卢·马丁内斯说："我觉得自己像是一条离开了水的鱼，无能为力。我喜欢孩子。我与侄子、侄女之间的相处从来没有遇到过任何困难，但带大卫让我感到力不从心。他太难带了，我完全搞不懂他。"

甚至还在婴儿时期时，大卫就是个相当磨人的孩子。"我没法安慰他，"卢说，"现在我意识到，他那时的行为可能是对我焦虑情绪的反应。作为一个活跃的天才孩子，他可能感觉到了我的不安。"

卢回忆说，丹尼尔只比大卫小一岁，而他太好哄了。"只要我稍稍提高对丹尼尔说话的声音，几个月之内他都不会再做出招致那种训斥的行为。丹尼尔不想惹父母生气，所以他很不一样，"卢说，"我很难找到管教大卫的方法……我会让他暂停活动，让他回到自己的房间，但他会依旧坐在那儿玩。我并没有改变他的行为。"

在大卫 4 岁的时候，卢终于想到了解决办法：让他一个人待在浴室里，在那儿，除了独处和无聊他什么也做不了。他家的浴室有几道门，厕所、浴缸和水槽之间是隔开的。卢说："我关上那扇门，然后他就待在那个有水槽的地方。"在那里，大卫既不会损坏什么东西，也不会伤到自己。"我在那儿放了一个小凳子，他只好坐着。他和大人分开了，也不能参与交谈。用这个惩罚措施，我总算是可以舒一口气了。"

大卫最强烈的愿望是有事可干，学习、玩耍或者与他人互动都行。如果隔离是实现父母愿望的 BATNA，那么，按照他们的愿望行事就是大卫的优选方案。

作为谈判专家，大师级父母必须在执行严格的限制与为孩子提供空间、发展调节自己行为所需的判断力之间取得平衡。回想一下戴安娜·鲍姆林德的权威式养育理念，这种养育方式可以培养孩子取得最理想的学术成就和行为结果，既表达了慈爱，同时也设定了一以贯之的边界。

作为谈判专家，大卫的父母利用儿子旺盛的精力，有时候与他讨价还价，有时候为他做决定，让他朝着积极的方向前进。

允许孩子自己掌握方向盘

谈判专家的角色最鲜明地体现了战略式教养与虎妈或虎爸式养育之间的差异。最近，有人鼓吹虎妈或虎爸式养育培养了成功的孩子。虎妈或虎爸式养育持高度专制主义的观点，认为父母的观点在几乎所有情况下都应该主导子女的行动。如果孩子想做的事情不是父母认为的最好的事情，就会遭到草率的否决。相反，大师级父母会尊重孩子的观点，倾听孩子，让他们在做出最终决定之前为自己的愿望进行辩护。大师级父母也把孩子作为个体考虑，而不是强加给孩子一个一刀切的成功概念，或者一条通往成功的特定道路。

虎妈、虎爸和大师级父母都非常注重孩子婴幼儿期的学习和学前教育，他们都与家庭以外的其他人进行谈判，保护孩子的利益，也都重视高成就。然而，在做决定时，虎妈、虎爸给孩子的自行决定权少得多，在涉及孩子如何使用时间的问题上尤其如此。

虎妈和虎爸很严格，大多数美国人认为正常的活动他们都予以禁止。在《虎妈战歌》（*Battle Hymn of the Tiger Mother*）中，作者蔡美儿写道："这是我绝不允许女儿做的一些事情。"她列举了在朋友家过夜、玩乐活动、抱怨没有参与学校戏剧表演，等等（见表 11-1）。

对于大师级父母的孩子来说，去朋友家过夜和玩耍是可以的，看电视和玩电子游戏也是可以的，只要先完成家庭作业。没有"正确"的乐器或者课外活动之说，也不要求什么等级或者班级名次。对大师级父母来说，重要的是孩子能够形成自己的理想自我，并孜孜不倦地追求。孩子可能需要就如何、何时追求这一愿景与父母协商，但愿景是他们自己的，父母会毫不含糊地予以支持。

表 11-1　虎妈蔡美儿与大师级父母

虎妈蔡美儿禁止的事项	大师级父母的作为和允许的事项
· 考不到所有科目的第一名，体育和戏剧除外	· 鼓励孩子参与竞争，尤其是与过去的自己竞争，成为最好的自己，不一定非得是第一名
· 自行选择课外活动	· 鼓励孩子坚持自己选择的激情项目
· 看电视、玩电子游戏	· 尽管大师级父母限制孩子看电视，但并不完全禁止。孩子完成家庭作业后，可以看电视
· 成绩低于 A	· 我们访谈的高成就孩子几乎都是优等生，但只要相信孩子尽了最大的努力，大师级父母不介意孩子的成绩不那么完美

　　换言之，虎妈或虎爸式养育和战略式教养的区别不仅仅在于父母是否让孩子有时间与同龄人社交，允许他们在朋友家过夜和玩耍，或者允许孩子追求戏剧、鼓乐、电子游戏之类的非学术型爱好，而是在于，在决定孩子的兴趣以及制定表现标准时，谁掌握着方向盘、谁有决定权。

　　玛吉家住在长岛北岸的一个小镇上，距曼哈顿车程不到 2 小时，他们是一个音乐之家。玛吉的母亲拉小提琴和中提琴，父亲是一个低音提琴手，也在夫妻俩拥有和经营的小提琴学校担任音乐老师。玛吉是 4 个兄弟姐妹中的老二，其他兄弟姐妹也都学习弦乐器演奏。

　　他们也是一个讲究纪律和例行程序的家庭。"我妈妈是家里第一个起床的。她早上 5∶15 左右起床，先把狗牵出来洗澡。她把我们一个个叫起来，然后命我们洗澡。我的哥哥动作麻利，所以他第一个洗。我最后一个洗，因为我的头发长。然后我们穿好衣服，跌跌撞撞地冲到楼下，在厨房和妈妈聊天，匆匆吃个早餐。"

　　早上 6 点，4 个孩子开始晨练。玛吉说："我们会拉音阶和基础的东西，就像运动员拉伸身体一样。我们都有自己练琴的房间。我们的房子很小很旧，但每个人都有自己的角落。在不在自己的房间都没关系，我妈妈会在楼下的电脑室、餐桌旁，或者在厨房，她听得到每个人的声音。所以，声音一停止她就会大吼一声：'我听不见你的声音！'"

　　毕业之前，玛吉每天上学前都要练琴。"我妈妈会说这样的话：'每次拉错了，你都要解除肌肉的记忆，重新进行正确的练习。'所以，每拉错一次都要拉对 10 次才行。记得我在乐谱架上放了一些便士。这边有 10 个便士，拉对了就放 1 个到那边去。如果漏音或者拉得不正确，就拿回 1 个便士；然后我必须拉正确，这时，1 个便士都不许动；再拉正确一次，才能把 1 个便士放过去。"

　　听起来，在严格程度上这套例程不亚于任何虎妈、虎爸的规定，但情况并非如此。玛吉和她的兄弟姊妹有其他选择。有段时间，孩子们希望改变例程。"我记得高中的时候总是感觉很累，想睡懒觉。我妈妈会提出这样的选择：'好吧，你早上想睡觉，那你可以回家后下午 3 点开始拉小提琴，看看感觉如何。但是你知道工作量不会变，只是换个时段。'"孩子们把练琴时间改到放学以后，玛吉说："我们感觉很厌烦。"他们发现妈妈是对的。早上完成练琴任务确实会感觉好得多。

　　孩子们这种选择的权利不仅仅包括练习的时间，还扩展到了是否练习。玛吉说，如果哪个孩子彻底不想学习器乐了，父母不会反对。这不同于不允许孩子谈判而做决定的方式。玛吉的哥哥大些以后，确实停止学习了一段时间，他在咖啡店工作了几年。最终他还是回到音乐上，并获得了一个硕士学位。

　　玛吉的父母制造的结果与虎妈、虎爸通常寻求的结果是一样的，但是任何了解他家情况的人都发现，玛吉的父母不是专制独裁式的管理，他们家也不是天才制造工厂。相反，在这个充满例程与自由的家庭，有书籍、有交谈、可以看电视，真的是连墙上都跳动着音符。他们晚餐期间的讨论很活跃，阅读是大家都喜欢的爱好。

　　"我得说，我们的餐厅里至少有两三百本书，"玛吉说，"有伟大的文学作品，有不那么伟大的文学作品，搭配得很好。我不会说我父母在读梅尔维尔或福克纳，但他们读书。我父母睡觉前总会看会儿书，他们总是带我们去图书馆。我妈妈说：'你想从图书馆借多少本书都可以，只要拿得动。'我喜欢囤书，所以我的书和我共享一张床。我的枕头下经常放着 10 ～ 12 本书。我把它们堆在那儿。记得夜间我透过卧室门窗，总是能看见父母坐在床上看书。"

　　说到童年早期的音乐课和所规定的纪律，玛吉的母亲不仅仅是为 4 个孩子制定了这样的规则。她是小提琴老师，接受过铃木方法学的培训。这是一种教幼儿演奏弦乐乐器的方法，要求以非强制性的方式教授正确的演奏姿势和站姿。它的创始人、日本小提琴家铃木新一博士认为，这种方法所依赖的哲学和人文基础也可以启发孩子们，让他们在生活中遵循和选择正义的道德准则。玛吉早期的音乐课非关完美，而是要学习纪律和那种晓悟的体验。大师级父母要让孩子明白努力学习的价值和回报，尤其是在追求自己所喜爱的东西时。

虎妈或虎爸式养育与战略式教养的相似程度会不会超出我们的预期？文化背景与什么养育方式最有效的相关关系又如何？玛吉从小由非常细心的母亲抚养长大，从两岁起就成为一名训练有素的小提琴手，有人可能以为她是亚裔美国人，但其实并不是。

高成就孩子的教养法则的基本特点会不会也是虎妈或虎爸式养育的特点呢？

大师级父母和虎妈、虎爸之间的根本区别似乎在于，大师级父母选择激励孩子追求卓越，而虎妈和虎爸则强烈要求孩子必须卓越。不过，一个有趣的可能性是，虎妈和虎爸也会给孩子激励，实际上不会如此高压。

虎妈蔡美儿谈到女儿上学之前那几年接受的教育，她的做法与大师级父母大同小异。例如，蔡美儿是一个强大的学习伙伴，在女儿两岁之前她就用游戏教女儿认识字母，她形容孩子小时候吸收知识像海绵一样。一位儿科医生声称，18 个月大的孩子不可能认识字母，蔡美儿的女儿则证明他错了，医生只好收回自己的话。

蔡美儿在书中引用了一封信，字里行间表明，在某些方面她的女儿所受的教育很严格。蔡美儿的虎妈式做法确有其事，实实在在地发生过。蔡美儿的女儿也谈到，父亲教她自主思考、做自己，她认为跟母亲相处也很有趣。这让人怀疑虎妈或虎爸式养育的关键因素是否真像蔡美儿所说的来自中国，换句话说，是否虎妈或虎爸式养育的一些因素恰好与战略式教养的一些做法相吻合呢？

战略式教养是优秀的美国式养育风格吗

　　蔡美儿说，对一种文化进行概括会把每个人都搞得局促不安，但她其实就是这么做的，并且越来越多的对比美国父母与亚洲父母养育方式的研究也是这样做的。大家的共识是，所谓的虎妈或虎爸通常都是亚洲父母，他们基本上都是家庭独裁者，不允许子女质疑或挑战父母的观点。

　　为了改变世界，孩子需要发展说服能力。采用战略式教养法则培养出来的孩子很早就开始和谈判专家父母一起，学习如何倾听和捍卫一个观点。因此，他们擅长使用给别人施加影响力的工具。然而，传统的亚洲父母不太可能鼓励孩子与权威人士进行谈判。

　　蔡美儿来自中国南方，她在书中说："我父母不给我任何选择，也从来不征求我对任何事情的意见。"然而像其他许多美国人一样，她的犹太裔美国丈夫的父母"相信个人选择，重视独立、创造力和对权威的质疑"。蔡美儿批评公婆和其他美国人给孩子太多的选择自由，听起来他们像是扮演谈判专家角色的大师级父母。那么，这个角色以及整套战略式教养法则是否植根于一种特定的美国意识形态呢？

　　在标准化考试中，美国孩子的分数低于其他几个国家孩子的分数，所以，现在世人都去别的地方寻找培养成功孩子的最佳范例。然而，标准化考试并不是衡量成功的充分标准——它们只涉及认知技能。正如我们所看到的，充分实现自我需要更多的东西。

　　我们认为，即使在其他国家，战略式教养法则也能产生好的效果。难道是因为它植根于美国人的个性和自由的思想文化吗？培养自我表达和谈判技巧的战略式教养法则是不是一种独特的美国式养育方式呢？

　　答案是肯定的。为了有效发挥谈判专家的作用，父母需要鼓励孩子以尊重他人的态度表达相反的观点。由于文化背景的不同，美国父母更愿意培养孩子独立思考自由表达的能力。

我们为这本书采访的其中一位母亲叫马哈鲁，她拥有大师级父母的所有品质。她是一名在美国生活了几十年的伊朗裔护士，有战略头脑、聪明、倔强而果敢。她有3个儿子，大儿子特洛伊是一位美国神经科学家。尽管特洛伊有出色的科学能力，但他既不是战略式教养法则的产物，也不像本书中的其他高成就孩子自我实现的程度那样高。

还记得吗，充分实现自我＝使命感＋自驱力＋才智。我们询问特洛伊，父母是否培养他有使命感，他一再坚持说不："我不认为我的生活有使命感。"特洛伊解释说，自己的确有好奇心，但没有使命感。一个由如此聪明和有使命感的父母养大的年轻人怎么可能没有发展出一种改变世界的动力呢？在其他所有方面，特洛伊都和我们采访过的其他高成就孩子很相像。

特洛伊的回答饶有趣味，他说："我可以毫不犹豫地告诉你，我们的文化中并不存在个人哲学的概念，表达这种观念的精英少之又少。"

我们研究的其他一些高成就孩子也不是美国人，而是像特洛伊的父亲一样，父母双方或其中之一在美国学习过。那些没在美国学习过的人，他们也钦佩美国孩子的自由思想和独立思考能力，并会这样养育孩子。

然而，来自亚洲的高成就孩子的故事不同于这种模式。在他们中间很难找到扮演谈判专家角色的父母，却出于完全不同的原因。

从外部看来，亚洲裔美国人似乎限制孩子的自我表达权。然而，美国人所理解的禁止挑战权威，中国人称之为"孝顺"，意在"训练"孩子适当或可预期的行为。根据研究者赵露丝的说法，让孩子"孝顺"不是要操控孩子，而是要确保维持和谐的关系，以及家庭的完整性，实现社会目标。

这些家庭的和谐关系包括儿童对成人命令的服从。汉字"关"有统治之意，与多年的学校教育关联最强，既适用于老师在课堂上对孩子的控制，也适用于家长在家里对孩子的控制。它意味着关怀、担忧，同时又实施坚定的控制。作为对长辈关心、担忧和奉献的回报，儒家思想提倡年轻人对长辈表现出顺从、尊重、忠诚，或者说"孝顺"。大家相信，这种尊重成年人的传统会教导孩子做出良好的行为，让孩子在学校学习更努力和表现得更好。

然而有证据表明，华裔美国人更倾向于战略式教养而不是我们所认为的虎妈或虎爸式养育。在谈虎妈或虎爸式养育的第 3 章，我们引用了 2013 年一项针对 444 名美籍华裔儿童及其父母的研究，研究证实虎妈或虎爸式养育确有其事。然而，研究也发现虎妈或虎爸式养育在父母效能方面排名第二，落后于作者所说的"支持性养育"。在父母与孩子的互动过程中，支持性养育更温暖和理性。支持性养育的原则与战略式教养法则密切相关。

2013 年，这项研究的作者写道："它实际上是支持性养育，而不是虎妈或虎爸式养育，它与孩子最佳的发展结果相关，如较低的学习压力、较高的平均成绩，较高的教育成就、较低的抑郁症状，较低的亲子疏离程度，以及较高的家庭责任感。"

丽莎是韩裔美国人，很难说她是一个虎妈，尽管她赞赏蔡美儿的一些做法，并且对这种亚洲养育方式的赞同甚至更多。例如，她喜欢这种观点：孩子在学习乐器或掌握一项技能中途遇到困难时，一定要坚持让孩子渡过难关，因为这会让孩子觉得"哦，我父母相信我可以取得更好的成绩"，这其实是虎妈或虎爸式养育和战略式教养法则的共同点。然而丽莎却认为，许多美国人不知道韩裔美国人，特别是出生在美国或者在美国生活过的韩国人，正在极力推动一种更美国式的养育方式，这种方式与战略式教养法则更类似。

丽莎每年夏天都去韩国，几年前韩国一家电视台制作了一部纪录片，丽莎在片中谈到自己的研究专长和元认知，以及自己对思考行为的一些看法。这部纪录片的主旨是影响韩国的家庭养育和学校教学观念，提倡培养孩子的创造性和开放的思想表达。丽莎说："这个节目被冠以《如何让你的孩子成为第一名》之名，目的是吸引很多人观看。"这个节目广受欢迎，观众达 300 万人。

"我让认识的很多人观看，他们都看了，觉得很有趣。"丽莎说，"看完之后，大家会说：'哦是的，快乐。我们需要让孩子们以某种方式学习，思考他们自己的想法，而不仅仅是听老师的话。'"

然而，丽莎认为变化不会一蹴而就。她说，这种变化必须由越来越多她这样的美籍韩国人引领，这些人可能出生在韩国但在美国生活过，他们应"经历过一种不同类型的教育"，像本书中的大师级父母一样，采取这种教育方式的家长鼓励孩子发展创造性，为自己辩护。

—————————————————————————————————— THE FORMULA ——

谈判专家的最高目标

我们很容易假设，玛吉的父母以及本书中其他大师级父母都是严厉的独裁者，这样我们就可以同情"那些可怜的孩子"以减轻我们的心理压力。因为我们平时会说："我希望我的孩子成功，但不能以他们的快乐或幸福为代价。"然而事实是，它并不适用于玛吉或其他高成就孩子的情况。高成就孩子不仅出色，而且乐在其中。

德尔渴望得到那些非正式的教导和与父亲交谈的机会；每天晚饭前背诵算数表时，丽莎和弟弟几乎难以抑制兴高采烈的心情；玛吉不曾有过不喜欢拉小提琴的念头。这些高成就孩子之所以取得大成就，并不是被迫为之，而是因为父母把他们的注意力吸引到了学习上，然后提供继续学习所需的资源。

作为谈判专家的大师级父母既培养了孩子对兴趣的热情，又为孩子提供了将这种热情塑造为实现成功的工具。作为机敏的决策者，谈判专家会聪明地为孩子赢取关注，争取帮助孩子获取梦想的资源。如此，孩子做好了通往世界的准备，同时也越来越接近于他们最好的自我。

> 卓越需要激情和自我调节之间的平衡。大师级父母为孩子提供空间，让他们追求兴趣并练习自主支配时间和行动，同时不放弃为孩子提供指导的责任。

12

角色 8：全球定位系统
培养内化于心的判断力

> 全球定位系统不同于战略式教养法则中的其他角色，它不是实时影响孩子，而是以回声的形式将大师级父母智慧的结晶闪现在孩子的大脑中。

根植于孩子记忆中的智慧结晶

5 岁之后，桑谷·德尔根据妈妈的要求每晚睡前都要进行一个奇特的仪式："在你做睡前祷告之前，我希望你去浴室照照镜子，并问自己'我今天做了什么？我真的可以信心十足地说，我今天做了有用的事情吗？'如果你对自己今天的所作所为充满信心，那就做睡前祷告，然后上床睡觉。"在很多个夜晚，德尔都需要先去家里的小图书室读书、学习，直到学到新东西，并"觉得完成了任务"。

即便离开家上了大学，德尔仍然牢记母亲的话，直到今天，这些话仍然是一种引导力量，提醒他，不要浪费个人成长的机会。

"真的发生过这样的情况,我祷告完了,都要上床睡觉了才发现'今天没做任何有用的事情'。这时候我不会去睡觉,因为如果这天没有完成任何事情,那我就不能去睡觉。所以,我会回到图书室读点儿东西。"这并不是说德尔总是喜欢听母亲的话。"当时我觉得这很怪异。记得我曾想:'我为什么要这样做?'但是,年纪越大就越理解母亲让我这么做的理由。"

我们访谈的所有大师级父母都传递了德尔母亲这样的独特忠告,多年以后,他们的话作为一种内在的声音在成年子女头脑中回响,在最需要的时候给他们提供智慧和指导。

回想一下,罗布·亨布尔大学一年级时那个内在的声音告诉他,他可以制造机器人。亨布尔焦虑不安、感觉力不从心,他需要一个理由让自己相信,自己能够在一个令人不知所措的挑战中取得成功。父亲老鲍勃终其一生都在向亨布尔证明,他靠自己能够想出办法。实际上,亨布尔最喜欢父亲说的这句话,"如果你可以进行分解,就可以搞清楚状况"。这正是亨布尔那天听到的内在声音,这个声音告诉他该怎么办。

查克·巴杰的母亲伊莱恩植入小儿子内心的教导是自我实现的重要性。伊莱恩常常告诉儿子:"外表有时就是一切。你只有一次机会给人留下第一印象。"伊莱恩明白人们会根据儿子的外表决定是否尊重他,并认定儿子需要"以中产阶级的形象出现"。对伊莱恩来说,这意味着儿子要重视着装方式。查克无数次听他妈妈说:"你必须融入群体,而不是群体必须适应你。"

伊莱恩解释说:"我绝对禁止某些情况,比如穿低腰裤、穿鞋子不系鞋带、头发蓬乱。我特别介意儿子出现在公共场合的样子,他必须看起来很体面。我父母就是这样要求我的,所以我会继续那样培养儿子。"

查克自信十足地置身于政界群体中的时候，"形象良好"的准则继续引导着他。从色彩鲜艳的袜子，到标志性的领结、袖扣，再到人们熟知他爱穿的泡泡纱西装，查克仍然遵循他母亲的这个信念——人们总会对你评头论足。

20多年后，玛吉骄傲地站在了卡内基音乐厅的舞台上，这时妈妈教她的平衡物理学知识发挥了作用，那可是在她刚学小提琴、努力站好脚姿时妈妈教她的。布里·纽瑟姆的父亲总是说，人要有立场，在布里俯视南卡罗来纳州国会大厦旗杆下面的警察时，父亲的话语仍在耳畔回响。大卫·马丁内斯的父母教导他设身处地为别人着想，尤其是为那些处境不太好的人着想。

亨布尔、查克、玛吉、布里、大卫和其他高成就孩子谨记父母的教诲，这是战略式教养法则最不寻常的一个角色——全球定位系统。经过多年的重复和持续表达，大师级父母智慧的结晶牢牢植入了子女的记忆，就像全球定位系统的导航功能，可以防止孩子走错方向。全球定位系统这一角色不同于战略式教养法则中的其他角色，它并不是在实时影响孩子。

> **作为全球定位系统，父母给孩子的教导超越时空，孩子记住了他们曾经说过的话、做过的事，父母会以这样的方式发挥作用。这些记忆是父母扮演战略式教养法则的所有角色时全部作为的终极体现，在成年子女需要做出决定或者迎接挑战时，会以回声的形式闪现在他们的大脑中。**

孩子从父母那里学到多少东西在很大程度上取决于他们的接受能力，在成年后，这种品质体现得最为显著。大师级父母通过扮演多个角色，把智慧传递给孩子：比如哲学家角色，想想德尔的父亲告诉他，要远离马屁精；又比如谈判专家角色，回想一下米歇尔就如何对付老师给了玛雅实用的建议；再比如榜样角色，想想夸尔斯的父亲向他展示了如何做一个领导者。然而，在接受父母教导的知识方面，有些孩子强过其他孩子。我们的高成就孩子非常乐于接受新知识，他们不仅听取大师级父母的建议，还打包带走、随身携带。父母的智慧以"全球定位系统"的形式留在了孩子的脑海里。

然而，扮演全球定位系统角色的父母留给孩子的不仅仅是一两句格言，这些精练的智慧表达只是扮演这个角色的父母所采用的一种形式。在更广泛的意义上，全球定位系统是孩子从父母那里学到的各种生活经验拼凑而成的洞察力地图。它给孩子提供了一种方向感，可以帮助高成就孩子驾驭自己的生活，成为充分实现自我的人。

孩子成长之路上的洞察力地图

在女儿们成长的过程中，墨娜·马尔沃给了她们很多名言警句。如果墨娜想让女儿继续做看似不可能的事情，她会告诉女儿们："任何事情你都可以做上 3 个月、3 年或者更长的时间。"

其中有一条格言最鼓舞人心。苏泽特·马尔沃回忆道："妈妈曾经说过，'恐惧归恐惧，该做什么就做什么。'那是一本书的名字，她读过这本书，我也读过。实际上，我读了很多遍。记得这是她很早就强调的一点。妈妈肯定会告诉苏珊娜和我，只要用心，没什么事情做不成。"

马尔沃家的女儿们做到了——从加入男童子军到周游世界，以及接受人生中最困难的挑战，比如母亲被诊断出患上了肌萎缩侧索硬化（以下简称ALS），这是一种毁灭性的疾病，无法治愈。面对这一晴天霹雳时，她们从母亲身上学到了一句简单但有力的话，那就是"恐惧归恐惧，该做什么就做什么"。这句话帮助她们镇定下来，并尽可能给母亲最好的照顾。

母亲拿到诊断书时苏泽特和父亲陪在身边，苏泽特给苏珊娜打电话，告诉姐姐这个消息。苏珊娜说："记得苏泽特告诉我的时候，我正在开车回家的路上。她告诉我诊断结果是 ALS，也解释了它的含义。我把车开到路边停下来后失声痛哭。我被这个消息震惊到了，它带给我毁灭性的打击。那个夜晚以及很多个夜晚，我长时间坐在地板上，即将发生的事情令我哀恸不已。"

听到母亲生病的消息后，姐妹俩和两个弟弟迅速重新安排了事情的优先级。这家人习惯为彼此做出牺牲。他们的父亲弗洛伊德为了支付孩子们昂贵的大学学费，离开医学院开了几间诊所。他们记得父亲总是说，每个人都必须努力，医疗事业才能成功。虽然这个新的挑战非比寻常，但家庭的精神不变。父亲乃至祖母身上体现出的精神，也流淌在孩子们的血液中。

当时，苏泽特是一名全职律师，她搁下工作和父亲一起前前后后地照顾母亲。收到墨娜的诊断报告后，苏泽特用了一个晚上了解 ALS，像父亲一样仔细阅读医学书籍。在苏泽特的记忆中，多年来父亲就是这样做的。苏泽特发现，患 ALS 之后的几年，通常是 3～5 年内，患者所有的自主性肌肉都将停止发挥作用，先是不能走路，再是不能说话，然后不能吃饭，最终停止呼吸。一段时间后，ALS 患者会患上阿尔茨海默病和痴呆症。苏泽特观看父亲如何照顾母亲，父亲以他特有的行动示范，而不是说教的方式教苏泽特，苏泽特飞速地掌握了基本的医疗方法。在接下来的几个月里，苏泽特掌握了更先进的医疗技术，承担了一些医生和护士的工作，这样母亲就可以留在家里。

苏泽特负责照顾母亲，苏珊娜则扮演了消防队员的角色，在 CNN 的职位上接触广阔的世界。小时候，两个女孩看到，做老师的母亲以讲故事的方式吸引学生的注意力，给她们以激励。现在，苏珊娜在世界范围内使用讲故事的方法教育世人，并激励人们寻找 ALS 的治疗方法。"我利用广播电台传播信息，借我的声音讲故事。"苏珊娜说，"我觉得这是我能做的事情，对我很有意义，尤其因为 ALS 是一种罕见的疾病。"

苏珊娜到全美各地倾听人们的故事，同专家交谈。"我在 CNN 创办了一个 ALS 系列节目，还有一个关于我母亲的专题，我讲述了她的故事：患病后最初的几个阶段、治病过程中遇到的各种挑战和她的挣扎。这个特别的项目让我坚持了下来。我仍然有我的节目，但关于 ALS 的工作让我永不疲倦。"

ALS 系列节目的视频引人入胜。苏珊娜以"这是我家人的故事"为主题开始她的讲述。在视频中，母亲墨娜躺在救护车上，嘴里塞满了管子。父亲弗洛伊德说："她在奋力呼出下一口气。"她们的弟弟格雷格补充说："妈妈噎住了，不能吞咽。"

苏珊娜不只是制作了那个视频。苏珊娜说："我成了一名宣传员，并由此结识了很多人，实实在在地扎进了 ALS 协会中，并创建了一个网站。"

苏珊娜 47 岁的时候成了母亲，她收养了一个女儿，起名赛拉。"我是家里最后一个有孩子的人。"苏珊娜说，"我开始感到有一种做妈妈的渴望。"

苏珊娜想让赛拉有机会认识外祖母。在苏珊娜照顾生病的母亲时，赛拉成了她的一盏明灯和开心果，尽管她的病情每况愈下。

母亲墨娜的语言能力退化殆尽以后，苏珊娜的父亲弗洛伊德和妹妹苏泽特开始使用上面有字母的粉红色拼写板与墨娜交谈。苏泽特教母亲写字时，头脑里的导航仪响起母亲鼓励她的话语："耐心点苏泽特，你办得到的！"苏泽特曾经目睹母亲教特殊学生时的那种奉献精神，她铭记在心。

母亲用手指指着拼写板上的字母，拼出她想说的单词。她是一个立场鲜明的人，有一次，电视上在讨论新教皇的选举事宜，她认为应该选个黑人。她还告诉苏泽特，自己的头发太卷了。

随着病情的发展，母亲完全瘫痪了，只有一根手指可以活动。拼写板没用了，他们必须求助于高科技。苏泽特接受了德纳沃克斯（Dynavox）语音生成器的培训。许多人都熟悉德纳沃克斯，因为那是已故科学家史蒂芬·霍金用来交流的机器。这个机器的光标不断在字母上转动，转到墨娜想要选择的字母上面时，她就把手放在语音生成器上点击一下。连移动那个手指的能力也失去之后，母亲需要依靠眨眼或凝视来表达意愿。

母亲患病几年之后，父亲弗洛伊德患了第四期脑癌。尽管生病了，弗洛伊德仍然尽己所能地帮助苏泽特。情况变得越来越艰难，母亲失去了拼写能力，所以，苏泽特像一个灵活的学习伙伴那样创造着图片。德纳沃克斯支持创建对话框，每个对话框对应不同的主题。母亲只需对着对话框眨一下眼睛，里面的图片就会显示预先录制的短语。例如，如果太热，母亲对着有火苗图片的框眨眨眼，电脑就会播放语音："我太热了。"

苏泽特制作了不同的对话框，分别代表母亲最喜欢的电视节目。正如苏泽特解释的那样，母亲可以点击表示"我想看'电视'；我最喜欢的节目'艾伦'，或者'温迪'。母亲刚生病时，苏泽特让母亲对着录音机录下了她最喜欢的格言和每个子女的名字。"现在她朝机器一眨眼就能听见自己说的短语。她可以选择"我爱你""谢谢你""嘿，布丁派"或者其他任何一个短语，甚至包括用"把你的屁股放进去"来表达"更加努力"的意思。

最终，母亲墨娜的阿尔茨海默病发作，德纳沃克斯失去了作用。墨娜于2018 年 4 月安然离世，但她智慧的声音仍然留在儿女们的脑海里。他们仍然保持着自我，即父母想把他们培养成的那种高成就孩子。

弗洛伊德描述了他和墨娜为孩子们规划的全息理想，他们一直朝着那个方向培养孩子们：“我们试图教会孩子们，尤其是通过示范来教他们如何爱与尊重自己及他人；教他们一视同仁地对待每个人；对需要帮助的人，尤其要有同情心；为自身行为和希望别人对待自己的方式，设定道德准则和社会价值观；最大限度地发展自己的技能和天赋，达到自己满意的程度，至少足以维持自己和家人的生计，以及帮助有需要的人、成为他人的正面榜样、在拥有生命和健康的时候好好享受等。”

如果全息理想是父母的愿景，代表了他们梦想孩子成为的那种人，那么充分实现自我的高成就者就是它的化身。虽然全息理想就像一个转瞬即逝的图像，但高成就者是它的人格化体现。

> **充分实现自我的人并不等于完美的人或者静止不变的人。它指的是，在人生前进的过程中，充分发挥自己能力的人。在孩子们探索新的路线、克服困难、继续前进时，作为全球定位系统的家长给他们提供最佳的引导。**

作为书中年龄最大的高成就者，苏珊娜和苏泽特·马尔沃就是充分实现自我的范例。面对母亲的疾病时，她们展现了一种美好的品质。她们竭尽全力并保持了内在的坚韧。在那一刻，父母平时对她们的关心和教导所促成的无畏、使命感和聪明才智展现了出来。她们把自己的能力发挥到了极致，超出了她们对自己能力的认知，比如苏泽特为母亲执行医疗程序；苏珊娜在提高全美对

ALS 认识的同时，还收养并照顾了一个婴儿。

然而，即使马尔沃姐妹现在这么能干，但母亲作为"全球定位系统"时的睿智话语仍然鼓励着她们，这些话语虽然是她们童年时期听到的建议，但长大后依然可以带领她们渡过人生最艰难的时期。

孩子为人父母时的养育指南

请注意，全球定位系统不只是在高成就者人生最糟糕的时候才起作用，在他们人生最快乐、自身也成为父母的时候同样关键。大师级父母所示范的养育方式提供了一本名副其实的养育指南，作为新一代的大师级父母，高成就者经常加以应用。例如，亨布尔和妻子现在养育着两个孩子，老鲍勃的方法便为亨布尔提供了优秀的养育指南，他经常参阅对照。

像亨布尔小时候一样，他的儿子也是一个崭露头角的"工程师"。"4 岁之前，他已经会做简单的加法，5 岁就会做基本的乘法了。他酷爱乐高积木、挖矿争霸游戏、折纸，以及遥控车、玩具制造设备、无人机、滑翔机、伞兵等所有可以移动的东西。"亨布尔小时候会织毛衣，像他一样，他的儿子也学会了用钩针编织。

亨布尔喜欢给儿子展示新工具，观察他的创造力："例如，我教他如何用乐高积木和绳子制作滑轮系统，他建造了一座带电梯的三层楼房。"

除了拥有他的终极"早期学习伙伴"父亲使用的同类资源外，亨布尔的魔术包里面还包括网上课程，这将游戏提升到了更高的水平。受一个特别的教程启发，亨布尔和儿子用纸板和注射器做了一个机械手臂，可以远程操控机械手臂移动。这让人想起亨布尔在大学里制造的机器人。他们甚至还从网上学习制造了一个气动火箭发射器。

亨布尔沉迷于建造更大的乐高桥和更高的建筑，像他一样，他的儿子最终专注于用各种材料制造火箭，并且还想看看各种火箭的表现如何不同。亨布尔和妻子安娜非常重视培养孩子们的想象力。以自身的童年经验观之，亨布尔知道想象力可以培养各种认知能力。亨布尔 6 岁的儿子热爱数学，会想象自己用积木建造东西；亨布尔 3 岁的女儿想象的则是人物和故事。

"我女儿很有艺术天分和想象力，喜欢假装成其他人。她精心编织的故事有关仙女、巨大的蝴蝶、公主和无数其他人物。一般来说，一天内她会换两三套衣服，以补充她的幻想。她喜欢演木偶戏，时常在画画或者着色。支持这种类型的游戏正是我妻子的拿手好戏，所以她们整天都生活在幻想之中。我们不想做爱插手的父母，逼迫他们学这个、学那个。我们只是尽力满足他们所有的兴趣，尽管有时感觉筋疲力尽。"

很幸运，亨布尔那依然智慧且悉心专注的父亲仍陪伴在他左右，而不像其他父子那样通过电话或者定期见面交流。作为无处不在的全球定位系统，父亲每天都在亨布尔身边。问及亨布尔的人生目标时，他说，自己的人生目标就是投入大量时间把儿子和女儿培养成快乐、聪明、善良、完整、无惧挑战的人。亨布尔说："对我来说，这种养育方式是自然而然的，因为我就是这样长大的。"

恩盖·克罗尔（N'Gai Croal）记得，在孩提时代，他的父亲说："不要只在学校学习。"他会带恩盖和双胞胎女儿艾达、恩内卡到户外，跟他们谈云的形成原理，以及诸如此类的事情。

恩盖传承了数学家父亲对科学和技术的热爱，新为人父的他和妻子凯拉特别注重钻研育儿知识，他们会认真应用所学到的知识。例如，恩盖回忆说自己阅读了有关研究，了解到音素是构成单词的最小声音单位，如果儿童在很小的时候没有听到一种语言使用的音素，那么以后学习这种语言的单词就更加困难。他还了解到，孩子还在子宫里面就能听见声音。所以，在女儿出生之前，恩盖和凯拉就开始用英语和法语给她朗读，播放古典音乐给她听。他们还雇了一个讲西班牙语的保姆。他们幼小的孩子现在能够区分这 3 种语言，跟保姆主要说西班牙语，对父母则说英语。

那么，恩盖他们的主要目标是什么呢？凯拉说是"确保女儿喜欢学习"。这与恩盖的父亲为恩盖和他妹妹们设定的目标一样。

对大卫·马丁内斯来说，让他的两个孩子熟悉西班牙语也很重要。大卫的母亲有西班牙血统，在大卫成长过程中，他父母努力展示多元文化教育的价值，这给了大卫另一个学习的理由。因此大卫在南美洲的哥伦比亚担任外交官，一家人在那里居住期间，大卫把大儿子送到了一所西班牙语的日托所。

大卫说："在家里和儿子一起读书时，我们指着单词说英语和西班牙语。即使他不坚持说下去，哪怕他后来忘了，但我所看到的研究表明，在生命头 4 年中说两种语言有助于扩展孩子的心智。你教给他们的不仅是一种新语言，而且也是一种不同的看待世界的方式，因为他们会用第二种文化看世界。"

大卫记得父母是多么支持他和弟弟丹尼尔的激情项目，父母和他一起在沙漠里仔细寻找蜥蜴，陪丹尼尔去全美各地的主题公园坐新款过山车。这样的回忆也指导着他自己的养育方式。像父母一样，大卫和他的妻子会"寻找孩子能够坚持做的事情，以此让他们获得力量。我家大儿子最喜欢的玩具是我妻子在科尼岛赢得的一只粉红色乌贼，他出门都带着。在哥伦比亚的时候我们听到一些人议论说：'哦，不应该给他粉红色的玩具，那是女孩喜欢的颜色。'他们希望我们没收儿子的粉红色乌贼。"

大卫和他妻子的反应毫不含糊："绝对不行！我们希望他喜欢粉红色的乌贼。如果他喜欢，我们会和他一起喜欢。不管儿子喜欢什么，我们都会跟着他一起喜欢的。如果他想玩芭比娃娃，我们会想办法给他买一个。我们不想以任何方式扼杀他们的创造力。"

跨越代际的导航之音

苏泽特·马尔沃对她的女儿奈拉也是如此。本书介绍的高成就者的后代中，奈拉年龄最大，也是其中的优秀代表。奈拉在 2016 年毕业于耶鲁大学，她的成长方式与外祖父母培养妈妈和姨妈的方式一脉相承。

像母亲墨娜一样，苏泽特帮助女儿制定了精心设计的项目。"我妈妈和我一起用海报板和其他东西做这些不可思议的大项目。我写论文的时候她会坐在旁边，我们有时会编辑文章，她会指出一些小问题，我向她学到了如何真正注重细节。我认为她那种手把手的教导是有帮助的。然而我也一直觉得，我有想要把事情做好的内在动力，这可能是她遗传给我的。"

这种"可为"的精神是父亲弗洛伊德传给苏泽特的，弗洛伊德是从他自己的母亲那儿学到的。尽管奈拉并不总能意识到这一点，但她的童年也受到了外祖母的深刻影响。

为了帮助女儿学习怎样克服障碍，苏泽特借用了母亲最喜欢的一句话："恐惧归恐惧，该做什么就做什么。"在母亲生病时，这句话给了苏泽特和她的兄弟姐妹莫大的鼓舞。"这句话无疑对我的生活产生了重要影响。"奈拉这样说，但她不知道这句话最初来自外祖母。"我和我妈有过类似的经历，我说'我做不到'，或者'我没有经验或资历'时，妈妈会说'恐惧归恐惧，该做什么就做什么'。"

作为一名自由戏剧导演，奈拉指导的演员比她年长很多，有时候这会让她感到不安。但奈拉相信，恐惧只是一个指南针。"它可以用来判断你是否在朝着正确的方向前进。"奈拉说，"我经常觉得最可怕的事情就是真正重要、需要尝试的事情；恐惧就是让你知道'这是下一步'。它不是让你感到舒服的事情，但它会以一种对你非常重要的方式拓宽你的视野。"

在奈拉的童年时期，苏泽特也在其他方面遵循了母亲墨娜的养育指南，但她会做出调整。例如，墨娜用纸娃娃教苏泽特和苏珊娜讲故事，苏泽特则是在接送奈拉上小学的途中教她讲故事。奈拉说："我妈妈一直很努力地工作，所以我们很多时候是在车上聊天。我们会编一个很大的故事，每次一上车就接着讲。她先讲一点，然后我讲一点，之后我们停下来，下一次坐车时再讲。我喜欢这个样子。"

像奈拉的妈妈和姨妈一样，奈拉也选择了一个讲故事的职业，虽然奈拉对戏剧的痴迷令妈妈和其他亲戚感到有些迷惑不解。奈拉说："成功有不同的衡量标志。不像新闻、法律，戏剧确实不会给人一条清晰的道路，所以大家不知道如何帮助我，也不知道如何衡量我做得怎么样。"

马尔沃家族的人向来拒绝按照社会预设的人生剧本生活，奈拉只是其中一个范例。奈拉的外曾祖母、弗洛伊德的母亲拒绝了只能在农场劳动和照顾兄弟姐妹的传统观念，决定成为一名老师。接下来，弗洛伊德跟随母亲的脚步，打破了南方种姓制度对他这样的年轻人施加的限制，表达了他成为科学家和医生的志向。苏珊娜和苏泽特拒绝了女孩该做什么的传统观念，也拒绝了父亲要她们从医的愿望，而决定进入新闻界和法律界。

　　马尔沃家族的每代人都在生活中找到了自己的目标，并选择了自己的事业，即便他们从父母那里学到的东西指引了他们人生的方向。因此，在奈拉做出自己的选择以后，父母给了她很大的鼓励和很多的建议。他们给的这种劝告只可能来自大师级父母："去做吧，但要做到最好。"

THE
FORMULA

第三部分

大师级父母不能
忽视的问题

13 如何将挫折变为转折？

> 在我们的一生中，许多时候，唯一阻止我们前进的是自我怀疑。高成就孩子拥有最佳自我的声音，每当遇到障碍时，他们都能够对自己说："我以前遇到过难事，这次我也可以面对。"

拥有成功的心态

多年前，德国哲学家尼采写下了这句名言："杀不死我的必使我强大。"这句话鼓舞人心，却并不完全真实。悲剧性的事情可能令人一蹶不振，很多人甚至永远不能站起来。但遭遇不幸时，如果我们有能动感、自我效能感，以及强大的使命感，那么克服不幸的过程就可以培养我们的能力，锻炼我们克服困难的勇气。最后，我们确实会因此变得更加强大。

大师级父母的孩子一直都是勇敢无畏的问题解决者。父母教导他们要勇于面对挑战、下决心克服困难，而不是屈服于挑战，他们也往往有更强的战胜挑战的能力。

其实，最关键的是如何看待我们面临的挑战。在体育界，对抗和跨越障碍的钢铁意志植根于精英运动员的心灵深处。在跨栏运动中，这些障碍体现得最为真切。优秀的跨栏运动员要有勇气全速冲越一系列 1 米高的钢铁障碍。跨栏运动员勇敢的秘诀在于，他们拥抱而不是惧怕撞击。经验丰富的跨栏运动员明白，短暂的表现下降不如成绩整体提升那么重要，他们会从每一次跌倒中吸取教训。

我们忙着欣赏和庆贺一个学业优秀的孩子取得的成就，有时候会忘了欣赏他们的坚毅和决心。像跨栏运动员一样，高成就孩子遭遇挫折时会学习如何在逆境中稳步前进，进而赢取胜利。

> **追求卓越、不怕失败的人拥有心理学家所说的成功心态。心态会影响一个人的感知和决策的态度。**

有助于取得积极的人生结果的心态有好多种，以下 7 种心态与成功的关系最为密切：

- 成长：勤奋可以提高能力，让我变得更好；

- 韧性：如果摔倒了，我会继续前进，我不会放弃；

- 归属感：我适应这里，这是我该在的地方；

- 毅力：我会坚持，不放弃；

- 掌握的倾向：我制定了自己的标准，我的目标是尽可能做最好的自己；

- 自信：我能行；

- 责任感：成功是我对自己和他人的义务。

　　这些正是战略式教养法则培养孩子具有的心态。回想一下，早期学习伙伴会通过完成一些小项目培养高成就孩子持之以恒的精神。孩子认识到努力会形成新的能力，因此便培养起了成长型思维。或者，想想作为哲学家的父母，他们帮助高成就孩子找到目标，以此培养其责任感。

　　高成就孩子以前取得过成功，尽管如此，有时候他们还是得排除某些障碍才能加强或维持一种成功的心态。他们中有几个人发现自己身处不适合自己的环境；另一些人在学术上给自己施加了太大的压力；也有一些人在早期曾有轻微的学习困难；不止一个人在上学的最初几年为课堂纪律问题挣扎。有些障碍来自外部，可能会使他们的生活崩溃，比如本书中有两位高成就孩子的父亲在他们考入大学后去世了。其他障碍是内在的，或许其他人看起来不那么明显，却直击这些人的内心。例如，出身小镇的聪明男孩亨布尔害怕自己不像大家想象的那么聪明。

视失败为有趣的功课

　　如果说罗布·亨布尔希望有一件童年往事可以改变的话，那就是他得到的赞美太多了，他希望自己没有得到那么多赞扬："这让我厌恶风险。"在亨布尔的家乡柯林斯维尔，小时候那些赞扬他聪明的人心是好的，只是没想到表扬他的才华对培养他的健康心态没有好处。

　　实际上，自我怀疑成了亨布尔一生最大的障碍之一。"我一生都生活在对失败的恐惧中，每次生活发生转变，我都恐惧不安。"

　　亨布尔说不应该怪父母，父母一直鼓励他、支持他。父母强调要努力，而不是只依靠聪明才智。老鲍勃说，亨布尔上小学的时候，他就了解到儿子的智商很高，但从来没有告诉他，直到今天也没有。

亨布尔的问题始于家庭之外。从小学到中学，再到高中，每当有人惊叹亨布尔多么聪明时，焦虑就会伸出它丑陋的魔爪。在一家大企业开始第一份工作时，亨布尔成功地监管了许多比他年长很多、经验丰富的员工，他说："我有大约一个星期处于紧张状态。"从哈佛商学院毕业后，亨布尔"几乎遭遇了一次情绪崩溃"。尽管亨布尔一直很成功，但他说："我非常焦虑。实际上，随着时间的推移，我的焦虑变成了抑郁症。"

亨布尔很幸运，父亲把他培养成了问题解决者。亨布尔需要改变他的内在对话方式。内在对话反映了一个人的心态。他需要把"别人会认为我是一个失败者"，变成"我知道我可以像往常一样搞清楚这个问题"。换言之，他需要提醒自己："过去我曾经多次通过努力工作，运用一些技巧妥善应对了这种局面。"

以解决问题为导向，孩子就会受到影响，认为可以把障碍分解成更小的任务从而加以解决。还记得吗，老鲍勃总是让4岁的亨布尔用乐高积木搭建新东西，然后让他用奇形怪状的积木再来一次？亨布尔必须把思想集中在问题或挑战上，在头脑中设想解决方案，然后把心目中的设想付诸实践。对于像亨布尔这样容易焦虑的人来说，在低压力的环境里和爱他的父亲一起，一次又一次地这样做是很好的锻炼：当一项困难的新任务令他焦虑时，他想起自己曾经多次成功完成过艰巨的任务，并由此相信这次也能成功。

亨布尔通过阅读寻找消除自己对失败产生恐惧的方法，其中包括卡罗尔·德韦克（Carol Dweck）著名的思维模式研究。卡罗尔把人分为两类，一类是有成长型思维的人，他们相信自己可以通过努力变得更聪明；另一类是有固定型思维的人，他们相信智力是天生的，或者是"固定型"。

亨布尔说："我是卡罗尔研究的一个案例。"

亨布尔相信他主体上属于固定型思维模式的人，尽管他认为在某些时候自己可以转变为成长型思维。例如，他在华盛顿大学的机器人制造比赛中获胜时就是如此，之前他因为一开始比其他人落后太多，差一点退出了工程学课程。

亨布尔觉得自己在固定型思维和成长型思维之间循环往复。德韦克认为亨布尔对自己的认识是正确的。"谁都不可能在任何事情上一直都是成长型思维。每个人都是固定型思维和成长型思维的混合体，"德韦克说，"你可能在一个领域里以成长型思维为主，但仍有一些事情会激发你进入固定型思维。一些真正具有挑战性、在你舒适区之外的事情可能会触发这种心态，或者在你引以为豪的事情上，如果遇到比你强得多的人你就会想：'哦，那个人有能力，而我没有。'"

不出所料，父母可以极大地影响孩子的心态。德韦克和她斯坦福大学的同事凯拉·海莫维茨（Kyla Haimovitz）发现，父母对孩子失败的反应可以培养孩子僵化或者固化的心态！

> 如果孩子表现不佳，使父母感到震惊，孩子可能会感到害怕并担心自己没有能力做得更好。这就会导致孩子形成一种固化的心态，而不是成长的心态。

相反，德韦克和海莫维茨建议父母把失败视为有趣的功课，给孩子一些学习成熟的机会，书中的老鲍勃和其他大师级父母就是这样做的。

现在，亨布尔是奥斯汀小镇上一位成功的商人，他是自信的化身，但仍然需要服用药物来控制焦虑。亨布尔没有向他人隐瞒自己的情绪，他不忌讳这事。他还鼓励大家就情绪问题寻求帮助。他看到母亲因为耻辱感拒绝服药，他相信还有很多像自己这样的高成就者也在为焦虑问题苦苦挣扎，却羞于承认。

亨布尔的母亲是双相情感障碍患者。尽管亨布尔的焦虑有一部分是因为遗传，但他认为自己的问题始于孩提时代别人总是夸他聪明。尽管亨布尔仍会自我怀疑，但他早年从大师级父母那儿学到了解决问题的技巧，因此他更容易关注个人努力和成长产生的影响。现在，他对自己的两个小孩会强调这些事情。

——— THE FORMULA ———
教养加油站

大师级父母如何创造高期望

称赞孩子的努力而不是智力，这种做法对孩子心态的积极影响表明，父母称赞什么、不称赞什么都会对孩子产生很大的影响。

我们采访的许多高成就者告诉我们，父母很少表扬他们的学习成绩。不要总表扬一个聪明的孩子，这样的决定看似严厉，甚至有些残忍，但我们都认识一些聪明的孩子，他们因聪明而受到关注和表扬从而变得傲慢或者自觉高人一等，结果浪费了自己的聪明才智。

> **大师级父母选择赞扬孩子的性格，以此鼓励孩子的性格成长：孩子们会利用自己的使命感和自驱力，再加上他们本来就具备相当出色的才智，这样，他们就会使世界变得更好。**

得知自己将在《福布斯》杂志亮相后，桑谷·德尔非常兴奋并给妈妈打了电话，但他妈妈的反应平淡而冷静。"很好，"德尔的妈妈说，"你给祖母打电话了吗？你给她买了纤维素和维生素没有？"这只是父母和兄弟姐妹让德尔脚踏实地、不得意忘形的一个例子。

大师级父母会尽一切努力帮助孩子，但他们会把注意力放在孩子的性格上，而不是成功的外部评价标准上。他们公开赞美孩子的目标榜样，而不是成绩、考分或者荣誉。

"我必须达到接近完美的高度才能得到父母对我知识追求的积极反馈，"大卫说，"但他们不吝于赞美我良好的品质，比如分享、同情心、同理心和勇敢的精神。我妈妈甚至不把智商评分告诉我和弟弟，因为她担心分数会导致我们自我膨胀，她会避免让我们误判真正最重要的东西。我到现在都不知道我的智商得分。"

然而，大师级父母会让孩子知道自己对他们的学术表现有很高的期待，这本身就是一种无声的赞美，因为这表明了他们认为孩子有能力达到很高的水平。

"我带回家一张很棒的成绩单时，没人兴高采烈。"玛雅回忆说，"他们会说'不错'，但似乎并不意外，因为这确实没什么可意外的。然而，在我捍卫我认为正确的东西时，在我担任领导职务，在我有任何出色的表现或者作品上了艺术展时，我会得到很多赞扬。这些都是父母不吝赞美我的领域。"

玛雅回忆，在上学前班时，她与一位癌症晚期患者交上了朋友，她母亲为此非常自豪。她回忆说："其他孩子都不愿意和他说话，因为其他孩子觉得他看起来悲悲戚戚的。我母亲和我们大家庭的其他人分享了这个事情，他们都表达了赞美之情。家人在各个方面都传递着这样一种无声的信念——'玛雅聪明、勤奋，这是可以预料的。'但我从父母和大家庭那里了解到，真正重要的是我是什么样的人，以及我在每一个领域甚至是非学术领域里的表现如何，我是否做出了最大的贡献或者改善了局面。"

尽管大师级父母给孩子的赞美很少，鼓励却很常见。丽莎·索恩回忆道：

"我为某件事情挣扎或者感觉有压力时，父母可能会说一些无关痛痒的话，甚至只是漫不经心地安慰几句，让我听得见并牢记在心，比如：'你当然可以的，只是需要一点时间。'"这种鼓励可以提升自信，让丽莎知道父母相信她可以成功。"无论是数学、网球、钢琴，还是申请什么项目。鼓励不同于人们谈论的典型的'积极反馈'，不同于孩子表现良好的时候父母给予的那种反馈。"

下面是丽莎给孩子的积极反馈："我儿子第一次学着系鞋带时，第一分钟就因为失败沮丧了，我微笑着露出难以置信的表情说，'嘿，你用了 1 分钟！这种事情可能要花一年时间学呢。'不出所料，他的沮丧情绪立刻就烟消云散了。"

> 对孩子的赞美可以产生强大的力量。然而，要想表扬真正有效，关键是要在赞扬什么方面体现父母的战略性思考。

—— THE FORMULA ——

韧性拯救失控的人生

在提及"谈判专家"这一角色时，我们提到了战胜老师的 7 岁小女孩玛雅。她长大以后成了华盛顿特区的一名社会企业家，创办了名叫 PAVE 的组织。该组织教授他人辩护技能，以帮助更多的家长担任"飞航工程师"这一角色。

刚上高中时，玛雅是一个优秀的学生，有着非凡的成功心态。到了高中三年级时，她却需要别人推动才能继续前进，这时她已经开始递交大学申请了。各种事情都进行得有条不紊，她甚至提前把推荐表格交给了老师。

然后，悲剧发生了。那年秋天，玛雅的父亲得了重病。他是一位律师，曾经陷入了华盛顿毒品圈。

"我父亲已经戒酒好几年了，但毒品和酒精伤害了他的身体。他发作了一次中风，在出庭作证的过程中发生了脑死亡。那时我上高中三年级。10月，我们不得不决定撤掉他的呼吸机。从把他送进医院到他的葬礼结束，我都没有上学。两周后我回到了学校，因为学校对我来说是一个非常舒适的地方，这也是我一直保持成功的地方。我感觉很好，我宁愿待在那儿也不愿在家里拖地。"

玛雅的其他几位近亲也先后离世，包括她深爱的曾祖父，以及隐瞒肺癌病危情况的外祖父。"这对我外祖母来说很难，对我们大家来说也不容易。外祖父在12月初去世了，所以我真的无心上大学。"玛雅停止了大学申请。

为了重回正轨，玛雅需要一些韧性，并以某种方式唤起内心的那个声音、那个总说"我能行"的声音。要知道，在童年的大部分时间里，这个声音一直伴随着她。很幸运，玛雅的母亲米歇尔知道什么样的话能够激发玛雅渡过难关的决心。"12月22日，圣诞节假期的前两天，妈妈对我说：'玛雅，我知道你根本没有把注意力放在申请大学上，这没问题，但你有两个选择，要么申请学校、上大学；要么和我待在家里，那你就得去找份工作。'"

米歇尔具有大师级父母那种无声的自信。她没有因为玛雅被这个障碍绊倒而心烦意乱，也不过度担心。她知道玛雅热爱学校，她为此感到欣慰。她也知道玛雅是个务实的孩子，面对取舍时会做出正确的决定。她们母女的谈话迫使玛雅设想一种可能的消极自我：在本该上大学或者上班的时候，待在家里，这不是她想要的。"我过去学习太努力了。"玛雅说。

在很长一段时间里，玛雅得把悲伤放在一边，这样她上常春藤盟校的梦想才能成为现实。很幸运，当时许多大学都接受一份通用的申请，这样玛雅就可以一石多鸟。"我全力以赴。我把通用申请表拿给我妈看，我们坐在桌边讨论。我告诉她：'把你对每所学校的了解告诉我。'我对有些学校做过调查，但因为经历了这些事情，我暂停了所有调查。"

玛雅对有些学校缺乏了解，但这并不是唯一需要解决的问题。"我们没有钱。我妈妈说：'写封信吧。'所以我们写了封信。信上说，'我妈妈的工资收入有限，我父亲刚刚去世，我付不起学费。如果您接受此申请并免收费用，我将不胜感激。'"所有学校都免除了我的学费，不仅如此，玛雅申请的所有学校都录取了她，只有哈佛大学例外。她被哈佛大学放进了候补名单，后来她上了哈佛大学的研究生院。达特茅斯学院是录取玛雅的学校之一，她一踏进校园就深深爱上了它。玛雅非常热爱这所学校，所以尽管不得不放弃另一所学校的全额奖学金，她还是选择了这里。

无论何时都保持真我

贾雷尔·李既聪明又有社交能力，但是，从家住克利夫兰最破败的地区，到上一所有多位同学家住百万美元豪宅的学校，这条道路走起来并不容易，他每天都好像是在跨越社会大峡谷。贾雷尔的障碍在于感觉自己与环境格格不入。不仅在学校是这样，回到所在社区也是一样，他这样独来独往的"书呆子"很容易成为不良青年的攻击对象。

13 岁时，贾雷尔第一次应邀参加一个聚会。生活在这个乱七八糟的社区，作为一个勤奋学习的男孩，他经常感到不自在，但那天他和其他人一样时髦，头戴帕巾，穿着垮裆裤，裤腰垂到了臀部。伊丽莎白当然不会让他把内衣露出来。当晚，贾雷尔离开聚会时遭到了六七个男孩的袭击。他们对贾雷尔拳打脚踢，贾雷尔蜷缩成胎儿的姿势。很幸运，附近一个人跑来赶走那帮男孩，救了贾雷尔一命。第二天下午，贾雷尔在医院醒来，他被打成了脑震荡，头部肿胀，额头上布满了伤痕。"我想我的肋骨伤了，手指上有一个大伤口。我一个星期没有去学校，幸好没有留下伤疤。"

　　事后，贾雷尔的妈妈没有让他躲在家里看书、打电子游戏，而是鼓励他外出，叫他不要害怕。这是他实现归属感之旅的开端——不仅要使他的言谈举止与不同类型的人融为一体，还要坚持让大家接受他本来的样子。

　　上高中时，贾雷尔把目光投向了霍肯学校，这是一所精英预科学校。贾雷尔想尽可能上最好的高中，那就是霍肯。然而，由于贾雷尔一开始没有得到他需要的奖学金，便先去市中心的一所学校度过了高中一年级。在那里，他与不同群体的学生交朋友，学习如何待下来。高二时，他获得了所需的奖学金，便转到霍肯就读。

　　霍肯学校的黑人学生不多，贾雷尔是其中之一；贫穷的黑人孩子更少，他算其中一个。在这里，他的不适感与居住在社区时一样强烈。好在他已经积累了很多经验，习惯了做个与众不同的人。

　　得克萨斯大学奥斯汀分校的社会科学家大卫·耶格尔（David Yeager）专门研究局外人的感觉对个体的影响。在对高中生和大学生的研究中，耶格尔发现，相比于有同样技能和才华的学生，感觉不自在的个体考分更低，辍学率更高。如果学生本人对缺少归属感并不感到惊讶，而是有此预期，并且对此采取正常化的态度时，那他就能够以自己的方式解决这个问题。就像朝着烈风前行一样，人不能阻止风，但也不允许风阻止自己。

　　贾雷尔还采取了另一种应对方式——积极反抗那些让他觉得不自在的事情。他在霍肯安顿下来后，对自己能在那里取得成功产生了信心，渐渐地，他觉得自己要适应的太多了。他认为学校也需要做一些调整。"在高中时，我并不知道该如何表达这种感受，"贾雷尔回忆道，"但我记得霍肯十年级的英语课要求读《红字》。那个老师好像非常有名，每个人都说'他太棒了，他太棒了'。我坐在他的课堂上心想'这有什么了不起的？'他一个人喋喋不休地讲了很久，说这本书因为这个悲剧多么伟大。悲剧这个、悲剧那个。我们都读了这本书。我感到很困惑，举手要求发言：'呃，我不明白。你一直说这是一个悲剧，我不明白为什么。'"

老师开始解释，但贾雷尔打断了他："是的，这个我明白。她未婚生子，这种事每天都有人在做。这并不是什么悲剧。"贾雷尔对此很确定，因为他自己就是这样来到人世的。尽管他理解，与其说悲剧在于女主角未婚、与神父生了孩子，不如说她因此遭到了清教徒们的排斥。贾雷尔认为这个故事已经过时了，与当前的文化缺少关联。贾雷尔对老师说："我不明白为什么这本书如此伟大，或者为什么我们正在读的其他著作如此伟大。那时我可能词不达意，但现在我意识到，我是在拒斥文学标准提出的理想。因为没有黑人作家，没有有色人种作家，没有描写我的生活经历的作家，没有与我有同样体验的作家。所以我被教导这种经历比我的经历更有价值。想到社会让大家遵守的那些标准或我们认为重要的标准时，我总是问这样一些问题，'这些标准是谁制定的？谁说这些标准很重要？它们来自哪里？'"

今天，贾雷尔认为自己的障碍主要是，"我认为我需要适应，但我不想适应，而是希望别人进入我的世界。现在我明白我在做什么了。我在反抗那些已经成为标准的家长制文化规范"。

贾雷尔成了学校的领袖人物，他创办了"精神周"并负责协调文化多样性计划。但大多数时候，他觉得没人关心自己从哪里来，也没人知道自己真正的想法。

高中二年级的一天，贾雷尔站在话筒前发言，他的话让观众产生了强烈的反响。10 年后贾雷尔仍然记得这些话，倒不是因为他的雄辩，而是发生在那次发言几个月后的事情。那是 2006 年的一天，贾雷尔的打扮一如平常——宽松的卡其裤、运动鞋和印有"促进者"字样的宽大 T 恤。他组织了学校的动员大会，讨论种族和阶级问题。动员大会上任何人都可以发言。这下贾雷尔可以让他们知道自己到底是什么人了。然而，他还是准备保持低调，按照他们一向的期待表现自己——一个有趣的黑人。

贾雷尔回忆说："一站到话筒前我就觉得情绪发生了变化。"好像 13 岁那年被那伙人打了之后，母亲告诉他不要害怕走出家门时的感觉。"我对他们说：'我觉得你们很多人都把我排除在外，因为我的样子、我的穿着、我的出身，以及我喜欢做的事情。你们以为我是个笑话。'"

贾雷尔的语气和声音平淡而坚定，但他的结束语却好似丢了一颗炸弹："但你们知道吗，我可能比你们所有人都聪明。"房间爆发出一阵笑声。老师们没有笑，但对其他人来说贾雷尔就是这个样子，他像在开玩笑。他站在那儿，觉得刚才说的话并不好笑。贾雷尔摘下面具，第一次向同学们展示自己的内心，但他们不知道在看什么，对他的话似乎充耳不闻。"我在想：'很明显，你们不相信我到底是什么样的人，但我要证明给你们看。'"

几个月后，贾雷尔做到了。

哈佛大学是一所了不起的大学，第一次听人说起这所学校时贾雷尔还是个小男孩，还栖身在收容所里。现在，他被这所大学录取了，他不再觉得自己是个可怜的孩子，与这所预科学校格格不入。现在，他知道自己与其他人一样属于这里，甚至比其他人更有资格属于这里。

贾雷尔有在贫富两个世界生活的经历，今天，他相信，作为一个教育者，这样的经历有助于他把这两个世界的年轻一代联系起来，照亮那些像他小时候一样贫困的孩子——他们可能也害怕自己并不真正归属于所在的环境。

毅力大于智力

瑞安·夸尔斯希望成为肯塔基州的农业部专员，但他面临着巨大的障碍。第一，他比一般候选人年轻得多；第二，他寂寂无名。他必须迅速学会如何开展州内竞选活动，克服名气不足的局限，并让大家相信，自己已经做好了从事这份工作的准备。

夸尔斯在孩提时代就定下了自己的人生愿景，实现这个愿景是一个漫长的旅程，参与农业部专员竞选活动只是其中一步。为了能够长期为同一个愿景付出努力，夸尔斯需要心理学家安吉拉·达克沃斯（Angela Duckworth）所说的"毅力"，老一辈人可能会称之为"坚持不懈"。

在 2016 年出版的《毅力：热情和韧性的力量》（*Grit: The Power of Passion and Perseverance*）一书中，达克沃斯发表了她的研究成果。该研究关注长期坚持相同目标的人有什么特殊之处。达克沃斯说，毅力就是有耐力，"是跑马拉松，而不是冲刺"。它指朝着同样的目标努力，随着时间的推移培养了做成大事所需的能力，做出了大多数纪律性不强的人做不到的事情，比如，读完医学院、写书、修车，或者像夸尔斯那样努力多年成为农业专家和州政策制定者。

达克沃斯开发了一份含有 12 个项目的毅力测定清单，包括如下几条：

- 挫折不会让我泄气，我不轻易放弃；

- 一旦开始做一件事，不做完，不罢休；

- 我很难集中注意力去完成耗时几个月的项目。

如果一个人同意前两个陈述极其符合自己的情况，而不符合第三个陈述，那么他就是有毅力的人。

达克沃斯发现，成功与毅力的关系不亚于成功与智力的关系，甚至更密切。有些人既有智慧又有毅力，但两者的相关性并不强。实际上，达克沃斯针对常春藤盟校学生所做的研究发现，智商较高的学生毅力得分较低。

> 一个又一个研究发现，相比同样聪明的同龄人，智力水平大致相同的情况下，毅力水平较高的学生表现更好。

正如达克沃斯所说，毅力指一个人为了实现想要的未来绝不停步，直到把它变为现实。从小学开始，夸尔斯就热衷于两件事：农业和政治。自从成了州议会的小助手后，他开始考虑如何利用政治帮助所在社区的农民，即那些曾经每天在午餐时间和父亲一起坐在当地餐馆讨论热点问题的人。由于担任了这个小助手的职位，他有能力想象自己作为州政府官员的可能性，也由于他在家庭农场辛勤工作，所以培养了自己的纪律性。他想要赢得农业专员职位，这两个因素促使他成了毅力坚强的候选人。

击败老手对夸尔斯来说是一个挑战，夸尔斯的应对办法是付出比其他人更多的努力。在几个月的时间里，他在肯塔基州开车走了10万多千米，敲了9 000扇门。他凭着顽强的决心同数以千计的人挨个交谈，解释为什么投票给自己就是对肯塔基州小农场主的帮助。终于，在 32 岁那年，夸尔斯成了美国最年轻的民选州级官员。

小失误的警示

我们介绍的高成就孩子中，小提琴家玛吉·扬最为注重技巧掌握，或者说，她是技艺最为精湛的一个。因此很难想象，她会在什么事情上挣扎。尽管如此，有时候她还是达不到自己的高标准。她的解决办法是，加倍努力，成为更好的音乐家，而不是垂头丧气。比如有一次，玛吉就没有达到她的导师，也是她最喜欢的老师罗森博格夫人期望的水平。

研究生一年级快结束时，玛吉经历了她最害怕的一件事——记忆失误。在舞台上，每个音乐家都有需要避开的"怪兽"，而记忆失误堪称恶魔，哪怕是最有成就的音乐家也最忌惮这种情况。玛吉解释说，记忆失误"会以许多不同的方式发生。你的手可能出现肌肉记忆失误，也就是说，动作扎根于肌肉的程度不够深刻，或者你可能出现结构性记忆失误而忘了后面的内容"。

那天，面对 8 位教员组成的小组，玛吉出现了一个很小的失误，一个可以理解的微小失误。玛吉回忆说："巴托克的第二小提琴协奏曲有一个段落非常曲折，很容易弄错。"

问题是，4 天前在私教老师罗森博格夫人面前，她犯过同样的错误。罗森博格夫人也是教员小组成员，玛吉的一举一动都在她的观察之中，她说："我知道玛吉意识到了。事情发生的那一瞬，我抬头瞄了一眼她的表情。"失误没什么问题，但是她俩很清楚，在之前的 4 天里玛吉没管这件事。

"我等了 3 天，确认老师不在家的时候才打电话给她留言。我不知道该说什么，但必须打电话给她，因为学年已经结束了，大家需要过一个愉快的夏天。老师回电话给我说：'玛吉，亲爱的，你是个很有天赋的女孩，但我对有天赋的人不感兴趣。你已经不是小女孩了，也不是天真无邪的小孩子。我对你这样的人不感兴趣。过去我真为你感到骄傲，你跟我学得很好。你赢得了所有的比赛，你和管弦乐队一起表演，但我了解真正的你，因为我每周都见到你。每个人都喜欢你，认为你很棒，但我不这么认为。'我们是在电话上交谈的。老师说：'你在哭吗？'我说：'不，我同意你的看法。'"

罗森博格夫人的评论很严厉，但玛吉知道她说得对，她需要听取批评。罗森博格夫人的意思是说，玛吉需要改变想法，少把注意力放在让每个人都觉得自己是可爱、有才华的女孩上，而要成为一名技艺精湛的音乐家，但不是为了诸如成绩或者老师认可之类的外部目标。这种愿望需要内驱力。

玛吉需要形成比现有水平更强大的掌握倾向。

玛吉在小组表演中得了 A，但她觉得辜负了自己。那次记忆失误成了她人生的一个重大转折点。第二年，也就是研究生二年级时，她怀着笃定的心态回到了茱莉亚音乐学院。"我的想法是：'好吧，一切都会改变的。'"

最终，确实一切都改变了，但那是在玛吉克服了再次失误的恐惧之后。玛吉知道，只有一种方法可以克服恐惧，那就是：练习。她回忆起自己放在乐谱架上的硬币，还记得妈妈的话："每次错了，都要进行取消肌肉记忆的训练，然后重新进行正确的练习。"玛吉说："小时候留下的肌肉记忆影响我的一生。"早期形成的掌握倾向也是如此。

玛吉的父母省吃俭用攒下钱让孩子留在茱莉亚音乐学院，他们知道，这样一来，玛吉和她的兄弟姐妹不仅会收获友谊，而且会遇到促使他们提高技能、勇于竞争的人。后来，在玛吉最需要的时候，这些人派上了用场。

同一年，23 岁的玛吉努力想把记忆失误抛诸脑后，她决定再次参加以前输掉的比赛。上一次，她没怎么努力，但这次她咬紧了牙关。"我脚踏实地，真的非常努力，结果还是输了。我输给了我们工作室的一个女孩，我觉得她比我差远了。我回家后哭了，打电话跟妈妈倾诉，两天没下床。没尝试就输了是一回事，真正努力过还输了，是另一回事。我打量这个获胜的女孩。我们处于相同的职业阶段，做着同样的事情，做着同样的试音，我心想：'如果再在任何事情上败给她，我就该去死。'我待在房间里，心头涌起一个非常明确的想法：'我打赌，那个女孩现在正在练习。'"

玛吉为自己选了一个对手，这是本书中许多高成就孩子的一个习惯。许多高成就孩子通常以自己过去的表现为参考来评判自己的进步，但他们也喜欢把自己与一两个有价值的竞争对手进行比较，以此鼓励自己更加努力、做得更好。"在我的研究中，我对那个女孩进行了非常冷峻的分析：她有什么是我没有的？然后我得出了结论：是她的职业道德。我说：'好吧，这个我做得到。我有她不具备的东西，所以我需要调整。'"

第二年，玛吉的辛勤工作得到了回报。她赢得了最大的比赛：在卡内基音乐厅举行独奏音乐会，与纽约爱乐乐团的指挥艾伦·吉尔伯特同台表演。

一切皆可为

苏珊娜·马尔沃现在是 CNN 著名记者，她甚至不知道自己有言语问题。小时候苏珊娜喜欢上学，但她回忆说："很早的时候，我被诊断为需要接受言语治疗的孩子，因为我以前说话结巴。当时我不太知道这些事情，因为大家不让我知道，把我保护了起来。"

父母不让苏珊娜知道这个情况，以免她受到伤害。他们为什么那么做呢？是为了让苏珊娜跨越障碍，因为她需要自信。在秉持"可为"精神的马尔沃夫妇家里找到自信并不难。

苏珊娜想起了幼儿园的旧成绩单。"上面写着'本班刚做了黄油'。我们问苏珊娜：'你的黄油怎么做的？她说不出来。'所以，我的注意力可能有什么问题，或者有一些其他方面的问题。他们年复一年对我进行测试，后来我上了一个特别的言语训练课。"

每个星期，苏珊娜都会被带离常规课堂几小时，和两个捣蛋鬼待在另一间教室里。"我永远不会忘记他们，因为他们总是扰乱课堂秩序。在那间单独的教室里，"苏珊娜说，"我的耳机里重复放着一些词语。"

苏珊娜知道有什么地方不对劲儿，她知道自己不该待在那里，但她不知道如何表达自己的想法。"我的感觉是：'我在这儿干什么？我为什么来这儿？我感觉不对劲儿，因为那边书架上所有的书我都读得懂。'好处是我不知道我结巴。我甚至不知道我不理解做黄油的步骤，因为没人告诉我。很久之后，我打开文件，才发现这个情况。"

苏珊娜的妹妹苏泽特相信，父母决心保证苏珊娜不被别人贴标签，或者说不让苏珊娜对自己进行定位。上了几年小学后，姐妹两个都不觉得自己是学习明星。苏珊娜有段时间进了资优班，但后来又回到了普通班。苏珊娜学习乘法口诀表很困难，苏泽特怎么也学不会认钟表。苏泽特说："我爸爸发现了我的问题，因为他问我时间时我望着苏珊娜，爸爸说，'不，苏泽特，我要你告诉我现在几点。'但我没法告诉他。"

每一个挑战都成了马尔沃家的家庭项目，父母让她们用闪卡学习、练习。马尔沃夫妇没有震惊、恐慌，只是采用稳定的方法解决问题、排除障碍。苏珊娜的父母从来没有告诉她出了什么问题，只是鼓励她更加努力地学习，这么做有助于维持她的信心。

苏珊娜回忆道："我在房间里待了几小时，边走边背，试图记住乘法口诀表。可以说家里的每个人都参与进来了，这很重要。大家都鼓励我，但我也有一种感觉，'好吧，你必须集中注意力。'爸爸妈妈从不以任何方式进行惩罚。他们给我很多鼓励，也许还有一点点担心。我想，我上五年级的时候压力有点儿大。"所有的问题都被苏珊娜克服了。到了中学，两姐妹都是学业出众的佼佼者，各门功课都是 A，还同时参加乐队、啦啦队、男童子军、学生会、优等生联合会、戏剧表演。做这些事情时，她们满怀坚定的信心。

不让他人定义自己

在迈阿密的头几年，帕梅拉的英语是在好几个学校及她祖父那儿学来的。在学校里，"每个人都是移民，老师没有投入心思教，学校也不怎么好。"帕梅拉说，"祖父花了很多时间教我发音。"

帕梅拉在迈阿密就读的小学是一所磁石学校①，坐落在一个环境很差的社区，性侵犯者的数量异常地多。上五年级时，帕梅拉的一些朋友抽烟、喝酒，但她可不这样。小时候的帕梅拉曾间接观察到青少年的焦虑，因而知道如何避

---

① 磁石学校（magnet school）：美国的一种特色学校，除教读、写、算等基本技能外，还提供音乐、戏剧、计算机等特殊专长的学科吸引附近学生就读。——编者注

开青春期雷区。她花在学习上的精力刚刚够，会在课前 30 分钟完成作业。帕梅拉说："老师们用来教学的材料很好，但老师投入教学的心思不够，没有让我们理解他们教授的知识。"

小时候，一些老师说过贬损帕梅拉的话。帕梅拉最大的障碍是如何抵制这些话语，不按他们的说法认识自己。"有些老师说我'可能考不上高中'，到某个年龄'也许就会怀孕'。他们会说：'哦，你的做法不对。多米尼加人这样，多米尼加人那样，你成不了什么气候的。'我觉得我还不够成熟，不会告诉自己：'他们错了，我比他们认为的要好。'"

因为老师们的这些评论，帕梅拉不知道肤色和移民身份是否会妨碍她成为自己真正想要成为的那种人。"记得我当时决定成为一名时装设计师，只是因为我觉得学术领域没有我的位置。比如，因为我的肤色，我做不成医生或者律师。我认为在美国文化中，拉丁裔人只有看起来像欧洲人才酷。如果像我一样看起来更像非洲人，那就不行了。"

帕梅拉上六年级的时候，阿布丽塔已经让所有家人从迈阿密搬到了新泽西州。家里挤满了人。帕梅拉说："搬到新泽西州是祸中得福。"

迈阿密那些很酷的朋友有时候让帕梅拉分心，现在他们都不在这儿，帕梅拉唯一的任务就是学习。她把所有精力都放到了学习上。帕梅拉认为，如果留在迈阿密自己可能永远都不会上大学。

在迈阿密，帕梅拉总是被人看不起，因为她是多米尼加人。在新泽西州，帕梅拉想证明拉丁裔也可以成为超级学术明星。这个想法源自她的民族背景。帕梅拉说："无论是在家里还是在教会，一旦我在美国表现出色，就不断有人告诉我我应该成功，为国增光。""我背负着整个国家的荣誉"，这种感觉激发了她的责任感，成了她的动力来源。"我知道，看到我失败了或者做错了什么事，人家不是说帕梅拉是个坏人，而是说多米尼加人不好或者说我的家庭教养不好。"

帕梅拉成了一名全优生，参加了诸如法语俱乐部和学生组织的各种课外活动。帕梅拉从一个亲戚那里学会了一口流利的法语，她没有选修 AP 法语课，但仍然要求老师给她布置课后作业，以便为 AP 考试做准备。

帕梅拉学习很努力，每天晚上会花 3 小时做家庭作业。她认为上学是自己的事，不想让任何人帮忙，尤其不想让她众多充满爱心的家人帮忙。帕梅拉和祖母商量，请求把更多的注意力放在成绩上，少做些家务活儿，祖母应允了她。这可能是她青年时期做出的最重要的决定之一。帕梅拉获得了自由，她可以全身心投入到学习中去了。帕梅拉成了一名学生领袖，并很快成了第一名。朋友们都不知道她的成绩在全校排名第一。"朋友们会问：'你做作业吗？'"帕梅拉笑着回忆道。

帕梅拉最在意的是战胜学业上的对手。"我开始打败其他孩子，他们都是白人。我心想：'我做得到。'"帕梅拉逐渐产生了信心。"自那之后我的目标发生了变化。我开始想也许我可以成为一名律师，也许我可以成为一名心理学家，也许我可以成为医生或者哲学家。我可以门门功课考 A，打败很多人，得到很多认可。"

帕梅拉的目标是：做到最好。"我想要打败他们，甚至并不是因为他们的肤色。我要战胜的是这些成见。我把打破这种陈规作为我的人生使命。"然而，高三时候的帕梅拉对未来还没有明确的计划。她周五会打零工，看不到上升的机会。"在此之前，我的目标从来不是上大学，我只想独立。高三时，我意识到我需要重新进行人生规划。"

虽然帕梅拉很聪明，并且愿意努力学习，但她的家庭与其他学生的父母不在同一社会圈层。学校的辅导员从来没对帕梅拉有特别的兴趣，尽管她成绩很好。帕梅拉想："我怎样才能成为一个独立的女性，并拥有这些东西呢？"

答案出现得很偶然。

"我无意中听到一位老师和我的一位同学谈话，老师在给她介绍常春藤学校的情况。"帕梅拉回忆道，"我的同学是一个白人女孩，她的父母都是教授，学校很尊敬他们。"帕梅拉记得那位男老师"经常大谈平权行动"，暗示少数族裔没有得到公平对待的优势。

那个时候这些都无关紧要。帕梅拉要考虑整个国家的声誉，所以在争取她需要的信息上没什么会让她感到羞耻。"一旦人们开始吹捧我，说我必须为我的国家在学校表现好，我的斗志就达到了另一个水平，我的想法是：'我需要采取一切措施向美国人证明，我和其他孩子一样，也可以成功。'"

帕梅拉向老师打听常春藤盟校各方面的情况。"我听说的都是州立大学，这些大学我一所都不准备去，因为我出不起学费。"老师还谈到了经济援助，"我无意中听到他们的谈话，我感觉眼前一亮"。老师的话并不是说给帕梅拉听的，但她采纳了老师的建议。现在，帕梅拉在金融界从业。从哈佛大学毕业几年后，她就拥有了自己的公寓，对她而言这是独立的象征。

与贾雷尔一样，帕梅拉现在觉得自己有责任分享那些曾帮助她取得成功的知识。"我从来没有说过'我把自己看作下一任总统'之类的话。我不是这种人。我只想实现独立的目标，现在我把主要精力放在帮助其他有色人种实现经济独立上，让他们进入原本不真正属于我们的阶层。"

唯一真正阻碍前进的是自我怀疑

在我们的一生中，许多时候，唯一真正阻止我们前进的是自我怀疑，所以大师级父母培养孩子的内在声音才显得如此重要。高成就孩子拥有最佳自我的内在声音，随着每一个新障碍被排除，他们变得越来越自信。

孩子的成功心态来自于此：他们向大师级父母学习如何迎头面对挑战而不是往后退缩，并通过这些斗争变得更加强大。每当遇到新的障碍，他们都能对自己说："我以前遇到过难事，我可以再次面对。"

14 同一个家庭的孩子为何差异巨大？

> 如果大师级父母成功扮演了战略式教养法则中的 8 个角色，那么这是否意味着他们的孩子都将成为超级明星？然而，有些人的兄弟姐妹却没有那么成功。那么，大师级父母怎么会培养出不成功的孩子呢？

精英哥哥与落魄弟弟

在大多数夜晚入睡前的宁静时刻，罗纳德的思绪总会回到克利夫兰的家。他安稳地躺在康奈尔大学新生宿舍的床上，心里想着比他小 18 个月的弟弟达雷尔。达雷尔过着与罗纳德非常不同的生活，因为售卖毒品，达雷尔被赶出了家门，流落街头。

罗纳德说："我刚刚进了一所常春藤盟校，感觉未来是光明的，世界属于我。我结交了很多新朋友，他们都是我真正认同的人，而且是聪明、沉着的高成就者。同学们都很好，环境也适宜。也就是说，如果我别花那么多时间考虑达雷尔的话，一切都很美好。"

本书的主旨是父母如何培养非凡的高成就孩子。这个问题带出了另一个问题：兄弟姐妹出现区别的原因何在？如果养育方式能具有那么大的作用，那么，为什么在同一个家庭长大的两个孩子，在学校和生活中一个总是比另一个表现出色？对于任何一个有兄弟姐妹的人来说，这个问题都超出了学术研究的范围。这是一个关系到他们个人身份的存在主义问题。200个人接受了本书作者的采访，其中许多人谈到了自己"同样聪明"但没有取得同等成功的兄弟姐妹。

罗纳德一生都在思考这个问题：每个兄弟姐妹从父母那里得到很不一样的教养，而他从小就认识到这是多么重要。获得麻省理工学院的博士学位并在几所著名大学担任过老师之后，罗纳德仍在思考这个问题。父母的养育方式和家庭环境如何让一个儿子成了世界一流大学的学生和老师；一个儿子成为医生；还有一个儿子成为美国国家空手道队的常胜将军，多年穿梭在世界各地参加比赛；但剩下的两个儿子却陷入酒精、毒品和频繁的经济困难之中呢？同一个家庭的孩子之间的这种差异是如何形成的呢？

每个孩子都有自己的成长节奏

罗纳德的另一个弟弟荷马像达雷尔一样吸毒成瘾，关于上述问题荷马有一个答案，他说："罗纳德听取了父母给的教导，而我没有。我半途而废了。他循规蹈矩，充分应用了别人给他的建议。"荷马的解释与其他一些高成就者的解释很相似：他们认为，兄弟姐妹不太成功是因为不太用心。

兄弟姐妹的接受度和努力上的这些差异来自哪里呢？难道只是因为个性吗？

罗纳德、达雷尔、荷马、肯尼和史蒂夫生长在一个大家庭里，母亲、父亲、祖父约翰和外祖母娜娜各自都对他们产生了影响。正如后来成为医生的史蒂夫所说："很幸运，我拥有 4 个家长。"

这些孩子的母亲是一位年轻的、爱心满满的家庭主妇，对孩子比较放任姑息。父亲是个室内油漆工和承包商，每天工作很长时间，他会拥抱和亲吻孩子们，但他也是两个家长中充当"执法者"的那一个。当孩子们行为不端时，父亲会狠狠地揍他们。罗纳德说，父亲对违规行为的反应从来不是审慎的谈话和讲道理，他只有一句话："去把我的皮带拿来，把裤子给我脱了！"至于在学校，父亲和母亲似乎都认为孩子的行为表现比成绩更重要，祖父约翰也很少和孩子们谈学业，没给孩子们施加学习压力。

这些孩子的 4 个家长中，有一个是例外。孩子们的母亲身体不好，在她怀着达雷尔的时候，一直护着女儿、与女儿关系亲密的外祖母娜娜负责照顾罗纳德。外祖母娜娜是一位特殊教育老师，她精于教学，在她 90 岁生日的时候，以前的许多学生参加了她的生日聚会，以表达对她的感激之情。外祖母娜娜把同样的教学技术用在了外孙身上，让他总是以学习为中心。

"早在我有记忆之前，外祖母就给了我很多的关注。她讲起在我 18 个月大的时候，她带我坐火车去纽约的事。在火车上，我逢人就跟人家叽里呱啦说东道西。"罗纳德说，"记得 4 岁的时候，我坐在一块绿色的黑板前面，她教我在上面写自己的名字和其他东西。我认为她对我的关注和早期指导培养了我的学习动力。"

外祖母娜娜想要帮助罗纳德成功的夙愿，与她小时候遭到导师的拒绝有关。娜娜 20 岁那年结婚后，她的导师、杰出的非洲裔美籍社会工作者兼律师简·埃德娜·亨特把娜娜赶出了领袖培养团。亨特女士告诉娜娜："你抛弃了你的人生。"尤其是，娜娜嫁的还是一个抽雪茄、喝威士忌的男人，亨特女士认为这个男人缺乏远大抱负。70 年后，娜娜在日记中写道："我犯了一个多大的错误啊！"失望点燃了她的热情，她希望看到罗纳德在世界上取得成功，这激励她成为一个非常刻意的早期学习伙伴。

外祖母娜娜用在罗纳德身上的心思开花结果了。像本书中的其他孩子一样，罗纳德记得在幼儿园和一年级时体验到了先行一步的好处。他意识到自己比同学们知道的东西多，会做更多的事情，并把自己视为班上最好的学生。

"外祖母娜娜时时刻刻都在教我们。她对我们每个人都这样。"罗纳德说。

为什么罗纳德比其他人学习更努力呢？罗纳德认为原因在于头三四年，"我和她单独相处的时间更多，让我形成了一种随时都在想事情的状态"。

> 对于一个在很小的时候智力就得到开发的孩子来说，世界就像一个房间，有人为他打开了电灯，或者把微弱的灯光调亮了，世界变得一片光明。内心被照亮的孩子会尽力全盘吸收展现给他的一切。

"刚上小学那会儿，我花大量的时间用积木和一个只有小螺母、螺栓的安装工具搭建筑。二年级以后，我加入了一个暑期读书俱乐部。记得有年夏天，我坐在角落里的树荫下读了 8 本书。"罗纳德说，"《每周读者》（*Weekly Reader*）上登了这 8 本书的广告，我请求妈妈帮我订购，她满足了我的愿望。我也经常去图书馆。大人并没有指导我读什么书，也不规定我的阅读量，但这种早期刺激确实培养了我对知识的饥渴感。"

作为早期学习伙伴的家长会让孩子接触刺激性的经历，18 个月大的罗纳德去纽约的那次旅行就属此类。然而，孩子在经历过程中的反应，与父母创设这种体验的努力同等重要。如果孩子很善于接受这些早期经历，例如，在旅行中与火车上的每个人交谈，那么大师级父母和孩子就会热衷于此。他们建立起有趣的合作伙伴关系，积极投入并一起学习，继续发展他们已经形成的正反馈循环。当然，娜娜帮助罗纳德培养了对学习的渴望之情，但罗纳德从一开始就乐于接受，这个事实可能与她掌握的养育技能同样重要。

　　二年级后，罗纳德开始在克利夫兰卡拉姆屋学习艺术和现代舞蹈课，这个文化中心位于克利夫兰黑人社区。四年级时，他在校外上单簧管私教课程，并在学校的乐队和管弦乐队演奏单簧管。罗纳德的妈妈和外祖母娜娜会雷打不动地出席每一场演出和展览。看见她们出现在观众席上，罗纳德专心致志、不断进步。

　　早期接受强烈刺激的孩子比没有获得特殊关注的孩子更有可能产生强烈的学习愿望。即便如此，接受力也是一件微妙的事情。父母试图用积木吸引孩子或者读书给孩子听，这时如果孩子兴致盎然，那对父母就是一种奖励，他们感到欢欣鼓舞并会继续这么做。但同样情况下，另一个孩子可能感到兴味索然。

　　这种时候，大师级父母会遵从孩子的指引，采取长远视角理解每个孩子有自己的成长节奏。他们会等到以后再试，或者尝试以不同的方式吸引孩子，比如陪孩子玩培乐多橡皮泥，而不是积木；或者一起散步，而不是看书。重要的是，家长要给孩子提供一种学习经历。父母和孩子一起学习的机会越多，孩子将来就越可能爱上学习。

　　然而，即使最坚定的父母也发现，如果孩子注意力涣散，他们就很难继续尝试。伊丽莎白·李说："贾雷尔热爱学习，但是，当我竭尽全力推动两个女儿学习时，她们却非常抵触。所以我告诉她们，你们可以按自己的选择做。我不会和你们吵架的。我不会为了让你学习能让你的生活更美好的东西和你去吵架。你总有一天会发现，我只是想帮助你。你的生活取决于你的选择，选择是你自己做的。"她的两个女儿也很聪明，一个毕业于社区大学，另一个读完了一所四年制的学校，但她们不像贾雷尔那样容易接受妈妈的教育。

父母无法为每个孩子都做到最好

并非大师级父母的每个孩子都充分受益于自己所在的家庭，还有其他因素在起作用。其中一个因素是可行性。对于有经济负担或者时间有限的父母来说，扮演战略式教养法则的各个角色是有困难的。加比是哈佛大学"父母如何养育我"项目的参与者，她告诉我们，小时候妈妈随时都在身边，但妹妹们出生以后父母的婚姻已经解体，母亲不得不外出工作。加比姐代母职充当了妹妹们的飞航工程师，去学校处理各种问题，但她自己都还是一个孩子，她不能完全复制母亲给予她的那种极好的养育。

相反，在查克·巴杰的哥哥小时候，他妈妈还不够成熟，做不了后来成为查克的大师级父母时所做的事情。有时候，无论是由于可用的时间、精力，还是由于兴趣，父母可以在有些孩子身上做到最好，而没法为其他孩子做到同样好。

父母往往只是一个孩子的大师级父母。

家庭就像是动态的谜题，孩子的成长不仅依赖于父母，也依赖于兄弟姐妹和大家庭的其他人。例如，"哦，这是我的聪明孩子"或者"这是我家未来的运动员"，从父母口中说出这样的话并不奇怪，但是，一个平均成绩是 B 的孩子是不是"聪明"，取决于其他兄弟姐妹的成绩如何。

在另一个家庭中，罗纳德的弟弟肯尼可能要算家里的高成就者。肯尼长大后成了美国国家空手道队的冠军和一名成功的商人。但在肯尼还是一个学龄前儿童的时候，家人忙忙碌碌的，安静的肯尼很容易显得无足轻重。对于一个刚上小学的孩子来说，什么也无法代替成人的陪伴：成年人与孩子进行一对一的互动，倾听他们的想法，了解他们的兴趣，并对他们的想法做出回应。然而和家人在一起时，肯尼大部分时间都不引人注目。

考虑到这一点，我们可能以为肯尼会一事无成。然而，非常幸运，肯尼还有教父和教母。肯尼的教父和教母住在两个街区之外，没有生育自己的孩子。肯尼几乎每个周末都去他们家玩儿，从他们那里得到家人不曾给他的关注。肯尼说："在那儿，我觉得自己很特别。"教父、教母的关注给了肯尼信心。后来在公众场合公开表明自己的态度而不是淹没于人群时，他有一种强烈的"我应该得到这种待遇"的感觉。肯尼与教父、教母单独交流的时间有助于提升他的情感安全和执行功能技能，专家们认为这些因素是取得成功的重要基础。

肯尼没有得到罗纳德从外祖母娜娜那儿获得的学术基础，但他说自己在竭尽全力地追随哥哥罗纳德的脚步。从 11 岁开始，有 4 年的时间，肯尼成功地模仿了罗纳德每天一早阅读《克利夫兰诚报》（*Cleveland Plain Dealer*）的习惯，同时还和祖父一起清洁地毯。16 岁的时候，肯尼像所有的兄弟一样，在沙克尔广场的斯托弗餐馆当泊车员。

一直循规蹈矩的肯尼上了肯特州立大学，主要是因为罗纳德读了大学。去了大学以后，肯尼听取建议学习了空手道。大学四年级时，他入选美国国家空手道队，为之效力多年，他还出战世界各国，不止一次夺得全美冠军。他现在是克利夫兰的知名商人，曾经开办了一家空手道工作室，培训了数百名学员。

家庭背景对罗纳德的弟弟史蒂夫同样重要。史蒂夫比荷马晚 4 年出生，当时家里已经有 4 个比他大的男孩子，他们的妈妈管理起来已经力不从心。外祖母娜娜再次出手帮助女儿减轻照顾孩子的负担。有些晚上、周末和夏天由她照顾史蒂夫，当时罗纳德 9 岁了，已经处于"自动驾驶"模式，和外祖母在一起的时间不那么多了。

谈到外祖母娜娜是如何鼓励他们的，史蒂夫回忆起外祖母常说的一句话："朝着月亮飞去，即便失败了，你也会落在繁星上。"史蒂夫就是这么做的。5 岁时，他决心成为一名医生。虽然他从外祖母那儿获得的早期教导不像罗纳德那么多，并且因为未确诊的阅读障碍症令他痛苦不堪，但他具备了足够支撑他追随梦想的基础。不在外祖母家的时候，史蒂夫和罗纳德共用一间卧室，他记得总是看到哥哥坐在卧室书桌前学习。史蒂夫的兄弟们说他顽固，但他更愿意把自己视为有着强烈主观能动性的人。他自己报名上了一所天主教高中，并说服父亲为他支付学费，因为他相信自己在那里可以得到比附近其他学校更好的教育。几年以后，尽管考试分数很低，他还是说服一所医学院录取了自己。史蒂夫现在在北卡罗来纳州当医生，为低收入乡村社区的病人服务。

在所有兄弟中，由于出生顺序的原因，只有荷马没有得到过额外的一对一教导，他只得到了父母能够提供的教诲。达雷尔得到叔叔和祖父的关注，但我们很快就会看到他的方向错了。外祖母娜娜那时仍然长时间地陪伴罗纳德，她忙于特殊教育，同时还要辅导十几个年轻的保姆。荷马潜在的外部支持，如祖父母和教父、教母都已经被其他兄弟"占有"了。史蒂夫有着天使般的脸庞，性情迷人，一出生就成了家里的宠儿，大家都把注意力从荷马身上转移到了史蒂夫的身上。

结果荷马早期的注意力发展不够。有些专家认为，早期注意力发展是形成执行功能技能的基础，涉及一个人调节行为、达到目标的能力。作为小孩子，荷马没有太多机会在成人小心翼翼的监督之下执行自己的意图，因此没有形成太强的自律精神。荷马自己承认，青少年时期的他不听从成人的教导。

高成就孩子很小就遵从大师级父母的教导，培养了自驱力和持之以恒的精神。想想玛吉·扬长时间自觉练习小提琴，还有桑谷·德尔 14 岁就独自申请了在网上找到的一所美国高中，获得了在那里学习 4 年的奖学金。

没有成年人专心帮助达雷尔或荷马为未来建立一个清晰、富有成效的愿景，于是他们形成了自己的短期目标。两人都是普通学生，英俊、合群、非常讨人喜欢，受异性欢迎，但两人都不把学习作为出人头地、取得成功的方式。相反，他们关心的是赚钱、玩、炫酷、成为明星运动员。达雷尔尤其如此，他认为成功就是衣着光鲜、口袋里有大把钞票。这些似乎正是和达雷尔长期相处的祖父约翰最看重的东西。达雷尔也受到比尔叔叔的影响，比尔叔叔是前哈莱姆环球观光旅行家和著名的高中篮球教练。达雷尔和荷马都把职业体育运动员视为获得名气和金钱的敲门砖，达雷尔心仪的是篮球，荷马喜爱的是足球。到了高中二年级，很明显，两个人都没有掌握做专业球员的本领。于是，由于缺乏其他使命感或目标感，还是高中生的他们都以错误的方式寻求乐子和人气，结果招致了麻烦。

触手可及的榜样才是有效的

肯尼和史蒂夫都仰慕哥哥罗纳德，这影响了他们成长过程中的选择和志向。达雷尔和荷马两人与哥哥罗纳德的成功之间的关系反而并不是那么密切。

只有哥哥姐姐的成就不仅受到家庭的重视，而且也要在其他孩子触手可及的范围之内，才能成为弟弟妹妹最有效的榜样。年幼的孩子通常选择追随年长孩子的脚步，但是如果弟弟妹妹认为自己不管多么努力都做不到像哥哥姐姐那样时，他们可能就会去其他地方寻求关注和目标。例如，我们跟踪了解的德尔、亨布尔和加比等人都示范了弟弟妹妹们试图效仿的学术成就，但他们有时候令弟弟妹妹的成就黯然无光。

上学以后，达雷尔是个 B 类学生，但从来不是 A 类学生。罗纳德说："在孩提时代，我因为在学校表现很好而得到了各种赞誉。达雷尔非常擅长打扫房子，外祖母娜娜特别喜欢不遗余力地表扬他把房间打扫得多么干净。达雷尔只好寻找另一种让自己显得出色的方式，一种不同于学校的方式，让自己在家里显得优秀。所以孩子们受到在家庭中扮演角色的影响，也许在某些家庭里只有一个孩子可以成为学术明星。"

荷马把罗纳德和达雷尔都视为榜样。罗纳德是传统成功模式的典范，但罗纳德的成就总是让荷马望而却步，所谓"谁能望其项背呢"。达雷尔魅力四射、英俊潇洒，荷马认为他很酷。荷马以惊奇和敬畏的眼光看待两个哥哥："我记得达雷尔开着雪佛兰黑斑羚敞篷车去上学，扮相很是时髦。走在街上，他很酷、很时尚；罗纳德很聪明！我记得他背着那么多书去学校，要依靠臀部支撑书包。我当时想：'我想像罗纳德一样聪明，像达雷尔一样酷。'他们两者的结合对我来说是一件很困惑的事情。那时候觉得达雷尔吸毒很时髦、很酷。"似乎学习达雷尔更容易。

罗纳德说："我常常想，荷马和达雷尔十几岁的时候，如果我对他们多关注些，和他们在一起的时间多些，他们是不是会做出不同的选择。但他们偏离轨道的时候，我已经离开家上大学了。"

罗纳德是本书的作者之一，他成了哈佛大学的经济学家和研究高成就问题的专家。罗纳德在康奈尔大学寝室里为达雷尔忧心忡忡了无数个不眠之夜。多年之后，有一天，他在哈佛大学的办公室和一位同事交谈时接到一个电话，得知了 38 岁的达雷尔死于酒精中毒的消息。"记得当时我心里很愤怒。他简直是浪费生命！"愤怒之后是悲伤，同时罗纳德为自己儿童时期备受关注而内疚不已："也许是我把达雷尔从更有成就的道路上挤下去了。"

养育公式应该是个性化的

从罗纳德几个兄弟的警示性故事中我们看到，与父母、祖父母以及其他人的不同关系导致了 5 个孩子截然不同的人生轨迹。但影响孩子成长的并不仅仅是家庭环境和孩子之间的动态变化，正如每个人的接受度不同，孩子的个性也会产生影响。

如果这些家庭故事有一条共同的线索，那就是：尽管家长可能同样爱每一个孩子，并依据同样的养育哲学与孩子们互动，但这并不意味着他们真的以同样的方式抚养了每一个孩子。相信自己这么做的父母都应该问自己两个问题：我的孩子们有什么不同？什么话我对一个孩子说有效，而对另一个孩子说却无效？

这两个问题的答案会提醒我们，每个孩子都不一样。每个孩子都有自己的好恶、长处和弱点，即使父母没有意识到，也应该以不同的方式对待每一个孩子和他的兄弟姐妹，把他们都当作独立的个体对待。

乔·布鲁泽塞（Joe Bruzzese）曾是教育工作者和学术教练，他认为每个孩子都需要一套个体化的成功方法，在家庭中以及孩子们彼此之间都是这样。例如，布鲁泽塞辅导过一家三兄弟好几年，帮助他们调整组织能力和学习技能。他们的父母要求三个男孩在学业上都要表现优异，但由于每个男孩都有自己的优点和缺点，所以在达到目标方面，每个男孩都面临着自己独有的困难。

大儿子

"这家三兄弟中的大儿子最终去了普林斯顿大学。"布鲁泽塞说，"他是个足球运动员，是顶级选手，他也是非常有效率的学生，但帮助他达到如此高水平的是他的职业道德。"为了取得优异的成绩，他必须非常努力地学习。"他是一个了不起的学生，因为他学会了理解很多高深的内容，这个孩子每天晚上花很多个小时完成家庭作业、准备考试、学习。"

这位大儿子知道父母希望他出人头地。"他父母从小就对他要求很严格。他在大学学习普通话和经济学专业，现在在一家顶级公司工作，有望获得一个高级管理职位。"尽管努力学习是这位大儿子成功的秘诀，但布鲁泽塞总想知道，他的父母当初对这个大儿子的期望是否过高了。因为布鲁泽塞说："这个大儿子除了得 A，别无选择。"

如果经济成功是高成就唯一的衡量标准，那就很难质疑这个大儿子最终的成就，尤其是他还进了常春藤盟校并获得了一份收入高、前景不错的好工作。布鲁泽塞说："这个大儿子算是成功了。"

可是，如果像大师级父母那样，他的目标是培养充分实现自我的孩子，那么大儿子的结局是不确定的。"我不知道他现在的幸福程度如何，感觉有多心满意足。我连他现在是不是有这个问题都不确定。"布鲁泽塞说。

二儿子

二儿子比大儿子小几岁。我们同布鲁泽塞交谈时，二儿子刚从斯坦福大学毕业不久，正考虑去研究生院攻读神经科学。"二儿子是一个优秀的运动员，特别适合家里的学术环境，一直到高中都是这样。凡是他读过、写过的东西他都记得住，有着摄影机一般的记忆力，"布鲁泽塞回忆说，"我问他：'你怎么准备考试？'他说：'我把笔记看了几遍。'"

要达到和哥哥同样的水平，二儿子需要的学习时间少得多。但他无欲无求，只有在一个期望孩子有突出表现的家庭中他才能取得成功。布鲁泽塞说："这个孩子的特点是，如果父母不要求他实现高成就，他就实现不了。"

小儿子

布鲁泽塞认为小儿子是 3 个孩子中最聪明的一个。"上中学时，这个孩子可以几分钟就把整个中世纪的历史给你讲得清清楚楚，但是如果你让他写下来，那你就得等上几个星期看他把心里想解释的东西写在纸上。"

小儿子有不同的学习方式，这种方式在学校不受尊重。"真正的挑战在于，今天的学术环境不适合倾向于听觉学习风格的孩子，这类孩子用耳朵听并记在心里，他能侃侃而谈学到的知识，但你没法用考卷评价这种能力。"

最终小儿子上了高中以后，他的父母意识到，他不像两个哥哥，小儿子看来考不上世界一流的大学。布鲁泽塞说，这件事对整个家庭是一个巨大的启示。他的父母终于把小儿子看作一个独立的个体，而不只是另一个将上常春藤盟校的儿子了。"这对父母最终发现了，并说：'你知道吗，我们的小儿子不一样，除非我们认识到他不一样，他没有达到同样的水平，否则我们将失去他。'"他们认为在高中余下的时间里，最好的办法是让小儿子在家上学。小儿子获得了高中文凭，后来上了护理学校。

这 3 个男孩的父母是大师级父母吗？对二儿子来说，也许是。这对父母对孩子们有很高的期望，显然知道如何培养聪明的孩子。他们的高期望值是让缺乏动力的二儿子走上成功之路的关键。但他们一门心思关注孩子的学习成绩，而不是孩子的全部身心，结果可能导致大儿子过分依赖外界衡量成功的标准，使他没有机会参加其他有价值、实现高成就所需、又可以发展情感的活动。他们未能及早了解小儿子并相应地调整教养策略，让小儿子丧失了学习机会。

正如我们所看到的，大师级父母也是孩子的学生。

> 养育了不止一个成功孩子的大师级父母会了解每一个孩子，并不断调整养育方式，采取对每个孩子最有效的方法。即使是在养育上非常投入的父母，如果他们在调整策略方面失败，也会导致兄弟姐妹的成就不同。

成绩不是唯一的成功标准

我们来看另一个例子，在这个例子中，由于父母对孩子茁壮成长更有远见，强调全方面培养孩子而不仅仅是重视成绩，结果三兄妹各自都找到了独特的成功之路。

像布鲁泽塞辅导的三兄弟一样，克罗尔家的几个孩子的聪明才智体现在不同的地方。在成长过程中，3 个人生活在同一个家庭环境里，读着同样的书，玩着同样的游戏，但其中有一个孩子在学术水平上不及她出色的哥哥和姐姐。在学校里，恩内卡考 B、C，偶尔考 D。她在温哥华出生和长大，现在还住在那里。她说自己没有在考试上下太多工夫。

然而，恩内卡的哥哥姐姐花了很多工夫。她的孪生姐姐艾达现在住在洛杉矶，是获得过艾美奖的编剧，曾任奈飞系列电影《卢克·凯奇》（*Luke Cage*）的联合执行制片人。当年艾达是一个全 A 生，直接跳过了八年级。哥哥恩盖曾是《新闻周刊》的电子游戏评论家，与成功的电子游戏咨询公司老板罗杰·埃伯特可以相提并论。恩盖当年在加拿大全国 IB 考试中拔得了头筹。

恩盖和艾达都在小小年龄就以智慧敏捷掀起了不小的波浪。恩盖一年级的老师觉得他是课堂上的麻烦，实际上，就像大卫·马丁内斯一样，这是恩盖感到无聊的一种表现。老师让恩盖做了测试，发现他的数学能力达到了三、四年级的水平，阅读能力达到了七年级水平。"老师把情况反应给校长，他们一起找到学校董事会，说服他们让我比同学提前学法语，而不是让我跳到三年级。"

克罗尔夫妇担心即将进入幼儿园的两个女儿遇到与恩盖类似的情形，所以随即开始想办法挑战她们。最后克罗尔夫妇也让双胞胎女儿上了幼儿园的法语沉浸课程，尽管他们自己都不会说法语。

幼儿园上到一半的时候，法语沉浸课老师不相信艾达已经可以读法语了。艾达告诉我们："老师问，'你拿那本书干什么？'我说，'我在读。'她说，'不，不可能吧！'她让我读读看，我读了，她的反应是，'哦，天那！'她把我拉到校长办公室，让我读法语。我害羞极了，完全吓呆了。那时我意识到情况发生了变化。"就像我们采访的许多高成就者一样，老师和校长会区别对待艾达和其他同学，艾达会因此感到自己与众不同。

随着年龄的增长，艾达和恩盖都继续表现良好。虽然艾达通常是三兄妹中的佼佼者，但八年级的时候恩盖决定要进入荣誉榜，一旦下了这个决心，他的成绩马上突飞猛进。恩盖学习更加勤奋，不久就成了班上的尖子生。

在此之前，艾达一直认为自己是家里和学校最优秀的学生，但这时哥哥的成绩超过了她。她为哥哥感到骄傲，同时决心追赶他的步伐。艾达说："我哥是学校里成绩最好的学生，在那几年，我从来没有必要追赶别人；在那之前，没有比我更优秀的人，我一直在这种环境里奋发前进。"

相反，恩内卡选择根本不参与竞争，就像荷马对罗纳德的反应一样，她觉得自己永远无法达到艾达的水平。恩内卡说："我创造了一种人格，那根本不是我。真正的我重视社交能力。"恩内卡认为自己的人生路径并不是取得像哥哥姐姐那样的高分。

天赋是问题所在吗？艾达认为"恩内卡和我有着相同或者非常相似的才华"。艾达解释说："我们上六年级时，有位老师告诉恩内卡她有能力取得更好的成绩，老师坚持这样的要求，所以恩内卡在那个老师的课上考了 A。那之后，没人对恩内卡有那种期望，她的成绩又成了 C。那年在那个老师的课上，恩内卡并没有做出多少改变，却学得那么好，所以我知道她能够学好。"

恩内卡回忆起那位激励她考 A 的老师："我不知道是不是为了讨好人，但她真的对我有信心，所以我在她的课上积极发挥，随后也在其他我感兴趣的事情上积极发挥。"

恩内卡大多数时候成绩平平，那她怎么突然能够在那个老师的课上表现得那么好呢？答案在克罗尔家里。在克罗尔家，学习是一个恒常不变的状态。他们的母亲伊冯娜曾是一名幼师，父亲詹姆斯在圭亚那一个贫穷的家庭长大，是一名退休的数学家。这两位大师级父母创造了一个良好的学习环境，家里堆满了电脑、书籍和乐高积木。他们是孩子杰出的早期学习伙伴。

孩子们小的时候，詹姆斯会带他们去自己工作的西蒙·弗雷泽大学的计算机实验室。恩盖说："父亲做他的事，我们在 Apple Ⅱ 电脑上玩游戏。"几年后，在家用电脑普及之前的 1989 年，他们在朋友中率先拥有了家用电脑。这让克罗尔家的孩子们有了一个明显的优势，对恩盖尤其如此，因为他后来的写作和咨询事业侧重于科技。

恩盖说："很小的时候，我们就有很多学习机会。我想，无论是出于有心规划还是因为兴趣所在，甚至出于父亲自己对这个世界的好奇心，父亲希望让我们感到学习无处不在，就在身边。"

艾达说："我们在家里做的事从来都不被当作学习，那就是我们的家庭氛围。你来到客厅，只听爸爸在谈论光谱的性质，以及我们看得见、看不见的东西。我父母教给我们的东西远远超出了我们在教室里学到的东西。"

说到他们的家庭生活，詹姆斯的评价是："总有书可读，随时都在交谈，孩子们无暇他顾，不是和我们一起做事就是彼此一起活动。"

詹姆斯还是小孩子的时候，父亲每周日晚上都会把他和兄弟姐妹聚集在一起讨论大家感兴趣的话题。当自己的孩子上小学时，詹姆斯决定效仿父亲。在那些周日晚间的讨论中，詹姆斯注意到恩内卡是最健谈的孩子，他说："恩内卡经常起带头作用。她表达的意见最多，而且对微妙之处比其他两个孩子敏感。她会发现其他人不会留意的问题或者有不同的想法。"

恩内卡并不缺乏智慧，也不缺少学习兴趣，只是学术并不是她看重的。

詹姆斯和伊冯娜很早就意识到，不同于哥哥和孪生姐姐，恩内卡表现出了更具社会性的才能。与布鲁泽塞辅导的那对三兄弟的父母不同，克罗尔夫妇把每个孩子都作为独立的个体看待。他们对所有的孩子都抱有很高的期望，但他们并不强迫恩内卡取得与其他两个孩子同样的成绩，因为他们知道，对于这个活泼、社交早熟的孩子，这一策略将适得其反。

克罗尔夫妇并未采取一刀切的方法养育几个孩子，而是尊重这个事实：成绩单之类的标准学术评测工具并不能很好地衡量恩内卡的智力，也不能对她的成长做出相应的判断。如果有社会技能这样的测试用于衡量交流和同理心，那么恩内卡将轻松超越哥哥姐姐。

詹姆斯说："我从不需要通过学习成绩了解恩内卡的表现。我可以自行做出这个判断。"詹姆斯不觉得 3 个孩子在学习方面有什么不同，他说："当然，每个孩子都有自己的学习方式，但这是很自然的。我们从来没有试图强迫他们接受任何模式。恩盖和艾达在学校的考试成绩更好，恩内卡还是婴儿的时候就表现出了更强的社交能力。"

这并不是说父母对恩内卡的期望不高。恩内卡说："他们期望我专心学习，这一点上和哥哥姐姐没什么不同。但他们并不期望我在学业上像艾达和恩盖那样成功。我没有因为考 B、C 而受到责备。情况更像是，我们有一个学习的环境，能考多少分就是多少分。"

然而，恩盖拿着 A 以下的成绩回家时，母亲会说，如果这是恩盖最好的成绩，那她会为儿子感到骄傲，但她知道这不是。她从来不对恩内卡说这样的话。艾达认为父母让恩内卡明白了，他们希望恩内卡尽最大努力，但因为一开始恩内卡就没有得到与恩盖同样的分数，也没有得到老师认为恩盖有能力得到的分数，所以他们没有给恩内卡那么大的压力。恩内卡带回 C+ 或 B 的成绩单时，他们不会说："你这下麻烦了。"如果恩盖拿回这样的成绩，他们就会说："这是怎么了？"

艾达相信父母对待妹妹的方法是对的，她说："给恩内卡施加更大的压力可能不会奏效。他们确实试过，但没用。"

恩内卡说："我甘愿把这个高成就者的角色让给艾达，我没法跟她竞争。"恩内卡并不嫉妒自己的双胞胎姐姐，而是为她骄傲。她们的父亲詹姆斯说恩内卡"到处宣扬艾达这也好、那也好"。

艾达同样为恩内卡感到骄傲，她自豪于妹妹的人缘如此之好。她是如此为妹妹骄傲，有时候甚至觉得自愧不如、难以企及。

父亲詹姆斯说："艾达上五、六年级的时候曾经告诉我们，恩内卡在社交方面让她相形见拙。她为此感到厌倦，希望不要跟妹妹一个班，这样自己也可以交一些朋友。所以我们让艾达换了一个班。"

在童年的那些年里，恩内卡会对自己说，自己在学习成绩方面不如哥哥姐姐成功，她并不为此烦恼，但她现在没有这么确定了，而是说："我肯定烦恼过。我认为有。"

如果恩内卡了解家里每个人对她的评价是：她像哥哥姐姐一样聪明。那么，情况会不会不一样呢？恩内卡是否会问鼎她似乎完全有能力占据的优秀学术地位呢？或者说，她还是会选择把精力集中在更社会化的方向上吗？我们无法确知。我们所知道的是，恩内卡不把学业放在优先地位的做法是有代价的。她错失了出色工作带给人的那种喜悦和满足感，她也没有得到成年人对她做事竭尽全力后的那种赞美。结果，这影响了她对自己的看法，也影响到了她对自身学习能力的评价。即使今天已经是成功的演员了，恩内卡还是说："我从没觉得自己是个高成就者。"但显然，她是一个高成就者。

这种自我怀疑拖延了恩内卡的进步，在培养有目标的孩子、让孩子长大后成为有影响力的成年人方面，战略式教养法则的影响力没有及时体现出来。恩内卡承认哥哥姐姐在高中时已经有目标了，他们知道自己的目标，并且想好了实现目标的途径。恩内卡在这方面醒悟得比较晚。

如果父母不是那么有策略，考虑不那么周全，恩内卡的人生可能会是另外一个样子。尽管克罗尔家的孩子觉得父母在情感上有时候跟他们比较疏远，但克罗尔夫妇其实是慈爱和关心孩子的，并且为每个孩子都有效地扮演了战略式教养法则的各个角色。

克罗尔夫妇长期让恩内卡自由地磨练社交技能，帮助她成了一个演员。恩内卡说："作为演员，你需要情商，而同理心是我的专长。"

恩内卡花了比哥哥姐姐更长的时间，但最终还是找到了自己的人生目标。申请纽约大学的研究生课程时，恩内卡已经是职业演员了。这个课程允许艺术家放弃 1 年的演出，以便更多地了解艺术家的社会作用，通常要有本科成绩才具备申请资格，她虽然没有，但她的故事打动了招生官。招生官说："那基本上是一个另类的故事，她在家里家外都经历了一定的挣扎，但成功克服了困难。"

在研究生院，恩内卡终于成了全 A 生，其实她一直都有这个实力。"我在学术上施展拳脚，感觉是：'哦！我做得到！'"

参加哈佛大学"父母如何养育我"这个项目之前，恩内卡一直纠结于这样一个问题：长期的演艺职业是否足够有意义，是否能带给她足够的使命感。但在参与这个项目的过程中，真正打动她内心的是这样一个观念：通过艺术影响世界上一些更大的议题。那就是她的目标。

真的是老大更聪明吗？

我们在本书中遇到的许多高成就者都是其父母的第一个孩子。到目前为止，我们遇到的孩子中，恩内卡的哥哥恩盖，还有亨布尔、贾雷尔、加比、大卫、帕梅拉和马尔沃家的双胞胎，全都是家里最大的孩子。这与出生顺序和成功关系密切的常识相吻合：第一个出生的孩子比其弟弟妹妹更有可能出类拔萃和成为领导者。

最常见的解释是，**最先出生的孩子得到了父母更多的关注**，由此建立了更**牢固的知识与能力基础，然后随着年龄的增长，他们继续保持了一开始的领先优势**。这个解释得到了 2018 年瑞典一项大规模科学研究的支持。该研究发现，后来出生的孩子事实上往往不那么成功，因为父母给他们的时间和注意力比第一个孩子少。这个结论可能会让你皱眉蹙额，但并不那么令人意外。许多父母盼望多年才有了第一个孩子，一旦有了后面的孩子，他们很难在其他孩子身上投入同等的精力和热情。

这项研究提出的另一个理论认为，长子和长女更有可能在学业上取得优异成绩，因为他们经常被要求承担家庭责任，比如照顾弟弟妹妹，因此他们必须形成更高的组织能力和自我管理能力，以及更强的责任感。

但正如我们所看到的，一个孩子的自然接受力及其他天生的倾向也很重要。所以，如果老二或者老三的学习成绩不如老大，很难真正测知到底是因为家长的参与热情下降了，还是因为孩子缺少学习能力抑或有别的什么原因。

对于自己的妹妹，罗布·亨布尔唯一知道的是"生活对她不公平"。妹妹出生时，亨布尔已经被视为一个非凡的孩子了。妹妹在出生顺序上排在第二位，前面是一个明星哥哥，"这真的很难效仿。"亨布尔说，"我妹妹很聪明，但不是普通社会衡量标准意义上的那种聪明，这个事实使得情况更加复杂了。她有艺术天赋，但不是学术型人才。所以我一直被视作有辉煌未来的聪明男孩，而她一直是会跳舞的可爱女孩。我认为在某种程度上，我们以各自的方式满足了这些期望。"

是因为亨布尔的父母采取了什么行动或者有什么事该做而没做吗？亨布尔说："我认为父母养育妹妹的方式绝对不一样，但他们是同样的父母。"

老鲍勃相信女儿纯粹是自己决定不参与竞争的。"七年级之前，他们似乎走的路一样，那时我女儿不得不学更高水平的数学，而她学不好。她在代数、分数和其他方面遇到了困难。直到她上了高中三年级，我们才发现她有注意力缺陷障碍。那时候，她已经放弃和她哥哥竞争了，她几乎走向了另一个方向。"

正如一个优秀的学生会扭曲班上的等级评价标准一样，因为老师会根据曲线进行评定，而成绩优异的兄弟姐妹也会扭曲较小孩子的认知，让他们不确定自己要考多少分才算成功。如果父母或其他成人不明确干预并提出更合理的标准，孩子出于沮丧或绝望的情绪可能变得不明智，甚至放弃学业追求。

"她试图和亨布尔竞争，但力有不逮，所以选择了另一条路，"老鲍勃说，"我们只好监督她。我们从来不必担心亨布尔的行为，但对她必须如此。"

亨布尔的妹妹在高中毕业前就怀孕了，后来为找到自己的立足点大费周章。亨布尔说，妹妹对她的一子一女一直是一个无私奉献的母亲。她的两个孩子在学校的表现都很好。她一直都很有韧性。"例如，她得到在一家银行工作的面试机会，车在路上抛锚了，而她在39℃的高温下步行了好几公里。她当场就得到了那份工作。"

老鲍勃认为，如果成功的孩子不是家里的老大，那么每个孩子都会轻松些。然后他解释说，这样的话，在成长过程中，成绩较差的孩子不用努力达到为老大设定的标准。

当然，在有些家庭中，高成就者会是中间的孩子或者是最小的孩子。

在家里的 4 个男孩和 1 个女孩中，德尔是最小的一个，但他是家里成绩最突出的一个。他的大多数哥哥姐姐在学校的表现都很出色，但德尔少年老成，和哥哥姐姐完全不在同一个层次上。部分原因可能纯属天赋。德尔打小就有过目不忘的记忆力。但我们也知道，德尔是一个非常乐于接受指导的孩子，得到了父亲很多一对一的关注。母亲也很关注他，在他很小的时候，幼儿园老师发现德尔记忆力超群、学得很快，母亲便教他读书。虽然德尔的母亲关注所有的孩子，检查他们的家庭作业、在家给他们补习功课，但她对德尔的学习提出了更高的要求。德尔不只是反应良好，而且超出了母亲的预期，茁壮成长。

然而，德尔的一个哥哥是出了名的笨学生，即使有年龄差异，德尔还是迅速超过了他。

"我知道哥哥在成长过程中非常沮丧，"德尔回忆道，"他没有上特殊学校，也没有参加针对学习障碍的项目，根本没有这些东西。老师们有点残忍，他们总是拿我和哥哥做比较，用我来让他难堪，这很糟糕。在课堂上，老师们可能会把他叫到教室前面回答问题。哥哥比我高两个年级，所以如果他在五年级，我就在三年级。他绞尽脑汁努力想给出问题的答案，但老师们会叫三年级的我来回答，我知道那个问题的答案。我很幸运，因为这种情况很容易导致怨恨，但他爱我。他以我的名字给他儿子命名，他可只有这么一个儿子。"

德尔的哥哥虽然爱他却非常讨厌学校，以至于放弃了努力。妈妈给德尔的哥哥请了家教，但德尔说："这对他没什么帮助，因为他不接受。"德尔的哥哥极富街头智慧，但从来不像家里其他人一样擅长学习，跟德尔更是没法比。最终，有位导师发现德尔的哥哥擅长数学，鼓励他更加努力地学习，帮他建立起了信心。后来，他成了一名企业家，开创了自己的企业，但直到年龄更大以后他才意识到自己的聪明程度。

本书中其他高成就者的弟弟妹妹不相信父母可以成为他们的大师级父母，部分原因在于父母从抚养年长孩子中学到的经验。在这些情况下，除了先天的个性或能力差异之外，弟弟妹妹其实拥有更有利的生活环境和机会。

查克·巴杰的哥哥最终进了监狱以后，他的母亲伊莱恩意识到自己需要多多陪伴查克，特别是在充当早期学习伙伴的这几年要让他踏上正确的方向。伊莱恩认为大儿子之所以出事，部分原因在于他没有明智地利用空闲时间，所以她一定要让查克忙于培优项目。伊莱恩的努力取得了成效，查克的学术能力最终超出她本人的能力范围之后，她依靠其他人弥补这个差距，确保查克与其他聪明的孩子处于同等地位，并远离危险的环境。

因材施教

从更广泛的角度来看，关于出生顺序会如何影响养育方式以及儿童的发展结果，并不存在铁律，也没有一种适合所有人的解决方案，即使看起来有一些普遍的并且总是适用的原则，如战略式教养法则总结出来的那些角色。

从罗纳德兄弟到克罗尔兄妹、亨布尔和他妹妹以及德尔和他哥哥，本章介绍的每对兄弟姐妹都有独特的故事，每个故事都有自己的内在逻辑和动态变化。类似的故事发生在世界各地的家庭之中，这些故事代表的模式可以给人教益。

　　即使在同一个家庭中，父母养育孩子的方式也总是存在差异，这些差异可能导致截然不同的结果。大多数大师级父母会尽可能保证养育差异是出于战略考虑，根据每个孩子的需要调整养育方式。

　　正如大卫·马丁内斯在谈到父母如何培养他和弟弟丹尼尔时所说的："要我总结的话，他们的方法可能是根据我们的天赋和能力，为我们俩设定了同样的高标准。他们会评估我们的个性、智力，以及我们适应学习环境的情感准备，然后围绕这点构建了一切。"大卫是一个外向的人，而他弟弟丹尼尔则要内向一些。

虽然人生是场长跑，但起跑真的也很重要

早在开始琢磨是否有一种非凡的战略式教养法则之前我们就注意到，那些孩子非常聪明和有使命感的父母，他们身上有某种特殊的气质。这些父母拥有一种平静的自信，好像他们知道或者看得到其他人不知道、看不到的东西。

通过交谈我们了解到，这些父母对希望孩子成为什么样的成年人有着清晰的愿景，并且有一种让愿景成为现实的动力，也就是"夙愿"。最终我们发现，这种夙愿来源于他们自身的背景。

每位家长也都有计划。从战略上讲，日复一日，他们培养孩子拥有他们认为成年以后对孩子最有好处的品质。这种培养从孩子出生伊始就开始了。

对于这些孩子，童年不是真实生活开始之前的等待期。父母与孩子的每一次互动都有可能成为孩子人生中最有意义、最充实的时刻。书中的大师级父母都知道这一点。他们知道，自己会影响孩子的人生走向，也的确如此。

与其他可能拥有更多教育机会或资源的父母相比，这些父母的不同之处并不是什么特殊的天赋，而在于战略思维。这跟如何实现他们为孩子设定的理想、决心、激情有关，因此他们持之以恒地采取有助于孩子成长的做法，帮助孩子成为期望中的那种人。

在如何养育孩子这件事情上，我们每个人都可以更具战略性。我们每个人都有一个背后的故事，可以给我们的养育提供灵感，在与孩子互动的过程中激励我们更加用心，更加深思熟虑。

有些大师级父母的养育激情是由悲剧或抗争激发的。受到家人为弟弟寻求医疗救助时的经历触动，埃丝特·沃西基希望确保女儿可以无所畏惧地质疑权威人士。伊丽莎白·李希望儿子贾雷尔过上比自己更好的生活。其他同样有效的方法产生于大师级父母最珍视的价值，或者从他们自己的父母身上学到的价值。老鲍勃的夙愿是把解决问题的技能传给儿子，因为这些技能是他的发明家祖父和曾祖父传给他的。

我们会在生活中学到各种东西，无论学到什么，只要以此引导孩子，就都可以让孩子有机会过上更有意义的生活。

这并不意味着每个孩子都会成为德尔、玛吉或夸尔斯，不是每个孩子都必须成为他们那样的人，但是，每个孩子都要有能力找到目标，实现他们自己或他们的父母想象不到的人生目标。只要父母相信"这就是我的孩子可以成为的人，我愿意做出牺牲看着他实现自我"，并以这种信念为基础，那么任何父母都可以利用战略式教养法则培养有自驱力、有使命感而又有才智的孩子。

这样做需要付出时间和勇于牺牲。有时候，像养育贾雷尔和查克这样的孩子还需要智谋，但并不需要特别的才智或者特定的家庭境况。正如我们所见，战略式教养法则的功效并不会因为种族或阶级的差别而有所不同。

父母面临的一些困难，如无家可归、贫困，肯定比其他困难更大、更具长期性，但我们都面临着这样那样的挑战，养育因此更为艰难。我们的大师级父母经历了事业的高峰和毁灭性的低谷，还有离婚、战争、死亡、疾病。德尔回忆说，因为在加纳从事人权保护工作，德尔的父亲曾被行刑队列入刺杀名单。在我们的大师级父母中，有几位中产阶级妇女在离婚之后只能勉强度日：加比的妈妈在成为单身母亲后，每月只有 600 美元生活费；另一位父亲不得不一边照顾孩子一边照顾患双相情感障碍的伴侣；还有不止一位家长在家庭成员不幸去世后独自支撑家庭。然而，这些父母仍然成功地养育了高成就的孩子。

他们是怎么做到的呢？在与高成就的孩子一起努力并为之付出方面，他们比一般的父母更具战略性。他们利用所有休息时间实现养育效果最大化。有时为了把孩子的成长放在首位，他们做出了巨大的牺牲。

从幼儿园老师那里得知德尔有很大的潜力之后，母亲辞掉了她急需的工作，以补充德尔的教育。伊丽莎白·李找到工作之前在收容所花了大量时间与贾雷尔一起学习，找到工作之后继续陪贾雷尔学习。因为丈夫工作的原因埃丝特一家搬到国外，她为照顾 3 个小姑娘忙得焦头烂额，但仍然忙里偷闲充当有效的早期学习伙伴，同时还进行自由写作。

亨布尔的父亲是一名全职老师，但学校下午 3 点就放学了，所以他利用下午、周末及暑期一起度假的时间陪亨布尔和女儿玩耍。大卫的母亲和父亲都是律师，但都安排好时间等孩子们放学回家后可以陪伴他们，只有等两个男孩上床睡觉后才去完成他们带回家的工作。他们会有意识地选择花时间陪伴孩子。

他们还确保陪孩子的时间安排富有战略性。即使孩子不在身边，大师级父母们也花很多心思琢磨如何挑战和激励孩子。德尔的父亲每天早上只花大约 10 分钟的时间和儿子谈论哲学，但有时在他去偏远的村庄走访时，他会用上几天的时间思考如何采用可以激发儿子独立思考的方式回答儿子富有思想性的问题。

家长们还利用更多机会让孩子参与成年人之间的交谈。例如，难民们深夜到访时，德尔的父亲允许儿子和他们坐在一起；夸尔斯的父亲则允许儿子参加农民们在当地餐馆的午餐聚会。会议照样举行，但两位父亲都有目的地让有兴趣、耐心的儿子加入其中。其他父母则会在晚餐桌上，或者在长途旅行的车上与孩子度过战略性的时光。老鲍勃和他的妻子知道，在长途驾车旅行途中，他们与亨布尔和女儿一起唱的歌曲、玩的单词游戏和记忆游戏可以提高孩子的注意力，增加他们的词汇量。苏泽特同样使用了短途开车的机会与女儿一起创造持续不断的故事，增强女儿的创造性思维能力。

培养孩子改变世界的能力和意愿并非轻而易举之事，但是，如果我们想要成功地接受社会问题的挑战，比如全球政治冲突、迫在眉睫的水资源短缺、农耕危机，以及高成就孩子在职业生涯中面临的其他挑战，这件事就非同小可。

要记住，战略式教养法则的影响力比我们想象的更加深远。就像我们把一块石头扔进一个平静的池塘，涟漪会在水面上扩散开来一样。

> **当大师级父母把一个高成就孩子送进世界，对其教育的影响力将超越他们所能知晓的范围。**

我们想以一个故事结束本书，这个故事告诉我们，战略式教养涟漪能扩展到多大的范围。玛丽莎·迪格斯（Marissa Diggs）是一名高中生，她为本书转录了几次采访，包括关于墨娜·马尔沃的 ALS 病情采访。她在转录"父母如何养育我"项目中的高成就孩子的故事、他们上的大学、取得的成就时格外用心。她特别感动于苏泽特为了照顾母亲努力学习医疗知识，以及苏珊娜利用她在 CNN 的职位教世人了解 ALS 的故事。

受到迪格斯所了解情况的启发，她决定申请哈佛大学。后来她被录取了，将于 2022 年毕业。作为马尔沃夫妇养育方式的一个涟漪效应，谁说有一天她不会领导一个团队去发现 ALS 的治疗方法呢？

想一想，如果几代人都由其父母遵循的战略式教养法养大，那会有什么潜在的好处吧！生活可以给我们许多相互竞争的优先事项，但父母切不可怀疑投在培养一个充分实现自我的人身上的战略时间。

致 谢

　　本书能够付梓离不开所有与我们交谈的人的贡献，包括塔莎从 2003 年开始访谈的 60 位高成就者，参与罗纳德的哈佛大学"父母如何养育我"项目的所有学生。其中大多数人在书中都没有被提及，还有众多的陌生人，包括那些千禧一代的父母，我的同事、学生和实习生，每次和我们讨论起"战略式教养法则"时，他们都激情澎湃！

　　最重要的是，要感谢允许我们讲述他们精彩故事的高成就者：李京扬、夸尔斯、德尔、玛吉、贾雷尔、亨布尔、丽莎、埃丝特、大卫、丹尼尔、苏泽特和苏珊娜、布里和吉娜、玛雅、里克林、查克、帕梅拉、阿方索、加比、恩盖、艾达和恩内卡，以及奈拉和特洛伊。

　　特别感谢与我们详细讨论如何养育高成就孩子的家长们：伊丽莎白·李、罗杰·夸尔斯、卢·马丁内斯和李·彼得斯、伊冯娜和詹姆斯·克罗尔、弗洛伊德·马尔沃、米歇尔·马丁、埃德蒙·德尔医生、埃丝特·沃西基、老鲍勃·亨布尔、萨拉·瓦尔加斯、雷纳尔多、伊莱恩·巴杰、林恩与克拉伦斯·纽瑟姆、伊丽莎白·罗萨里奥、安尼·罗萨里奥、玛丽·罗萨里奥，以及马哈鲁·加什盖（Mahru Ghashghaei）。

特别感谢我们辛勤的转录员：迈阿密的德斯蒂妮·佩雷斯（Destiny Perez）、纽约的艾莉森·T. 麦克法兰（Allison T. McFarlane）和北达科他州奥克斯镇的玛丽莎·迪格斯。实习生阿芙雅·维娜（Aphya Sade Verna）、奥特姆·C. 麦克米利安（Autumn C. McMillian）和卡米拉·方（Camila Fang）都做出了贡献。感谢摄影师安德鲁·普雷西（Andrew Prise），他和塔莎一起在纽约的街头徜徉，到哈佛去见罗纳德，并记录我们的旅程。

为写作本书，我们和许许多多的人交谈过，恕不能逐一罗列。虽然许多名字最终没有出现在本书中，但他们的见解都在其中。一些才华横溢的人，例如一位叫凯文（Kevin）的勤杂工，他谈到童年时发生了一些问题让他没能成为他应该成为的人。其他人则详细说明了怎样才能取得高成就，其中有几位特别突出：米歇尔·哈顿和奥斯汀·哈顿（Michelle and Austin Harton）及他们的女儿玛丽（Marie）、芮妮（Renee）；罗纳德的大学同学马里奥·巴扎（Mario Buezu）；韦恩·华盛顿（Wayne Washington）、玛莎·加森（Marsha Denise Gadsen）、詹娜·迪格斯（Janna Diggs）、陶·穆拉帕（Tau Murapa）、拉桑·杰特－考德威尔（Lasaundra, Jeter-Caldwell）、丽莎·格雷辛格（Lisa Gressinger），以及克里斯特尔·克拉金和克雷格·克拉金（Crystal and Craig Clarkin）以及他们在耶鲁大学上学的女儿卡门（Carmen）。

玛克辛·罗尔（Maxine Roel）与我们交谈了很长时间，帮助我们理解家长会多么深思熟虑。安·M. 托马斯（Ann M. Thomas）多次参加野餐聚会，礼貌地回答了一些值得探究的问题，比如她的女儿，前《本质》（*Essence*）杂志编辑凡妮莎·德卢卡（Vanessa Deluca）如何成了学术明星。梅丽莎·克拉克（Melissa Clarke）博士深入地揭示了她跳过高中直接在哈佛大学就读的精彩经历。保拉·潘－纳布瑞特（Paula Penn-Nabrit）是《每天早晨》（*Morning by Morning*）一书的作者，该书深入剖析了她和已故丈夫查尔斯如何在家里教育了 3 个成绩优异的非洲裔美国男孩。纳布瑞特一一回答了我当面和通过电子邮件询问她的问题，她的儿子查尔斯（Charles）、达蒙（Damon）和埃文斯（Evans）也抽出时间和我们坐在一起坦诚介绍了他们的童年经历。

我们必须感谢纽约市星期六写作工作室（Saturday Write Workshop）的参与者们，3 年来，他们一直充当非正式的焦点小组成员、坦率的批评者和粉丝，他们是：玛克辛·罗尔、安妮·洛克（Anne Rourke）、杰里米·戈尔茨坦（Jeremy Goldstein）、格雷格·巴沙姆（Greg Basham）、安·哈森（Ann Harson）、阿什利·威廉姆斯（Ashley Williams）、罗斯林·卡尔佩尔（Roslyn Karpel）、道恩·瑞贝基（Dawn Rebecky）、佩亚尔·考尔（Payal Kaur），以及阿里亚·赖特（Aliah Wright），她可是塔莎交往最久、最敬爱的朋友之一。

由衷地感谢我们的代理人杰·乌尔凡（Jeff Ourvan）。乌尔凡正好也是写作工作室的主持人。有一天，他说战略式教养法则的想法绝对可以写成一本书，从此我们踏上了一段漫长而瑰丽的旅程。感谢他的高明指导。

我们要特别感谢极其耐心的编辑利亚（Leah）。对她敏锐的技巧、灵活性、常常挂在脸上的笑容，我们感激不尽。我们何其幸运，她处理这个项目时还正在养育一个非常聪明的小男孩儿。感谢格伦·耶菲斯（Glenn Yeffeth）和本·贝拉出版社（Ben Bella）的所有人，感谢她们对这个项目和对我们的信心。

塔莎的致谢

首先，我要感谢我的合作伙伴罗纳德·弗格森。我只是默默希望和罗纳德一起写一本书，所以他提议和我一起写本书时，我喜出望外。罗纳德在思维上富有逻辑性，同时有着宏大、美丽、充满诗意的心灵，他让这段漫长的旅程很神圣，并且难以忘怀。

我也要感谢被我戏称为"董事会"的所有成员：我才华横溢的母亲玛西娅·罗伯逊（Marcia Robertson），她是一位优秀的作家以及我的第一位早期学习伙伴；我的姐姐卡拉（Carla），她是我的第二位早期学习伙伴；我的其他姐妹弗朗辛（Francine）和基拉（Kyla），她们是我的两个最重要的粉丝，以及克里斯特尔（Crystal）和基亚拉（Kiara）；我的兄弟维克托（Victor）和汤米（Tommy）；我亲爱的继母多蒂（Dottie）和父亲托尼·厄普肖（Tony Upshow）。"董事会"的其他成员还有：克里斯塔·布伦特－佐克（Kristal Brent-Zook），他不断给我打气；才华横溢的罗莎琳·本特利（Rosalind Bentley）；塔米卡·西蒙斯（Tamika Simmons）；托亚·斯图尔特（Toya Stewart）；乔尔·威廉姆斯（Joelle Williams）；罗斯·埃利斯（Ross Ellis）；杰西卡·季吉（Jessica Jiji）；曼哈顿A.O.C. 的塞巴斯蒂安·罗泽克（Sebastian Rozec）；杰奎琳·弗林（Jacqueline Flynn）；还有我的侄女玛哈莉亚·奥舒迪（Mahalia Otshady），她是个作家！

我要特别感谢吉尔·斯莫洛（Jill Smolowe）、她的丈夫罗伯特·F. 施瓦茨（Robert F. Schwartz）和他们的女儿贝基·特雷恩（Becky Treen），感谢那些发人深省的晚餐时刻。非常感谢支持我的同志卡罗尔·凯利（Card Kelly）、肯巴·邓纳姆（Kemba Dunham）、迪歇纳·德鲁（Duchesne Drew）、布莱恩·丹尼斯（Bryan Denis）、弗朗西·拉托（Francie Latour）、尼娜·马尔金（Nina Malkin）、迪·德帕斯（Dee Depass）和我的大家庭成员，我保证下次会重聚。感谢我在 Facebook 和 Instagram 照片分享网上的支持者，以及我写作时出没之处遇见的每个人，这些地点包括新泽西北部河滨路的星巴克和 Panera 面包房；新泽西尤宁城的 iSpresso 咖啡馆和 Merge 咖啡馆；乔治湖的 Wiawaka 度假屋；布鲁克林高地的 WeWork 共享办公室，以及布鲁克林 DUMBO 的绿色桌子。

对我来说，最重要的支持者是我的丈夫尼科（Nico）。2003 年，他让我看《60 分钟》（ *60 Minutes* ）节目的一个片段，由此给我灵感，产生了"战略式教养法则"的核心思想。他一直鼓励我写这本书，即使在我因为长达 16 小时的研究和写作而极度疲劳之时也不改初衷。3 年来，尼科允许我占用他在家里的办公室。在开拓自己的业务、工作时间漫长的情况下，他围着蓝色围裙为我做美味的饭菜，并承担了全部的买菜、洗衣和清洁工作。尽管偶尔遇到挑战，但尼科一直保持积极的态度，竭尽所能确保我对这本书的热情保持不减。

罗纳德的致谢

合写本书是我一生中最深入的一次合作。由于塔莎住在纽约，而我住在马萨诸塞州，我们的自我都改变了。如果要问某个特定的想法是谁的，或者谁写了哪一个具体的段落，我们很可能不记得。谢谢，塔莎，你是一个绝佳的伙伴！

感谢我亲爱的同事：罗布·拉姆斯德尔（Rob Ramsdell）、萨拉·菲利普斯（Sara Phillips）、阿尔卡·帕特里亚（Alka Pateriya）、杰克·罗利（Jake Rowley）、乔斯林·弗里德兰德（Jocelyn Friedlander）、玛丽·巴雷拉（Mari Barrera）、哈吉·希勒（Haji Shearer）、杰·霍华德（Jeff Howard）和 Tripod.com 公司的温德尔·诺克斯（Wendell Knox）、成就差距倡导机构（agi.harvard.edu）和波士顿基础知识（bostonbasic.org）项目，在过去 3 年写作本书的过程中我经常让他们等待，感谢他们的理解和耐心。感谢在塔莎和我完成本书考虑重新编排章节顺序时，他们给出的富有洞见的评论。我的新朋友爱迪生·胡里奥（Edyson Julio）和鲁思·萨默斯（Ruth Summers）也回应了同样的请求，提供了同样有用的反馈。

　　最后，我要感谢我的家人，他们不仅教会我被爱的含义，而且让我知道了家庭生活的日常复杂性，让我相信写这本书很重要。感谢我的母亲格洛丽亚（Gloria）、我的儿子丹尼（Danny）和达伦（Darren），还有我们视为儿子来养育的侄子马库斯（Marcus）；感谢我的兄弟肯尼、荷马和史蒂夫，以及我所有的侄女、侄子和姻亲。感谢我的妻子海伦（Helen），千言万语也道不尽她对我的意义，以及她在近期乃至过去对我的帮助。

向大师级父母学习，养育高成就孩子

彭小华

一

当今父母非常重视养育，把帮助孩子成功作为重要使命。越来越多的父母意识到，养育是一门技术、艺术，需要专门的学习。作为对这个需求的回应，市场上出现了大量的养育书籍，有优秀之作，更多的是平庸之作，真正能够给人启迪和明确指导的并不多。

《高成就孩子的教养法则》与众不同，它基于对高成就子女及其父母的访谈，揭示子女成功背后父母的养育之功，概括出了一套养育成功子女的法则，归纳出了大师级父母在养育子女中扮演的 8 个角色。

这套法则简明易懂，扮演这 8 个角色对父母并没有特别的教育、社会、经济背景要求，人人可学，家家可为。

模仿是最便捷的学习方式，书中的父母都养育了高成就的子女，他们就是最好的榜样。

二

本书是美国著名记者、《本质》杂志副主编塔莎·罗伯逊和哈佛大学教授、成就差距研究者罗纳德·弗格森的合作成果，他们致力于了解高成就者是否接受了类似的养育，他们的父母是否采取了相同的养育方法，为此，他们历时10 余年，分别访谈了 60 位各界高成就者及 120 位哈佛本科生和研究生及其中一些人的父母，发现了高成就孩子的教养法则及大师级父母扮演的 8 个角色，他们把这 8 个角色形象地称为早期学习伙伴、飞航工程师、救援者、启发者、哲学家、榜样、谈判专家及全球定位系统。

这 8 个角色共同构成一套基本的、成功的教养法则，即战略式教养法则，培养充分实现自我，聪明、有目标、自信的成年人，也就是本书所说的高成就者、成功者。

三

塔莎和弗格森教授的研究颠覆了一些流行观念。

首先，不同于一般的想象，这些高成就者当中没有什么超级人类，并非天才或者神童，大多数属于智力正常的孩子。超常智力并非这些人成功的基础和前提。换言之，普通、正常的孩子，也就是我们大多数人家的孩子，只要教养得当，都可以成为高成就者。

其次，本研究颠覆了一般认为高成就者必定有优越的家庭教育、社会背景、经济背景的假设。这些高成就者的背景差异很大，有黑人、白人，有亚洲裔、拉美裔；有些学生的家庭非常富有，但很多学生的家境并不宽裕，甚至非常贫穷；他们的父母中，收银员、公共汽车司机、厨师与医生、律师、工程师、教授各占 50%；父母们受教育水平悬殊，有的是硕士或博士，也有的连高中都没有毕业。

正如《直觉养育的力量》[①]一书的作者、著名发展心理学家斯蒂芬·卡马拉塔（Stephen Camarata）所说，虽然养育子女并不需要父母拥有博士学位，但就连"开车还需要考个驾照"，养育一个人长大、获得成功这么伟大的事业，当然需要学习。

最后，过往的研究认为，不同社会经济背景的人会采取不同的养育风格，养育风格有文化特异性，因家庭背景的差异，各种育儿理论、价值观和策略会呈现出系统性差异。然而，他们的研究发现，情况并非如此。并不存在明显优越的"亚洲"或"美国"养育方式。相反，在不同种族、社会经济地位、教育水平、宗教和国籍的人群中，导致子女未来成功的养育方式高度相似。

四

养育书籍五花八门，养育方法众说纷纭，实际上，成功的养育并非无章可循。

---

①《直觉养育的力量》是由世界知名儿童发展专家斯蒂芬·卡马拉塔所著，该书以科学研究为基础，提倡自然直觉式的养育方式。该书简体中文版已由湛庐文化引进，浙江人民出版社2017 年出版。——编者注

　　国际发展心理学界对于养育风格早就有了界定性结论，这就是美国发展心理学家戴安娜·鲍姆林德提出的养育模式，包括忽视型、放任—放纵型、专制—粗暴型和权威—民主型。人类的任何一种养育方式都是这4种模式之一。其中，最有利于子女成长和发展的养育方式是民主—权威型，本研究中的大师级父母属于这种类型，是这种模式的形象化体现和具体化描述，其他三种养育模式各有各的缺陷，导致不同程度的养育失败。

　　两位作者还特地检讨了既广受推崇，也备受争议的"虎妈或虎爸式"养育，也就是专制—粗暴型养育的得失。这种养育方式被称为"亚洲"或者"中国"式养育方式，至今仍属中国社会主流的养育方式，并不利于培养本书所界定的成功者。

　　两位作者扩展和丰富了成功的定义。仅仅学业成功、事业成功是不够的，他们界定的成功是子女的充分实现自我，是使命感 + 自驱力 + 才智的结果，战略式教养指的是帮助孩子实现最大潜能和幸福的战略选择。

　　他们对成功子女的定义和对战略式教养的界定值得中国家长参考和借鉴。

五

　　我在书中的大师级父母身上看到自己母亲的身影。她自身没有受过很好的教育，在非常恶劣的条件下养育子女，却为我扮演了除早期学习伙伴外的所有大师级父母的角色。犹记得她读书明理的谆谆教诲、坚强不屈的示范，在我被老师污蔑的情况下捍卫我的尊严，教我不要惧怕权威、勇敢地讲出自己的观点，如果不是她坚持要父亲带我和他的学生一起春游，让我通过他的学生认识了一位出版社的编辑，并在这位编辑老师的带领下参与了《007》及其他几本书的翻译，也许我今天不会成为一位译者。

我自己养育了一个高成就的女儿，我也在书中一些父母的身上看到自己的作为，对他们的做法非常会心。比方说，那位不轻易告诉孩子答案、以"欺骗"的方式让孩子独自思考的心理学家妈妈丽莎，那位要求孩子一旦开始弹钢琴就不能随意放弃的爸爸鲍勃。从幼儿时期上兴趣班开始，我的女儿从来没有缺过课或者不完成任务，她是一个有恒心、韧性、有责任感的孩子。

养育孩子是我多年研究的一个领域，我撰写了数十篇文章，翻译出版了《直觉养育的力量》《如何让孩子成年又成人》两部优秀的著作，在过去 15 年间，采访了数百名遭受养育困扰的父母及他们的子女。根据自身经验、研究和相关阅读，我认为《高成就孩子的教养法则》一书有扎实的事实依据，作者的研究思路具有独特性，通过对不同背景的高成就者及其父母的访谈归纳出的这套教养法则及父母可以扮演的 8 个角色，明确、易懂、可操作性强，对父母本身的教育、社会、经济背景没有限定，不仅可以帮助教育层次高、条件优越的父母，更难得的是，可以鼓励和惠及很多各方面背景、条件差强人意的父母及他们的孩子。

有机会翻译本书，我感到荣幸，并热切地希望把本书推荐给急需得到正确、有效养育指导法则的父母们。

祝愿更多的父母成为大师级父母，养育出更多的高成就孩子！

未来，属于终身学习者

我这辈子遇到的聪明人（来自各行各业的聪明人）没有不每天阅读的——没有，一个都没有。巴菲特读书之多，我读书之多，可能会让你感到吃惊。孩子们都笑话我。他们觉得我是一本长了两条腿的书。

——查理·芒格

互联网改变了信息连接的方式；指数型技术在迅速颠覆着现有的商业世界；人工智能已经开始抢占人类的工作岗位……

未来，到底需要什么样的人才？

改变命运唯一的策略是你要变成终身学习者。未来世界将不再需要单一的技能型人才，而是需要具备完善的知识结构、极强逻辑思考力和高感知力的复合型人才。优秀的人往往通过阅读建立足够强大的抽象思维能力，获得异于众人的思考和整合能力。未来，将属于终身学习者！而阅读必定和终身学习形影不离。

很多人读书，追求的是干货，寻求的是立刻行之有效的解决方案。其实这是一种留在舒适区的阅读方法。在这个充满不确定性的年代，答案不会简单地出现在书里，因为生活根本就没有标准确切的答案，你也不能期望过去的经验能解决未来的问题。

而真正的阅读，应该在书中与智者同行思考，借他们的视角看到世界的多元性，提出比答案更重要的好问题，在不确定的时代中领先起跑。

湛庐阅读App：与最聪明的人共同进化

有人常常把成本支出的焦点放在书价上，把读完一本书当作阅读的终结。其实不然。

时间是读者付出的最大阅读成本

怎么读是读者面临的最大阅读障碍

"读书破万卷"不仅仅在"万"，更重要的是在"破"！

现在，我们构建了全新的"湛庐阅读"App。它将成为你"破万卷"的新居所。在这里：

● 不用考虑读什么，你可以便捷找到纸书、电子书、有声书和各种声音产品；

● 你可以学会怎么读，你将发现集泛读、通读、精读于一体的阅读解决方案；

● 你会与作者、译者、专家、推荐人和阅读教练相遇，他们是优质思想的发源地；

● 你会与优秀的读者和终身学习者为伍，他们对阅读和学习有着持久的热情和源源不绝的内驱力。

从单一到复合，从知道到精通，从理解到创造，湛庐希望建立一个"与最聪明的人共同进化"的社区，成为人类先进思想交汇的聚集地，与你共同迎接未来。

与此同时，我们希望能够重新定义你的学习场景，让你随时随地收获有内容、有价值的思想，通过阅读实现终身学习。这是我们的使命和价值。

CHEERS

本书阅读资料包
给你便捷、高效、全面的阅读体验

本书参考资料
湛庐独家策划

- ☑ **参考文献**
  为了环保、节约纸张, 部分图书的参考文献以电子版方式提供

- ☑ **主题书单**
  编辑精心推荐的延伸阅读书单, 助你开启主题式阅读

- ☑ **图片资料**
  提供部分图片的高清彩色原版大图, 方便保存和分享

相关阅读服务
终身学习者必备

- ☑ **电子书**
  便捷、高效, 方便检索, 易于携带, 随时更新

- ☑ **有声书**
  保护视力, 随时随地, 有温度、有情感地听本书

- ☑ **精读班**
  2~4周, 最懂这本书的人带你读完、读懂、读透这本好书

- ☑ **课 程**
  课程权威专家给你开书单, 带你快速浏览一个领域的知识概貌

- ☑ **讲 书**
  30分钟, 大咖给你讲本书, 让你挑书不费劲

湛庐编辑为你独家呈现
助你更好获得书里和书外的思想和智慧, 请扫码查收!

(阅读资料包的内容因书而异, 最终以湛庐阅读App页面为准)

THE FORMULA: Unlocking the Secrets to Raising Highly Successful Children

Copyright © 2019 by Ronald F. Ferguson and Tatsha Robertson

Published by arrangement with Folio Literary Management, LLC and The Grayhawk Agency Ltd.
All rights reserved.

本书中文简体字版经 BenBella Books 授权，由中国纺织出版社有限公司独家出版发行。
不得以任何方式或任何手段复制、转载或刊登。

著作权合同登记号：图字：01-2021-0745 号

图书在版编目（CIP）数据

高成就孩子的教养法则 / （加）罗纳德·弗格森
(Ronald F. Ferguson)，（加）塔莎·罗伯逊
(Tatsha Robertson) 著；彭小华译. -- 北京 ：中国纺
织出版社有限公司，2021.4
　　书名原文: The Formula
　　ISBN 978-7-5180-8431-9

　　Ⅰ．①高… Ⅱ．①罗… ②塔… ③彭… Ⅲ．①家庭教
育 Ⅳ．①G78

中国版本图书馆CIP数据核字（2021）第047062号

责任编辑：闫　星　　责任校对：高　涵　　责任印制：储志伟

中国纺织出版社有限公司出版发行
地址：北京市朝阳区百子湾东里 A407 号楼　邮政编码：100124
销售电话：010—67004422　传真：010—87155801
http://www.c-textilep.com
中国纺织出版社天猫旗舰店
官方微博 http://weibo.com/2119887771
唐山富达印务有限公司印刷　各地新华书店经销
2021年4月第1版第1次印刷
开本：710×965　1/16　印张：18.25　彩插：2
字数：257千字　定价：89.90元